专家推荐的
宝宝亲子游戏方案

童笑梅 编著

中国人口出版社
China Population Publishing House
全国百佳出版单位

Foreword

游戏，成就聪明宝宝

和宝宝来一场游戏，父母花去的是时间，宝宝赢得的是智慧。在游戏的天空下，宝宝的创造力、想象力与求知欲，就像漫天飘扬的蒲公英小伞，随处飘落，随处生根，被快乐的汗水浇灌着，遍地开花，清香四溢。

亲子游戏给我们带来了什么？

有助于父母与宝宝之间进行情感交流，增进亲子关系。

可以有效促进宝宝的体能发展，为宝宝的身体健康打下基础。

可以激发宝宝的创造力、想象力与求知欲，为宝宝的智慧之树添枝加叶。

给宝宝提供更多感受快乐的途径，避免宝宝因缺少与同伴交往而产生孤独感。

让宝宝在亲子游戏中获得正确处理事务的态度、方式、方法，并尝试将这种态度、方式、方法运用到现实生活中去。

父母可以利用玩耍时接触到的事物和材料，对宝宝进行因势利导的教育，帮助他在轻松愉快、无拘无束的氛围中不知不觉地获得更多知识。

亲子游戏不仅仅会带给宝宝诸多的好处，也会带给父母很多意想不到的收获。比如，和宝宝游戏时，宝宝的良好情绪会冲淡父母的工作压力，缓解父母的不良情绪，帮助父母回味久违的童年快乐。

亲爱的爸爸、妈妈，在游戏中一定要用心！用心，是亲子游戏的一个灵魂守则。如在游戏中融入了父母的爱心，宝宝一定会在游戏中体会到父母浓浓的爱意。而父母唯有用心与宝宝一起游戏、用心设计游戏内容、用心陪伴宝宝、用心协助和引导宝宝，游戏才能达到最好的学习效果，才能收获最佳的亲子功效。

爸爸妈妈们，Are you ready？现在就带着宝宝一起加入健康亲子游戏的行列吧！

目录
Contents

第一章 0～6个月宝宝的亲子游戏

宝宝0～6个月时，在父母和宝宝的接触与交往中，发生了最早的亲子益智游戏。

第二章 7~12个月宝宝的亲子游戏

7~12月龄的宝宝可以玩更多游戏，游戏主要由爸爸、妈妈发起。大约8个月大时，宝宝开始扮演主动的游戏角色，渐渐对爸爸、妈妈表现出“我要和你玩”的意愿。

第三章 1岁~1岁半宝宝的亲子游戏

1岁后的宝宝对游戏的主动性慢慢增强，偶尔发现某种“好玩的”因素时，他会主动发起和建构游戏。

第四章 1岁半～2岁宝宝的亲子游戏

1岁半～2岁的宝宝在各方面都有了很大改变，跳跃等大动作开始出现，观察能力也进一步加强，延迟模仿也出现了，妈妈会发现宝宝长大了！

第五章 2岁～2岁半宝宝的亲子游戏

这个阶段的宝宝运动技巧有了新的发展，动作日臻成熟，会跑、攀登、钻爬，两手也更加灵活，能玩些带有技巧性的玩具。

第六章 2岁半~3岁宝宝的亲子游戏

这个阶段，宝宝的各种心理过程正发生着质的变化；走、跑、跳等基本动作更加协调，身体控制能力进一步提高，适合宝宝的游戏越来越多。

附录① 智能教育百宝箱

附录② 3岁幼儿智能发展评价表

附录③ 分阶段为0~3岁宝宝选玩具

第一章

0～6个月宝宝的亲子游戏

宝宝0～6个月时，在父母和宝宝的接触与交往中，产生了最早的亲子益智游戏。宝宝这时扮演被动的角色，当父母同他玩耍时，他表现出享受和注意。例如妈妈对着他说话、微笑，他相应地做出高兴的反应——会笑了。

对刚刚出生的宝宝来说，游戏具有帮助宝宝提高身体控制能力，适应外部环境的作用。

在这个时期，宝宝和爸爸、妈妈可以一起做的游戏不多，父母需要持续做一些带给宝宝刺激的游戏。

这个时期宝宝的主要任务是熟悉生活，他们感兴趣的往往是生活中的物品，而不是真正的玩具。只要随机给宝宝准备一些生活中常见的物品，就已经能够很好地满足宝宝的需要。

不要给宝宝太多玩具，两三个必要的玩具就足够了。

平均发育指数：出生6个月

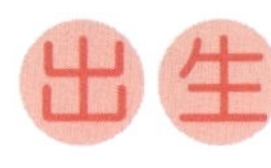

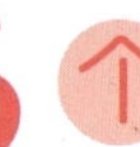
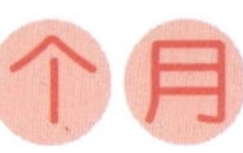

男孩体重（千克）
8.39
男孩身高（厘米）
69.9

女孩体重（千克）
7.78
女孩身高（厘米）
68.3

早教一点通

早期教育的实质，就是在人脑发育的“关键期”有意识地采取一些措施，进行促进婴儿大脑发育的教育。

从0岁起，通过对婴儿“感官刺激”激发其“无意识探索”，可有效促进其脑部发育，开发脑潜能。具体来说，让婴儿通过视、听、嗅、味、触、重力平衡感等感觉将其身体内、外环境的大量信息传入大脑，经过大脑组织分析，加工处理，进行有效取舍，并发出指令产生相应的肢体动作，由此循环重复，可使婴儿在“无意识探索”中获得观察、专注、记忆，进一步升华，培养想象、思维、语言表达及操作能力等，使处于动物阶段的大脑迅速而健康地发育，成为十分聪颖的高级大脑。

适合1个半月的宝宝

关键词：平衡、敏感

转转真好玩——旋转

游戏目的

锻炼宝宝平衡感。让宝宝面对不同视觉领域，这有利于发展宝宝手眼配合能力和平衡感，为爬行和行走创造条件。

妈妈准备

宝宝精神状态良好时，在家中空地上玩耍。

1 妈妈抱着宝宝向不同方向转动，转圈时抱住宝宝并支撑住宝宝头部。

2 可以让宝宝背部朝向妈妈，也可以让宝宝脸朝向妈妈。

3 转圈的同时哼唱你所熟悉的歌谣，如《小燕子》、《丢手绢》等。

爱心贴士

1.旋转速度要缓慢，以防宝宝眩晕。

2.仔细观察宝宝的反应，如果宝宝感到不适，应立即终止。

智能课堂

每一个宝宝生下来都是天才。

刚出生的婴儿，其大脑具有惊人的吸收能力。越是接近0岁，这种吸收能力就越强。0~3岁宝宝所具有的吸收能力实在是天才性的。无论难易程度如何，他们对所给予的教育性刺激都能理解、接受；与此同时，他们不仅能记忆进入大脑的知识，而且记忆图像之清晰程度胜过高清晰度计算机。在这一时期里输入的信息，会原原本本地留存于人的深层意识中。进入这一层次的意识，将具有高度独立思考能力和判断能力，如同精密的计算机一样。

2岁宝宝的脑重量已达到1000克，相当于成人脑重量的2/3，脑容量发展，为宝宝智慧发展提供了基础和可能。

早期生活所接受的信息，对宝宝一生的发展非常重要。心理学研究证实：人生存所需基本能力，如母语习得、对自然环境的基本认识、社会交往规则的掌握都是在婴幼儿时期完成的，如果能在这个阶段为宝宝提供丰富适宜的环境，用科学、准确的方法教育、培养宝宝，就能让宝宝获得最大限度发展。

专家在线

宝宝在智能和身体方面会如何成长，取决于体验何种刺激和环境。在促进宝宝成长的外部刺激中，和爸爸、妈妈玩游戏，是最优秀的刺激。

适合 1个半月 的宝宝　关键词：体质、乐观

盘过来，盘过去——腿部运动

游戏目的

躯干运动练习。经常坚持四肢屈伸运动，可以使宝宝的肌肉、骨骼、关节、筋腱得到良好锻炼。

妈妈准备

柔软、整洁的床或地板。

1 握住宝宝同侧脚踝和大腿盘向另一条腿。不用担心，宝宝的小屁股和身体会跟着动。

2 回复到宝宝初始姿势。

3 换另一条腿向相反方向重复做。

4 边做边说："两个小家伙，看看谁会盘，你会盘，我会盘，我们两个盘过来。"

爱心贴士

你与宝宝的关系会在很多方面影响宝宝大脑发育。给宝宝无微不至的关怀能增强宝宝控制自己情感生理系统的能力。

游戏时多和宝宝说话，这是提高语言能力的最好方法。

智能课堂

在宝宝生命最初几年，能自觉接受大量信息、学习丰富知识，如果他是个很聪明的宝宝，效果会特别显著。

爸爸、妈妈所能做的最重要的事情，就是为宝宝创造一个轻松友爱的环境，让他感到在这样的环境中学习是一种乐趣。同时，尽可能给他提供在游戏中学习的机会，比如拼图、阅读和玩角色游戏等。

教育学家指出："你没必要花大钱购买昂贵玩具，但要设法让他充分发挥他的想象力，即使周围除了纸板盒、羊毛毯、枕头和衣服之外没其他东西，也没关系。"

有创意的游戏对宝宝成长尤为重要，天才宝宝尤其需要机会表现自己，他会自觉地通过他的想象力去探索世界。

专家在线

当宝宝会翻身时，可能会滚下床，所以，在床四周要设立安全护栏。在宝宝活动范围内，必须将宝宝可能放进嘴巴里的有害或危险的物品收好。

每次换过尿布后，让宝宝躺在松软的地方，然后慢慢把宝宝翻过来，再翻过去，重复几次，让宝宝体验翻身乐趣——和妈妈在一起，总是这么开心！

适合 1个半月 的宝宝  关键词：视觉发展、音乐体验

小小斗牛士——追视

游戏目的

提高宝宝视觉能力。宝宝对红色有偏好，如果宝宝的目光能随着红布移动，表明宝宝已经出现“追视反应”。

妈妈准备

一块手帕大小红色绒布。

1 妈妈哼唱《斗牛士》乐曲，拿出红色绒布，在宝宝面前展示。

2 随着旋律舞动手中红色绒布，并配合节奏随机变换绒布位置。

3 突然加重旋律的尾音，然后把绒布藏在身后。

4 反复做两三次。

爱心贴士

最好选择红色绒布，因为宝宝对红色特别敏感，而且绒布的质感较强且不易反光，不会伤害宝宝眼睛。不要通过录音机播放《斗牛士》，因为节奏较快，容易给宝宝的精神造成压力。

智能课堂

在教养宝宝方面，最重要的是亲子之间优质互动：一起游戏、一起散步、一起聊天、一起做简单家务，等等，千万不要忽略了和宝宝在一起的意义。

现在的父母，大多承受着来自社会、事业等多方面的压力。经常和宝宝在一起，用一颗童心和宝宝游戏、交谈，一方面可以享受宝宝对你完全的需求与信赖，另一方面也可以令自己得到放松、休息。在感受天伦之乐的同时，你也可以重返童年，重温儿时快乐，摆脱压力，保持健康活力。

亲子游戏体现的是爸爸、妈妈与宝宝享受游戏的快乐和互动体验的过程，看似简单的游戏却包含着深刻培养、教育意义。

教养宝宝是用自己的付出去换取宝宝的成长。在拥有正确教养理念和做法的前提下，你付出的心力愈多，宝宝得到的优质生命经验就愈多，长大后成功的概率就愈大。

专 家 在 线

音乐能促进宝宝大脑发育，加强多种智能，并增进爸爸、妈妈和宝宝的亲情。音乐体验对宝宝的语言和运动技能发展以及感官整合起着至关重要的作用。

适合 1个半月 的宝宝  关键词：心智发育、控制能力

小手拍拍——认识手

游戏目的

手部运动练习。手和心智发展是相互促进的，手在锻炼过程中不仅能促进小肌肉和运动智能发展，也能促进人整体智慧发展。

妈妈准备

宝宝睡觉醒来后，让他舒适地平躺在妈妈身上。

1 妈妈举起宝宝两只手，在其视线正前方晃动几下，引起宝宝注意。

2 一边念儿歌，一边轻轻拍动、摆动宝宝小手，让宝宝的视线追随手的运动。

3 念到"跑得快"时，以稍快的速度将宝宝的双手平放到身体两侧。

爱心贴士

1.妈妈的服装要柔软，最好不要有扣子，以免划伤宝宝或给宝宝造成不适。

2.玩的时间不要长，要以宝宝开心、舒适为前提，每次重复两三次即可。

3.宝宝烦躁或有不舒服表示，应该及时调整或终止游戏。

智能课堂

智能是什么？传统智能常被定义为积累知识的多少或规定时间内识记知识内容的多少，积累越多、记住得越多，就表明智能越高。事实上，这样的评测标准具有一定的片面性。

现在，仅从某方面来评测个人智能水平高低的标准早已被否定了，只有具有多方面能力和较好心理素质的人才能被认为是高智能的人。目前对智能比较科学、客观的定义是：人们能有效进行认识活动的各种稳定的心理特点的有机结合，人们认识客观事物并运用知识解决实际问题的能力。智能是多元化的，包括感知、运动、动手、语言能力和观察力、注意力、记忆力、思维想象力、创造力等多方面。

专家在线

1.把儿歌、运动和亲情联系在一起能产生大量神经突触，这对宝宝大脑发育很有帮助。

2.妈妈要擅长随时自编一些儿歌，配合宝宝的游戏。

适合1~2个月的宝宝  关键词：发育、感觉

宝宝按摩操——健康宝宝

游戏目的

通过按摩刺激宝宝的右脑，使宝宝感到舒适和愉快，同时还可促进宝宝的血液循环。

妈妈准备

在宝宝睡醒或换尿布的时候，妈妈可以给宝宝做做按摩操。

1 将双手搓热，轻轻地从上至下按摩宝宝的四肢、胸腹、后背，动作要轻柔。

2 轻唤宝宝的名字，告诉他你在做什么，或为他念一段朗朗上口的童谣。

爱心贴士

经常给宝宝按摩可以刺激宝宝的脑神经，进而促进宝宝发育。

智能课堂

新生儿的感觉能力包括视觉、听觉、触觉、嗅觉与味觉能力。

1.视觉。新生儿存在生理性远视，眼球会无目的地运动，但对刺激反应灵敏。遇到强光或风吹时，会做出防御性闭目反应。

2.听觉。小宝宝已有听觉，但由于中耳内残留部分羊水，鼓室尚未全部充盈空气，因而听觉灵敏度不太高，但对强大声音有瞬间震颤反应。出生后两周左右，宝宝可集中听力，并把头或眼睛转向有声音的方向。

3.触觉。宝宝唇、面颊、眼睑、手掌、足心等处皮肤的触觉尤为明显，对冷的反应敏感，在温度较低时会出现战栗。痛觉在出生后前几天迟钝，一周后敏感性增强。

4.嗅觉。宝宝出生后即能分辨不同气味。闻到如氨水、醋酸等刺激性强的气味时，会立即紧闭双眼，转动头部，全身躁动不安。

5.味觉。宝宝出生后不久就能分辨味道，喜爱甜食，对苦、酸、咸、辣皱眉拒食，甚至会呕吐。

专家在线

这种按摩每天可以进行5～6次，每次3～5分钟。如果室内温度较低，可以给宝宝盖上一层薄被，隔着薄被进行按摩，以免宝宝着凉。

适合2个月的宝宝　关键词：精细动作、情商培育

我的小手会敲鼓——手腕运动

游戏目的

精细动作练习。这个游戏可以训练宝宝做精细动作的能力，抓握物体可以锻炼宝宝手指及手腕的活动能力和肌肉强度，同时还可以帮助宝宝感受声音节奏。

妈妈准备

拨浪鼓一个（其他易抓握的敲击玩具亦可）。

爱心贴士

1.小宝宝的耳膜非常脆弱，摇动拨浪鼓时，幅度和力度都不要太大，以防伤害宝宝听力。

2.宝宝听觉比视觉先发展，所以，对宝宝来说，听觉训练比其他感官训练更重要。

1 在宝宝面前拿起拨浪鼓，轻轻摇晃几下，发出“咚咚”声响，吸引宝宝注意。

2 拿起宝宝小手，帮助他抓握住拨浪鼓，一边摇晃，一边说儿歌：“拨浪鼓，咚咚响，宝宝敲，宝宝笑。”

3 妈妈说到“咚咚响”时，轻轻摇晃拨浪鼓，然后停顿一下，说：“宝宝敲，宝宝笑”，注视着宝宝，逗宝宝笑。

4 在宝宝眼前、背后、左侧、右侧发出声音，让宝宝朝妈妈发出声音的地方转过头去，当宝宝对声音反应渐渐敏感时，听觉就会有所发展。

智能课堂

给宝宝创造安全舒适的生理和心理环境，让宝宝感觉到自己的家是温暖的，是充满爱的，这样宝宝就会学着接受爱，并付出自己的爱，形成善良、热情、开朗的好品格。

后天生存环境很重要，特别是社会生活条件。良好的生活环境、教养条件是促进宝宝智能发育的重要因素。在发展中国家，孩子智力发育迟缓率较高，除疾病因素

外，这主要与父母文化程度低，不知如何教育孩子有关。智能一般的宝宝如果能接受良好教育，就可以充分发掘出他们潜在的能力，将来有可能做出一番事业。相反，有的宝宝本来智能很高，但由于得不到进一步培养、教育、引导，将来则可能表现平平。此外，有些疾病虽不影响大脑发育，但使得宝宝不活泼、不好动或者不得不卧床休息，此时，如果父母不注意智能培养，就会减少宝宝接受良好教育的机会，也会影响宝宝情绪以及他吸收加工信息的主动性。

专家在线

妈妈的手和其他物品要清洁。

妈妈平时要有意识地训练宝宝抓东西，比如把自己的手指、粗笔等能抓握的物体放到宝宝手中，让其抓住。

适合2个月的宝宝  关键词：腿部力量、肢体协调、开朗性格

小淘气踢球球——抬腿

游戏目的

锻炼宝宝腿部力量。0～1岁是宝宝的运动发育敏感期，腿部肌肉、骨骼得到健康发展，会为宝宝日后活动范围扩大奠定良好基础。皮球游戏在宝宝成长过程中是非常重要的一项内容，无论是踢球、追球还是拍球，对宝宝运动能力的提高和左右脑发育都起着重要作用。

妈妈准备

充气塑料彩球一个（其他类似的充气玩具亦可）。

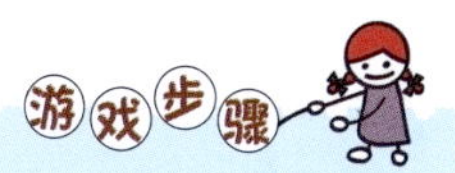

1. 用结实的线把彩球挂在婴儿床上方，使宝宝抬起脚刚刚能够碰到。
2. 轻轻抓住宝宝一只小脚丫，抬起来，踢一下彩球，对宝宝说："小淘气，踢球球，球球撞到脚丫上。"
3. 宝宝踢到球后，妈妈要亲亲宝宝的小脚，鼓励宝宝。
4. 左右脚轮流踢，也可以抓住宝宝的两只脚同时踢。

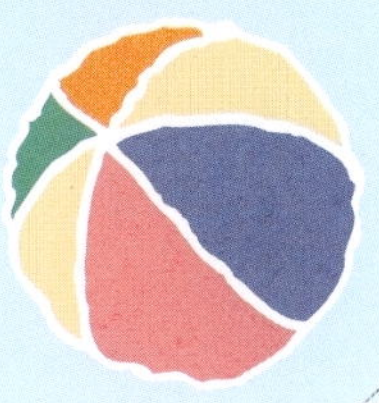

爱心贴士

1.球不要太大，颜色要鲜艳，最好是单色。

2.要控制好球晃动幅度，以免宝宝视线跟不上，从而影响积极性。

3.游戏中，妈妈要多和宝宝进行目光交流，语气要活泼，动作要轻柔。

智能课堂

智龄又叫心理年龄，是表示心理发育成熟程度的。

智商是表示智力发展水平的，是智龄与实际年龄的比值。智龄固然是代表智力水平的重要指标，但受年龄影响很大。智龄相同的宝宝，由于年龄不同，他们的智商也有较大差异。比如，甲、乙、丙三个宝宝智龄同为6岁，如甲实际年龄为6岁，则智商为100；乙为4岁，则智商应为150；丙为8岁，则智商为75。在儿童当中智商140以上者称奇才，占人口0.5%。130~140为十分优秀，占人口3%；120~130为优秀，占人口7%。

构成孩子智力的因素有五种：观察力、记忆力、注意力、思维力和想象力。

婴幼儿发育分为六大类：大肌肉运动、手的技巧、语言、认知、社交能力和自理能力。每一项都要按照孩子的年龄期分别学习和测试，要循序渐进。

专家在线

2个月的宝宝，他们可以学习一些基本动作，如翻、坐、抓、蹬等，提高身体的控制能力，掌握身体平衡，并学会控制自己的双手等。这个游戏可以锻炼宝宝腿部力量和灵活性，使宝宝逐渐控制自己的双腿。

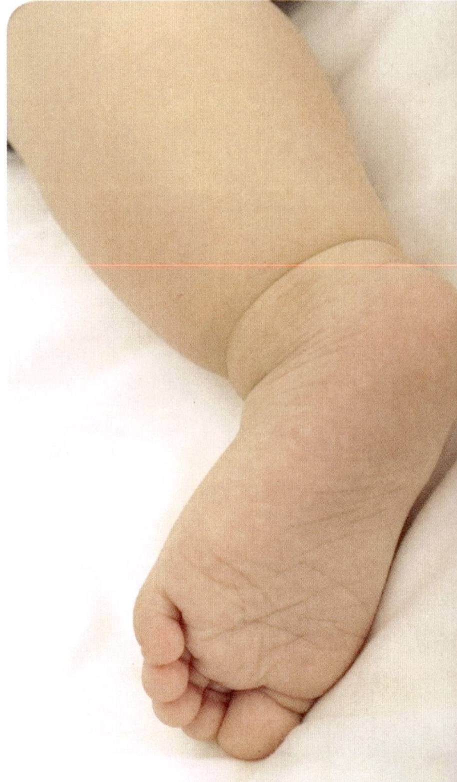

适合2个月的宝宝

关键词：肌肉弹性、艺术修养

小小舞蹈家——四肢运动

游戏目的

锻炼宝宝四肢。让宝宝反复使用四肢肌肉，能增强其肌肉力量及弹性，为翻身和爬行做准备。同时，还可以提高宝宝的艺术感受力。丰富多彩的音乐活动，能使宝宝情绪愉快，形成良好性格和意志品质，对他们以后的人际交往和自制自省都有帮助。

妈妈准备

选择节奏感稍强，又不太激烈的乐曲。

1 在宝宝清醒时，播放乐曲，吸引宝宝注意，妈妈随着节奏轻轻哼唱旋律。

2 在宝宝面前举起双手，随着节奏摆动。

3 慢慢举起宝宝的小手或小脚，随着节奏摆动。

爱心贴士

1.不要给宝宝听立体音乐，因为立体声进入耳道后，没有缓和、回旋余地，会直接刺激宝宝的听觉器官，对宝宝听力造成一定损伤。

2.播放音乐时间不要过长，一般3～5分钟即可，防止宝宝疲劳。

智能课堂

每个孩子都具有与生俱来的音乐天赋，每个宝宝都能够而且应该发展这种才能。在宝宝出生前，他们就已经伴随着妈妈的心跳声和呼吸节律一起生活了9个多月，音乐和节奏是伴随每个宝宝出生、成长的一个重要伙伴。因此，宝宝出生后就会对妈妈的声音和乐音表现出较高敏感性。

宝宝极易被音乐吸引。日本0岁教育学家七田真说过："幼儿音乐教育有两个重要功能，其一是气质的养成，其二是智慧的提升。"宝宝经常聆听优美音乐，感受音乐所富有的旋律和节奏，会自然地把这些感受纳入到个体头脑中，使个体自然地流露出优美韵律。

0～1岁是人生起步阶段，这一时期的主要任务是培养宝宝对音乐的感知力和领悟力，让宝宝爱上音乐。

专家在线

不要一天到晚不停地放音乐。让宝宝听音乐，每天应该有固定时间段，听2~3次，不间断地刺激就会失去意义。

适合2个月的宝宝　关键词：颈部发育、依赖感

妈妈哪儿去了——转头

游戏目的

锻炼宝宝颈部肌肉。当宝宝颈部肌肉和骨骼发育基本成熟后，就能够支撑头部，自由转动。同时这种游戏能够培养宝宝对父母的依赖感。对爸爸、妈妈的强烈依赖感能够对宝宝起到保护作用，帮助成长中的宝宝承受日常生活压力。

妈妈准备

把宝宝放在柔软的小床上，舒服地仰卧。

1 妈妈俯身面对宝宝，与宝宝视线相对。

2 妈妈慢慢转身，移动到宝宝的一侧，一边移动一边说："妈妈呢？妈妈在哪儿呢？"

3 慢慢移回到宝宝视线之内，一边移动一边说："妈妈呢？妈妈在这儿呢！"左右两侧反复两三次。

爱心贴士

1.小婴儿极易疲劳，游戏时间不要太长，每次两三遍即可。

2.妈妈移动的角度不要太大，因为婴儿转头能力还很弱，可以根据宝宝情况，稍稍大于宝宝能转动的角度即可。转动速度也不要太快。

智能课堂

父母的教养方式对宝宝情绪、行为、智能发展具有深远影响。心理学家研究发现，良好的教养方式使宝宝自信而愉快，比较容易与别人交往，在集体中也较容易受尊重和欢迎。

良好的教养方式是指父母能够与子女分享彼此的想法和活动，对子女表示慈爱、信任、赞许和鼓励，而较少表现出拘束和严厉。在这样的教养方式下，孩子通常较自尊、自主、自信、友善和独立，并有较强烈的学习动机。

若父母教养方式不适当，孩子在情绪和行为上容易产生偏差，情绪不稳定、活动过多、紧张及反

抗等。不适当的教养方式是多方面的，例如，父母不关心子女、对孩子表示拒绝及冷漠等。父母过分依顺孩子，孩子往往攻击性较强、粗心大意、固执；若父母过分专制，子女行为则倾向于礼貌、诚实、慎重、对权威较顺从，但依赖性强。

专家在线

研究表明，与爸爸接触少的宝宝，体重、身高、动作等方面的发育速度都要落后一些，并普遍存在自尊心不强、自控力弱等情感障碍。所以爸爸们千万不要因为工作忙而失去和宝宝在一起的机会啊！

适合3个月的宝宝  关键词：头部运动、注意力

八音盒真奇妙——转头

游戏目的

锻炼宝宝头部活动能力。宝宝的动作最早发生在头部，只有能控制头部运动后才能支撑腰部，才能发展后续动作。

妈妈准备

八音盒一个。

游戏步骤

1 让宝宝舒适地仰卧。拿起八音盒，告诉宝宝："这是八音盒，它会唱歌。"

2 在宝宝身体一侧打开八音盒，对宝宝说："听一听，是谁在唱歌？"吸引宝宝转头。

3 关上八音盒，告诉宝宝："妈妈把它关上了，声音不见了。"再打开，引起宝宝的惊奇。

4 反复两三次，让宝宝注意到八音盒的声音与开关之间的关系。

爱心贴士

为宝宝选择的八音盒最好有一些旋转或者色彩的变化，更能吸引宝宝的注意力。

智能课堂

动物学家劳伦兹经过研究发现，鹅、鸭等动物在刚孵化出来时，让它们接触其他种类的鸟或会活动的东西，它们就会把这些鸟或东西当做自己的妈妈，并紧紧跟随，结果对自己真正的妈妈却无任何依恋。这种现象极短暂，只发生在特定时期，一旦错过这个时期就会很难再学会，这个特定时期就是学习关键期，也叫“最佳学习期”。

宝宝同样具有学习关键期，它是学习的最佳时期，在这个时期宝宝学习东西又快又省力，而且能记忆很长时间。若错过了这个时期，宝宝学习就要花费更多精力和时间，而且往往事倍功半。因此，教育和培养宝宝应该看准时机，过早启蒙或过晚教育都不利于其智能发展和良好品德的形成。但也不能把关键期看得过于神秘，认为错过关键期，宝宝就什么也学不会了，也不必浪费时间和精力去教育了。其实，人的关键期要比动物长很多，而且人是有意志和精神的，错过了关键期虽然可惜，但不是无法补救，只要继续努力，宝宝也可以得到很好的发展。年轻的父母们都应该掌握宝宝学习各项技能的关键期，抓住最佳时期对宝宝进行培养，为宝宝未来发展打下良好基础。

专家在线

对新异刺激的敏感性、对周围环境的积极注意，是宝宝在探索世界的一种状态。经常主动给予宝宝不断的刺激，可以提高他注意力的发展水平。

适合3个月的宝宝

关键词：感知力、全面发展

镜子里的宝宝是谁啊——认识身体

游戏目的

培养宝宝感知能力。这个游戏可以提高宝宝自我认知能力，并且有助于宝宝了解身体各部位名称，促进其语言能力发展。为宝宝营造丰富语音环境，能够促进宝宝语言智慧提升，从而带动其他智能发展。一个全面发展的人才是未来社会的需要。

妈妈准备

大穿衣镜一面。

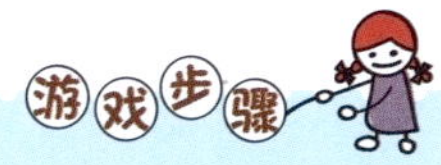

1 给宝宝穿上色彩鲜艳的衣服，将他抱到镜子前，让宝宝自发地触摸、拍打镜中的妈妈和自己。

2 妈妈对着镜子做表情，让宝宝对着镜子模仿。妈妈也可以念儿歌助兴："小镜子，照一照，里面有个好宝宝。我哭他也哭，我笑他也笑。"

3 摸一摸宝宝的头、鼻子、眼睛等，告诉宝宝每个部位的名称。

4 妈妈分别抬起宝宝的手和脚，让宝宝在镜子里看自己的手和脚。妈妈说："小手、小手，拍拍；小脚、小脚，蹬蹬。"

爱心贴士

1.妈妈可以经常抱着宝宝照镜子，每次给宝宝穿上不同颜色的衣服。

2.经常和宝宝说话，可以有效帮助宝宝学习词语，不间断地强化会有利于宝宝语言能力的发展。

智能课堂

宝宝动作发展是在脑、神经、肌肉控制下进行的，因此，宝宝动作发展与身体、大脑和神经系统发展密切相关。宝宝身体发展有先后次序，宝宝动作发展也表现出一定的时间顺序。在早期，宝宝动作发展在某种程度上标志着其心理发展水平，同时，动作发展也促进心理发展。因此，在宝宝智能发育检测中，大（粗）动作和精细动作发展是检测其成长发育的一个重要指标。

动作和动作技能的掌握对婴幼儿心理发育有重要意义，与婴幼儿智能发展和个性形成也有很大关系。一定数量动作技能的掌握可以帮助宝宝及早摆脱对成人的依赖，学会独立自由活动，从而开阔眼界、增长知识。动作技能还是宝宝与外界交往的工具，宝宝如果动作笨拙、动作技能发展迟缓，往往不容易和同伴打成一片，而动作技能发展较好的宝宝容易被同伴接受，并受到欢迎。

专 家 在 线

母爱是无与伦比的"营养素"，它将促进宝宝的身心健康和智力发育。多与宝宝抚摸、搂抱、说话和微笑，这些触觉、平衡觉、听觉和视觉等良性刺激会给宝宝的大脑发育提供不可缺少的"营养素"。

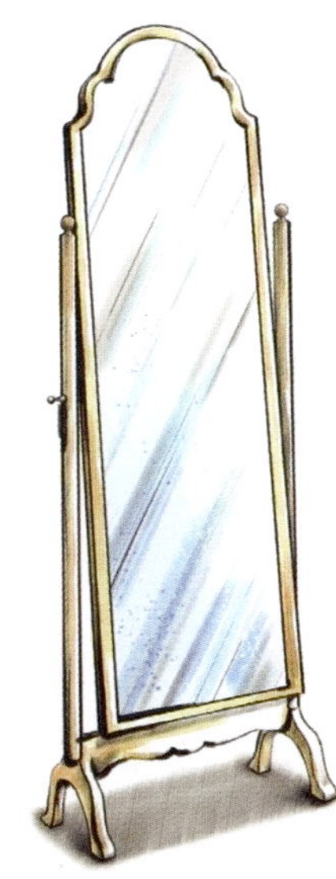

适合3个月的宝宝  关键词：协调、独立

我能抓到你——抓动物

游戏目的

锻炼宝宝触觉和抓握能力。3个月的宝宝已经开始喜欢上了自己练习抓手臂范围以内的物品，多为宝宝提供机会，既可提高宝宝的协调能力和抓握能力，还能促进宝宝自然智能发展。

培养独立意识。让宝宝做一些力所能及的事和感兴趣的事，从这些事情开始，培养宝宝的自我服务意识，塑造其独立自主的优秀品格。

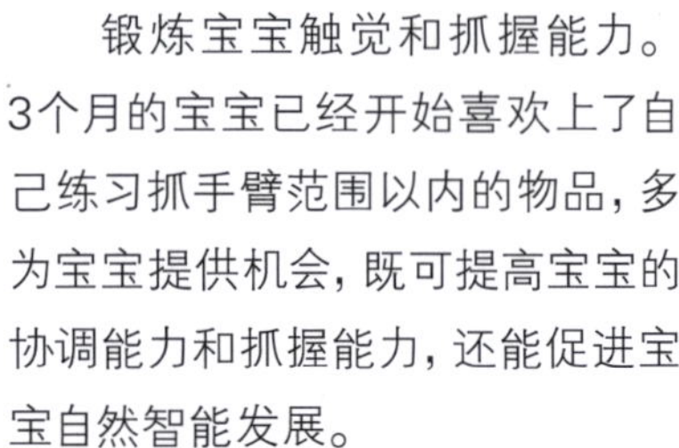

游戏步骤

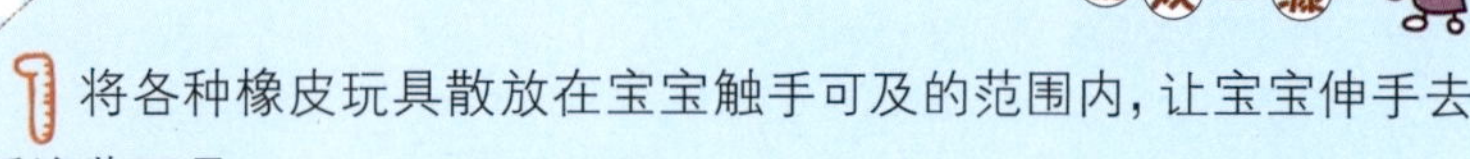

1. 将各种橡皮玩具散放在宝宝触手可及的范围内，让宝宝伸手去抓这些玩具。
2. 宝宝每抓起来一个，妈妈就要说出这种动物的名称，并且夸张地学出这种动物的叫声。
3. 将玩具从宝宝手中取下，再次鼓励让宝宝随机抓取一个玩具。
4. 反复几次，不断强化宝宝对这些动物名称和叫声的认识。

爱心贴士

1.橡皮玩具大小要适宜，以宝宝小手能抓起来为好。

2.选择的动物形象最好是比较常见而且叫声比较容易模仿的。

妈妈准备

各种小动物形状的空心橡皮玩具（如小鸡、小鸭、小狗等）。

智能课堂

宝宝的动作发展是从上至下的。宝宝最早发展的动作是头部动作，其次是躯干动作，最后才是脚部动作。宝宝最先学会抬头和转头，然后是翻身和坐，接着使用手和手臂，最后才能站立行走和跑跳。

这是宝宝动作发展的基本规律，有些父母急于求成，总是在宝宝还没学会坐的时候就让宝宝学爬，没爬稳时又想让宝宝学走了。其结果往往是宝宝什么也没学会，相反还会使他的各肌肉组织和心理素质受到影响和伤害。

宝宝动作发展从身体中部开始，越接近躯干部位动作发展越早，而远离身体中心的肢端动作发展则较迟。以上肢动作发展为例，总是遵循着肩、头和臂的动作发展首先成熟，其次是肘、腕、手，手指动作发展最晚的规律。

专家在线

当宝宝学会一种动作后，妈妈要提醒和监督宝宝坚持在日常生活中运用该动作，这样才能培养其自我服务能力并促使其养成习惯。

适合**3个月**的宝宝  **关键词：** 小脑发育、社会交往

摇摇晃晃坐摇篮——浴巾游戏

游戏目的

促进宝宝小脑发育。通过这个游戏，可以促进宝宝前庭发展，对宝宝小脑发育非常有利；还可以锻炼宝宝平衡能力，帮助宝宝感觉空间变化。不仅可以帮助宝宝认识世界，增强他们探索世界的欲望，良好的亲子依恋关系更有助于宝宝日后良好社会交往关系的建立。

妈妈准备

浴巾或小被子一条。

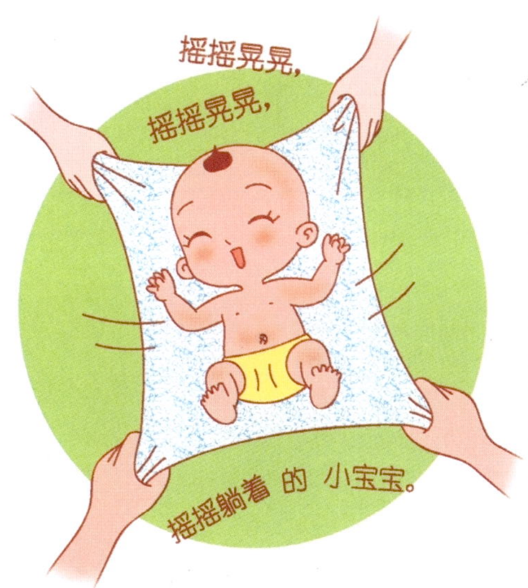

游戏步骤

1 洗完澡后，让宝宝仰卧在长方形浴巾或小被子上，爸爸、妈妈分别抓住浴巾四个角，让浴巾离开床面30~40厘米高。

2 爸爸、妈妈同时缓缓左右摇晃浴巾，一边摇一边说："摇摇晃晃，摇摇晃晃，摇摇躺着的小宝宝。"宝宝很喜欢这样的游戏，会开心地咯咯笑。

3 摇半分钟后，把宝宝放到床上，让宝宝休息一会儿，再继续。

爱心贴士

1.游戏幅度要从小到大，以不要让宝宝感到害怕为宜。

2.游戏时间不要太长，以免引起宝宝疲劳。

智能课堂

宝宝动作技能发展的顺序是从大肌肉延伸到小肌肉，因此宝宝先学会走、跑、跳等大肌肉、大幅度动作，以后才逐渐学会如手指活动等小肌肉的精细动作。新生儿只会随意地“臂舞腿蹈”，四五个月的宝宝要取面前放着的玩具往往不是用手，而是用手臂甚至整个身体。随着神经系统和肌肉发育，加上宝宝大量的自发性练习，动作能力逐渐分化，宝宝开始学习控制身体各个部位小肌肉的动作。手握铅笔自如地用笔写字这样更加精细的动作，往往要到宝宝四五岁才能做到。在这之前，有的父母强迫孩子学习写字实在是强人所难，这违背了宝宝生理发展规律，更会对宝宝正常发育带来不利影响。

专家在线

经常和宝宝充满感情地交谈，有助于宝宝形成使用复杂语言的能力，跟宝宝多说话能促进其日后词汇量的扩充。

适合4个月的宝宝  关键词：躯体运动、意志力

滚动的红苹果——抬头

游戏目的

锻炼宝宝颈部肌肉。红色物体非常容易吸引宝宝的注意，通过游戏可以帮助宝宝练习抬头，提高宝宝躯体的协调运动能力。

妈妈准备

红色大苹果一个。

1 让宝宝俯卧在床上，双臂屈于胸前。

2 拿出一个红色大苹果放在宝宝正前方，让宝宝看一看、摸一摸、闻一闻，吸引宝宝注意。

3 妈妈推一下苹果，让苹果向远离宝宝的方向滚动，让宝宝的目光追随。

4 还可以准备红色、绿色苹果各一个，分别滚动红色、绿色苹果吸引宝宝注意，引起他的视觉关注，吸引他去“追踪”。

爱心贴士

1.选取的苹果一定要大、色泽鲜艳，最好是红色。

2.不要让苹果滚动得太远，以免使宝宝失去兴趣。

智能课堂

爱因斯坦、达·芬奇、居里夫人，这些世纪伟人都有着超发达的右脑，拥有超群的想象力和洞察力。

科学研究发现，人的左脑主要从事逻辑性思维，右脑则主要从事形象思维，是创造力的源泉，是艺术和经验学习的中枢。

令人遗憾的是，我国现行教育体制和教学过程都忽视了右脑的开发，日常生活中孩子们也极少有开发右脑的机会。而且，右脑的潜能如不提早加以开发训练，会在成长过程中逐渐丧失。大量研究数据表明，人脑在3岁以前完成60%的发育，6岁以前完成90%，右脑在3岁以前即发达，左脑则从4岁开始发达。但成年期的右脑仅及3岁左右的1/4大小。右脑具有瞬间接受大量刺激功能，如加以训练，不仅可开发和保留相当一部分右脑潜能，更可促使大脑神经发达，扩大脑容量，进而有助于左脑发育。儿童期是开发右脑的黄金期，右脑开发宜早不宜迟。

专家在线

宝宝需要大量的、各种各样的触觉经历以熟悉这个世界，充满爱的照料能为宝宝大脑发育提供积极情感刺激。宝宝的学习和游戏，不仅要具有吸引力和趣味性，还要能培养宝宝的意志力、抗挫折能力，让其具有面对困难的勇气。

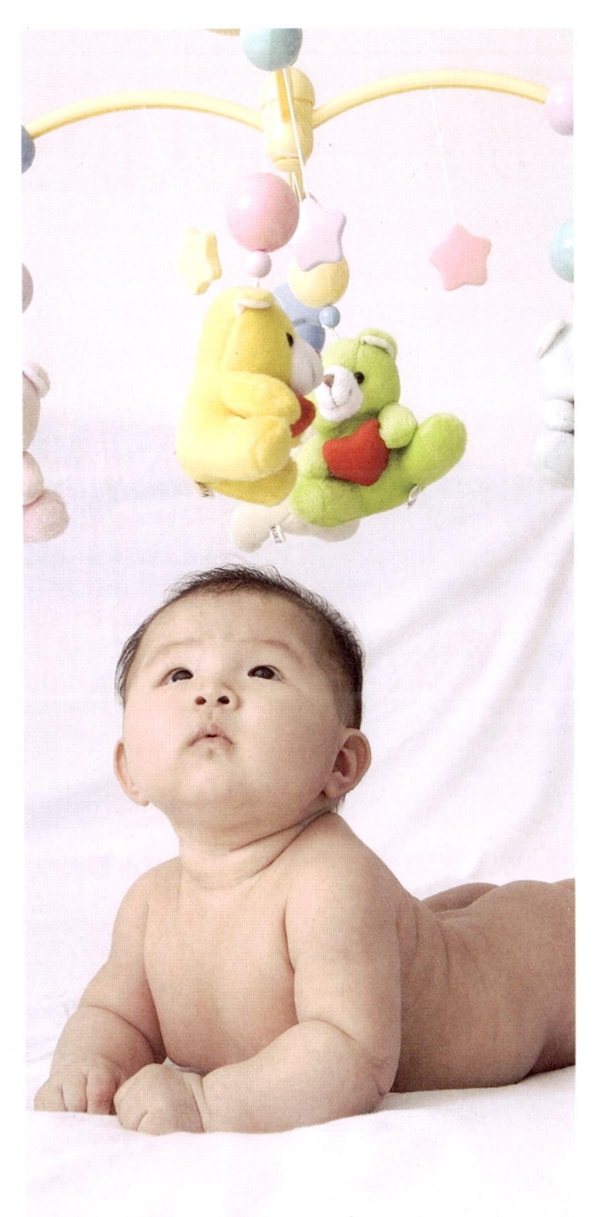

适合4个月的宝宝 

关键词：五官、自信

顶鼻子——认识五官

游戏目的

认识五官。这种游戏可以帮助宝宝了解和认识自己的五官，初步感受五官的存在，增进宝宝与家人的亲密感。

妈妈准备

适宜的活动空间。

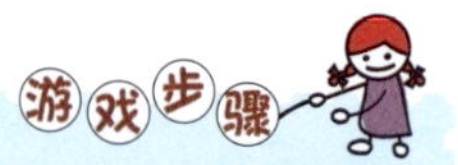

1 妈妈抱着宝宝或者让宝宝仰卧在床上，与宝宝视线相对，问："宝宝的鼻子呢？"

2 用手指轻点宝宝的小鼻子，说："啊，宝宝的小鼻子在这儿呢！"

3 再次与宝宝视线相对，问："鼻子呢？妈妈的鼻子呢？"

4 拿起宝宝的小手，让宝宝触摸妈妈的鼻子，告诉宝宝："妈妈的鼻子在这儿呢！这是妈妈的大鼻子！"

5 靠近宝宝，轻轻地和宝宝顶鼻子，同时发出"呜呜呜"的声音。

爱心贴士

1.宝宝很喜欢动作重复性高的游戏，虽然看上去很幼稚、很简单，但正是这些简单易行的游戏促进了宝宝的发展，妈妈千万不要轻视。

2.妈妈可以根据宝宝实际情况对游戏进行一些扩展，比如"找耳朵、找嘴巴"。

智能课堂

较高水平的情商，有助于宝宝创造力的发挥，它是所有学习行为的根本。一般来讲，高情商宝宝有以下特点：

1.自信心强。自信心是任何成功的必要条件，是情商的重要内容。自信是对自己确定的目标不论多么艰难，都相信通过自己的努力，有能力和决心去达到。

2.好奇心强。对许多事物都感兴趣，想弄个明白。

3.自制力强。即善于控制和支配自己的行动，有时是善于迫使自己去完成应当完成的任务，有时是善于控制自己不当行为的发生。

4.人际关系良好。指能与别人友好相处，在与其他宝宝相处时积极态度和体验（如关心、喜悦、爱护等）占主导地位，而消极态度和体验（如厌恶、破坏等）少一些。

5.具有良好情绪。情商高的宝宝活泼开朗，对人热情、诚恳，经常保持愉快。许多研究与事实也表明，良好情绪是影响人生成就的一大原因。

6.同情心强。能与别人在情感上发生共鸣，这是培养爱人爱物的基础。

专家在线

爸爸可以采用变调方式和宝宝做这个游戏，此时宝宝听力还不是很发达，虽然无法听清高音，但是对低和粗音就听得比较清楚，因此爸爸的低粗声音能带给宝宝亲近感。

适合4个月的宝宝  关键词：视觉、注意力

纸飞机——追视

游戏目的

锻炼宝宝的视觉反应。让宝宝的视觉追随纸飞机飞行路线，可以锻炼宝宝视觉反应，发展其对空间的认知，还能提高注意力。注意力是学习和观察的基础，培养和发展注意力的意义在于帮助宝宝将来更好地适应紧张的学习。

妈妈准备

用鲜艳彩纸折几个纸飞机，彩纸颜色尽可能鲜艳，色彩对比要强烈。

1 拿起红色纸飞机，展示给宝宝，告诉宝宝："这是红飞机。"

2 将纸飞机轻轻抛向前方，吸引宝宝注意。

3 问宝宝："红飞机飞到哪儿去了？"让宝宝指指看，"啊，红飞机在那儿呢。"

4 换另外颜色的纸飞机重复上述步骤。

5 也可以把纸飞机放在宝宝手中，帮助他把飞机抛向远处，宝宝的参与感会更强，也会更有兴致。这样做可以锻炼他的手眼协调能力。

爱心贴士

1.飞机不要抛得太远，速度也不要过快，否则不利于宝宝追视。

2.抛飞机的动作不要太大，以免宝宝忽视了观察纸飞机的飞行路径。

智能课堂

孩子早期的感知觉体验都应该源于生活。而视觉、听觉、触觉刺激在孩子生活中无处不在，无时不有，只是我们可能没有意识到它们的重要性，没有有意识地加强这些方面的练习。

孩子从出生到两三个月最喜欢看妈妈的脸。当父母把自己的脸凑到距宝宝眼睛20厘米左右时，哪怕是新生儿，都会聚精会神地看着你，当你的头左右移动时，他的目光、脸会随之移动，这就是最早的视觉练习。之后可以给孩子看人脸的画像，在床头上方悬挂彩色气球或玩具，大人手持玩具让孩子看到后再移动玩具，让孩子用目光追随着移动的物体看等等，这些都是视觉练习。孩子3个月时竖抱头可直立，可多做户外活动，让孩子见到更多的人和物。这时孩子会兴致勃勃地东看西看，外界丰富的视觉刺激让他目不暇接，很快就会感到疲劳，甚至因刺激过多大脑会用"超限抑制"来保护自己，很快孩子就睡着了。这提醒我们要慢慢地增加户外活动的时间和次数，视觉练习也要遵循循序渐进原则。一般可以从每次出去5～10分钟，慢慢增加至半小时、1小时，每日可外出两次。

专 家 在 线

早期开发宝宝智力要根据宝宝年龄和心理特点，要从宝宝实际展现出来的情况出发，要循序渐进而不能揠苗助长。爸爸、妈妈应尽可能为宝宝创造一个良好学习环境，鼓励宝宝多提问、多动手、多思考、多创造。

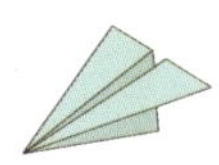

适合**4个月**的宝宝  **关键词：** 思维、视觉

认“红色”——认识色彩

游戏目的

让宝宝认识颜色，帮助发展宝宝右脑形象思维能力。

妈妈准备

准备一些彩色的玩具。

1 放一件宝宝喜爱的彩色玩具，如红色积木，反复告诉他：“这块积木是红色的。”然后家长拉着宝宝的手从几种不同的玩具中拿起这块红色积木。

2 再拿出另一个红色的玩具，如红色瓶盖，告诉宝宝：“这也是红色的。”当他表示疑惑时，家长再拿一块红布与红积木及红瓶盖放在一起，告诉他：“这边都是红的，那边都不是红的。”但不能说那边是白色的、黄色的，把宝宝的注意力集中到一种颜色上。

3 把上述红色物品放在一起，告诉宝宝：“这些都是红色的。”

爱心贴士

培养宝宝对色彩的认识能力。

智能课堂

现在，宝宝能辨别红色、蓝色和黄色之间的差异了。如果宝宝喜欢红色或蓝色，不要感到吃惊，因为这些颜色似乎是这个年龄段宝宝最喜欢的颜色。在这时，宝宝的视力范围可以达到几米远，而且将继续扩展。他的眼球能上下左右移动来注意一些小东西，如桌上的小点心。当他看见妈妈时，眼睛会紧跟着妈妈的身影移动。

专家在线

1.一次只能教一种颜色，教会后要巩固一段时间再教第二种颜色。如果宝宝对家长用一个“红”字指认几种物品迷惑不解，甚至连第一个红色玩具都不认识，家长就要再过几天另拿一件宝宝喜欢的玩具重新开始。

2.颜色是较抽象的概念，要给宝宝时间让他慢慢理解，学会第一种颜色常需3~4个月。颜色要慢慢认，千万别着急，千万不要同时介绍两种颜色，否则更易混淆。

适合4个月的宝宝

关键词：腰部肌肉、创造力

拉大锯，扯大锯——坐起来

游戏目的

锻炼宝宝腰背部肌肉。4个月的宝宝腰背部肌肉力量迅速发展，通过游戏可以帮助宝宝锻炼腰背部肌肉、骨骼力量以及上臂支撑力。如果宝宝学会了运用运动器官，学会从不同角度来感知这个世界，会大大激发他们以前从没有尝试过的一些想法和念头，这也是丰富宝宝想象力和创造力的关键。

妈妈准备

在宝宝睡醒时，保持仰卧姿势，帮助宝宝放松上肢。

爱心贴士

1.刚开始时，也可以尝试用手抓住宝宝手腕，把他拉起来。

2.游戏时间不要太长，3分钟左右就要让宝宝躺下来休息一会儿。

1 伸出手指，让宝宝自然地抓住妈妈的手指。

2 将宝宝慢慢地拽起来，念歌谣："拉大锯，扯大锯，外婆家，唱大戏，妈妈去，爸爸去，小宝宝，也要去。"让宝宝稳定地坐好，再轻轻把宝宝放下，让宝宝保持仰卧。

3 重复三四次。

4 轻轻抚摸宝宝的腰背部，放松腰背部肌肉。

智能课堂

为宝宝创造充满活力的环境：

1.父母多花点心思让婴儿四周环境充满美丽色彩，在床铺四周挂些美丽的图画、摆些色彩明亮的玩具等加以装饰。

2.从出生开始，父母在养育过程中要尽量多地对宝宝说话，不要认为婴儿听不懂就不对他讲话。经常对婴儿说话有助于他提早理解语言，学会说话。

3.要对婴儿尽早开始动作方面的训练，让婴儿用手握住妈妈手指，从出生后就开始训练握力。

4.婴儿俯卧时，训练婴儿抬头，让婴儿抬脸观看前面的东西，下巴也能短时离床，双肩也能抬起来。

专家在线

这是一个古老而又经典的游戏，配合的歌谣有很多版本，妈妈可以根据自己的喜好选择，也可自编。如：拉大锯，扯大锯，咱们家里唱大戏，大戏里面也有你，快快起来唱两句！拉大锯，扯大锯，外婆家，唱大戏，妈妈去，爸爸去，不带小宝宝去！

适合5个月的宝宝　　关键词：时空概念、积极心态

我在哪儿——藏猫猫

游戏目的

培养宝宝时空认知能力。可提高宝宝对时间、空间中人或物的理解，强化对物体永久性的认识，为今后“藏与找”游戏的延伸奠定基础。藏猫猫游戏告诉宝宝东西可以失而复得，你与宝宝之间亲密又安全的联系对宝宝将来面对生活压力大有帮助。

妈妈准备

一块干净手帕。

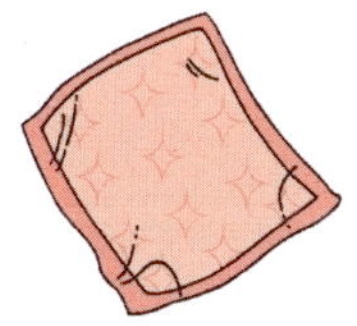

1 妈妈用手帕把脸遮住，问宝宝：“妈妈呢？妈妈去哪儿了？”

2 把手帕从脸上拿下来，对宝宝说：“妈妈在这儿呢。”

3 把手帕轻轻遮住宝宝的脸，叫宝宝的名字：“宝宝呢？宝宝在哪儿呢？”

4 撩开手帕看着宝宝的脸，对宝宝说：“啊，宝宝（宝宝的名字）在这儿呢。”宝宝会开心地大笑甚至尖叫。

爱心贴士

妈妈藏起来的时间不能太长，否则等得时间太长，宝宝就会对游戏失去兴趣。

智能课堂

4～6个月时宝宝处于爬行阶段，不会用手脚的力量把身体支撑起来。这时要注意以下几点：

1.增强宝宝用手抓东西的能力，让他用手握住或触摸各种不同材质的东西，如丝绸、海绵等。

2.让宝宝继续训练抬头，时间可以更长些。训练时家长可以站在宝宝头前与他讲话，使宝宝前臂支撑全身，将胸部抬起。

3.还可让宝宝学习由仰卧翻至侧卧，然后再翻至俯卧。

专家在线

妈妈平时要经常温柔地呼唤宝宝的名字，宝宝的名字对宝宝来说是比较熟悉的声音刺激，所以能较早地对这个有意义的音节发生反应。到八九个月时，宝宝能把自己的名字和身体联系起来，这将是自我认识发展的一个表现。

适合5个月的宝宝  关键词：平衡、综合品格

小屁股会跳舞——蹲蹲舞

游戏目的

训练宝宝平衡能力。蹲起、弹跳游戏对宝宝学习保持平衡起着非常重要的作用，是宝宝开始行走的先决条件。配合节奏感强的音乐，让宝宝跳蹲蹲舞，不仅有利于提高宝宝乐感，还可以锻炼宝宝身体，促进其体能、头脑和谐发展。

妈妈准备

《青春友谊圆舞曲》等节奏明快的圆舞曲。

1 扶着宝宝的腋下，让他站在妈妈腿上或较硬的床上。

2 有意识地放松手腕，让宝宝一蹲一蹲地跳舞。

3 播放乐曲，帮助宝宝尽量配合乐曲的节奏。

爱心贴士

1.选择表现力强、节奏明快、简短的乐曲。

2.宝宝下肢支撑力量还很弱，要控制游戏时间，千万不要让宝宝疲劳，2分钟即可。

3.不要在宝宝吃饱后马上开始游戏。

智能课堂

运动是宝宝发展的一个重要内容。宝宝可以通过他们的身体来表达情感和想法，尝试各种技巧性运动，检验自己的运动能力和自身能力局限性。

身体运动智慧是指个体善于运用身体来表达自己的想法和感觉，善于运用双手灵巧地去创造或改造一些事物。也就是指运用整个身体或身体的一部分解决问题或制造产品的能力，包括速度、力量、耐力、柔韧、灵巧、协调、平衡、敏捷等一些基本身体素质，以及其他一些诸如跑、跳、投、攀、爬等方面的能力。

宝宝年龄越小，身体、运动与智力发展之间的关系就越密切，因为身体活动与智力发展之间分化尚不明显，运动无时无刻不在支配和刺激着智力神经运动。因此，从宝宝出生开始，就要重视对宝宝运动智慧的培养。

专家在线

家庭情感氛围影响着宝宝智能发展的水平。如果爸爸、妈妈互敬互爱，给宝宝全方位的爱，给宝宝以尊重，使宝宝获得自信，将促进宝宝情感和思维能力向健康方向发展。

适合5个月的宝宝  关键词：大脑发育、承受力

推推宝宝——爬行准备

游戏目的

训练宝宝整体运动能力。扭动、爬行可帮助宝宝大脑形成突触来控制将来整体运动技能的发展。和宝宝间的互动游戏可以挖掘宝宝的情商潜能，为宝宝将来承受压力和挫折，应付更加复杂的社会关系做好准备。

妈妈准备

较硬的床或较软的地板。

1. 让宝宝趴着。
2. 站在宝宝身后并把手放在宝宝脚掌上。
3. 宝宝脚触及妈妈手时，会通过蹬妈妈的手借力向前移动。
4. 有时需要轻轻推宝宝一下。
5. 在轻推宝宝的同时，说："小脚丫推一推，小脚丫推一推，妈妈推推好宝宝。"

爱心贴士

活动环境一定要清洁，要事先检查床上、地板上有没有会对宝宝造成伤害的物品，以免宝宝误食，造成危害。

智能课堂

通过基本训练来发展宝宝的感知能力、动作技能、语言能力、社交能力，具体方法有：

1.视觉训练。拿色彩鲜艳的玩具在宝宝眼前晃动，以训练其眼睛的灵活性和追视物体能力。

2.听觉训练。利用摇铃的声音训练宝宝寻找声源，也可通过与宝宝对话或让宝宝听音乐来训练听觉能力。

3.触觉训练。父母经常用手触摸宝宝皮肤，给宝宝做按摩操。

4.动作训练。训练抬头、坐、翻身、站、走等大动作以及手的精细动作及手眼协调能力。

5.语言训练。逗宝宝笑，与宝宝讲话，为其储存语言信息。

专家在线

五六个月大的宝宝个体差异开始渐渐加大，如果好好照顾宝宝的话，不需要太在意宝宝的发育情形有没有达到发育标准。身高、体重、身体等各部位都会随宝宝成长而逐渐增长发育。但是如果宝宝发育不顺利、没有朝气、不活泼好动，就必须就医检查。

适合5个月的宝宝 

关键词：肌肉锻炼、超凡毅力

"翻山越岭"找妈妈——攀越训练

游戏目的

锻炼宝宝全身肌肉。爬行是一种极好的全身运动，它能促进宝宝身体生长发育。宝宝在爬行过程中，头颈抬起，胸腹离地，用四肢支撑身体，这就锻炼了宝宝胸、腹、背与四肢的肌肉，并可促进骨骼生长，为日后站立与行走创造良好条件。

妈妈准备

枕头、坐垫、毛绒玩具。

爱心贴士

游戏前一定要仔细检查坐垫、枕头上是否有异物，以免宝宝误食或被划伤。

游戏步骤

1. 使宝宝俯卧在地毯或床上，在他和妈妈之间堆放一些枕头、坐垫、软垫或毛绒玩具等。
2. 妈妈一边呼唤宝宝，一边鼓励宝宝爬过来找妈妈。
3. 爸爸用双手手掌抵住宝宝脚心向前推，或用一条毛巾放在宝宝腹下，然后提起宝宝腹部，让宝宝学着手膝爬行去越过障碍物，"爬"到妈妈身边，同时用语言鼓励他。
4. 宝宝找到妈妈后，妈妈要用亲吻表示赞赏，让宝宝有一种成就感。

智能课堂

0～3岁是吸收性思维和各种感知觉发展的敏感期；1.5～2.5岁是学习语言关键时期；1.5～4岁是器官协调、肌肉发展和对物品发生兴趣敏感期；2～4岁是改进动作、时间、空间概念加强的时期；2.5～6岁是感觉精确化敏感期；3.5～4岁是学习第二语言敏感期。

家长可以根据宝宝不同阶段的发育特点，调整教育思想，适时地对宝宝开展教育活动，可以达到事半功倍的效果。

专家在线

不要把宝宝放在一边置之不理。让宝宝多动、多看、多听，有助于脑力的开发。对宝宝而言，最亲近又容易听得懂的声音还是爸爸、妈妈的声音。

适合6个月的宝宝  关键词：空间智慧、观察能力

上上下下——看妈妈

游戏目的

空间智慧训练。如果宝宝在婴儿期没有得到丰富的视觉刺激，不但视觉通路无法形成，甚至会使大脑视觉潜能完全丧失。只有让宝宝多看、多听、多接触，积累丰富的知识经验，才能使他在面临困难时，在最短时间内找出事物之间的联系，以及解决问题的办法，发挥出他的聪明才智。

妈妈准备

室内或室外适宜的环境。

1 妈妈坐在床上或地毯上，两腿伸直，扶住宝宝腋下，让宝宝站在妈妈膝盖上。

2 妈妈屈膝时，宝宝会上升；放平膝盖时，宝宝就会下降。边做边说："妈妈的脸在下面，妈妈的脸在上面。"

3 反复几次，宝宝可以从上上下下不同角度观察妈妈的脸。

爱心贴士

宝宝出生后前半年是其视觉发育最快的时期，也是最重要的时期，视觉关键期长达4～5年。有效的视觉刺激可以促进宝宝视觉能力和观察能力发展。

智能课堂

我们每个个体都有通过视觉感知空间的能力，甚至能通过各种不同方式表现出我们所见到的空间。这种个体具有的，能够准确地感觉视觉空间，并把所感知到的内容表现出来的能力就是空间智慧。通过对色彩、线条、形状、形式、空间及它们之间关系的敏锐觉察力，把视觉和空间图像在头脑中呈现出来、很快地辨别出方向、发现空间中的秩序感和美感，这些都是空间智慧的典型表现。

专家在线

妈妈不要想让宝宝符合所有的平均指数，平均不一定才正常。我们的宝宝有自己的发育速度，如果妈妈因为担忧宝宝发育缓慢而急躁的话，会使宝宝退缩，成长速度会变得更缓慢。

适合 6个月 的宝宝 

关键词：活动能力、自信心

骨碌骨碌滚一滚——翻滚运动

游戏目的

提高宝宝身体活动能力。帮助宝宝翻身有助于宝宝胸部和手臂肌肉发育，这个有趣游戏会帮助宝宝学会滚动。自信心是人生发展和成功的心理基础，也是能力和意志的催化剂。对大多数人来说，正常智力加上高度自信，就能获得成功。因此，爸爸、妈妈要善于鼓励宝宝相信自己的能力，鼓励他们克服困难，获得成功。

妈妈准备

平坦的大床或铺在地上的软垫子。

游戏步骤

1 妈妈和宝宝一同仰卧在床上，妈妈翻身，示范给宝宝看。

2 引导宝宝和自己一起翻身，边翻身边念儿歌："骨碌骨碌滚一滚，滚一滚，滚出一个小球球。"说到"小球球"时，抱一下宝宝。

3 帮助宝宝学习按照节律翻身，妈妈念儿歌，每念一句，就翻一次身，让宝宝跟着妈妈做。

爱心贴士

宝宝对周围环境充满好奇，在学会爬之前，会采取其他移动身体的办法，如翻身打滚等，爸爸、妈妈应该鼓励、支持和帮助宝宝。千万不要制止宝宝的探寻欲望。

智能课堂

对于0~1岁宝宝来说，他们的运动智慧主要是学习并且掌握基本运动技能，学会翻、爬这些基本动作，并最终学会走路。提高身体控制能力，掌握身体平衡，并学会控制自己的双手。

这些基本能力是宝宝身体正常生长发育，动作能力、协调能力正常发展，探索欲望和学习兴趣不断增长的基础。

专家在线

科学研究表明，与学习有关的脑区，脑细胞生长更快，突触联系更加广泛，从而促进更多的信息交流和处理。相反，脑细胞不被利用，细胞就会死亡，突触就会减少。环境对智力发展，尤其在发育关键期内对智力开发具有极其重要意义。

适合6个月的宝宝

骑上脚踏车去旅行——蹬腿运动

游戏目的

提高宝宝运动机能。根据宝宝成长不同阶段，有意识地锻炼宝宝，以提高他的运动智能。游戏可以为宝宝提供大量动作经验，协助宝宝全面地发展与生俱来的肢体运动能力。

妈妈准备

换完尿布或洗澡后，宝宝心情好时。

1. 让宝宝仰卧，妈妈用两手轻轻抓住宝宝的双脚。
2. 不要太用力，让宝宝的脚像蹬自行车一样活动。
3. 注视宝宝眼睛，并说："骑脚踏车去旅行喽！"
4. 反复做以上动作。

爱心贴士

换尿布后，宝宝心情会很好，这时可用游戏来延长这个好心情。特别是洗澡后，可为宝宝全身抹上乳液或婴儿油，一边游戏一边为宝宝轻轻地按摩，效果更好。

智能课堂

运动智慧的表现不仅仅是运用身体的能力，更主要的是身体和心智联合、协调的能力。也就是说运动智慧和心智是紧密联系的，运动智慧的发展必然促进心智发展，而心智发展也为运动智慧发展提供了基础。此外，运动智慧得到良好发展的同时，也缓解和释放着人的精神压力，帮助人形成良好的性格和品质。可见运动智慧对人的发展有着重要意义。

运动智慧和心智的密切联系决定了我们在培养宝宝运动智慧时，不能仅仅局限在身体的机械训练上，而要从整体智慧发展角度出发，采用多种适合宝宝的方式进行。只有采取丰富多彩的形式，才能吸引宝宝积极活动，以达到促进他们运动智慧发展的目的。

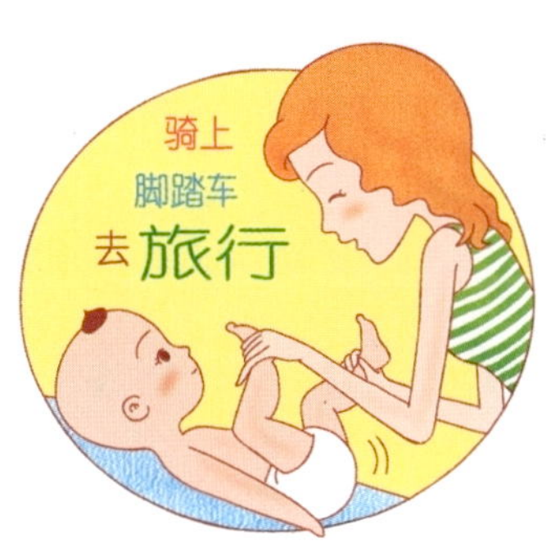

专家在线

表达父爱的方式：

1.多亲吻、拥抱、抚摸宝宝，让宝宝时时体验到父爱的温暖。

2.在宝宝面前表现出对其母亲的爱，如夸奖、赞扬或微笑。

3.坚持每天与宝宝共度一段时光。

第二章

7～12个月宝宝的亲子游戏

7～12月龄的宝宝可以玩更多游戏，游戏主要由爸爸、妈妈发起。大约8个月大时，宝宝开始扮演主动的游戏角色，渐渐对爸爸、妈妈表现出“我要和你玩”的意愿。

7~12个月宝宝能掌握以下两种手的技能：宝宝逐步学会拇指与其余四指对立地抓握物体的动作（这是人类抓握物体的典型方式），并能根据操作对象特点去捏拿它；宝宝在抓握过程中，逐步形成眼和手，即视觉和动作联合的协调运动。

这个时候的宝宝通过看人的表情来感知感情，所以成人要注意自己的表情，此时学到的表情，说不定会跟宝宝一辈子呢！

宝宝的活动范围变大，所以具有危险性的物品一定要收藏好。

宝宝开始会爬、能独自站立，运动量也加大了，通过爬和行走练习，宝宝的筋骨会变得强健，头脑发育也得到加强。

尽量选择塑胶制品、明亮色系的玩具，比如发声玩具、厨房用具组合、益智积木、皮球等。

平均发育指数：出生12个月

男孩体重（千克）	女孩体重（千克）
9.87	9.24
男孩身高（厘米）	**女孩身高（厘米）**
76.5	75.1

早教一点通

研究证明，由婴幼儿自定前进步伐、自我控制的游戏是他们学习与发展的最佳途径。游戏是幼年时期重要任务，缺少游戏机会和经验，将影响孩子各方面的发展；游戏还是婴幼儿理解世界、适应环境的重要方式。为使孩子身心得到健康发展，做父母的应该保障婴幼儿游戏的权利。

适合7个月的宝宝  关键词：探索、关注力

我找到了——找玩具

游戏目的

提高宝宝探索能力。多次游戏后宝宝就会知道，看不见的东西并没有消失，以后就会有兴趣寻找从视线中消失的东西。这类游戏有助于宝宝建立客体永久性概念，能使宝宝的好奇心和主动学习潜能得到激发，有助于宝宝发现物与物之间的关系，促进动作思维的萌芽。

妈妈准备

宝宝喜欢的毛绒玩具，比如小熊维尼。

1 给宝宝看一个他最喜欢的玩具，然后再把它藏起来。

2 鼓励宝宝寻找玩具，问问类似于“小熊维尼在天上吗”这样的问题，然后抬头看看天。

3 问：“小熊维尼在地上吗？”再低头看看地。

4 问：“它在我手里吗？”是的，小熊维尼在妈妈手里呢！找到后给宝宝玩一会儿。

5 动员宝宝将玩具给妈妈，再来找一找。

爱心贴士

玩具消失时间不要太长，以免宝宝失去兴趣。

智能课堂

语言智力开发越早越好。

一个出生时只会啼哭的新生儿，为什么在短短两三年内学会了母语，掌握了结构如此复杂而严密的语言？可见语言作为一种智力与潜能，越早开发越好。胎教工作者甚至主张在怀孕5个月胎儿听觉出现时就与胎儿说话，呼唤他的名字。而早期教育工作者建议从婴儿出生第一天起，就将语言交流融合于生活照料中，如喂奶时讲“宝宝饿了，要吃奶了”，洗澡时讲“这是宝宝的手、腿、身体……”虽然这似乎是“对牛弹琴”，却有重要的潜在作用。3～5个月的婴儿，“交谈”时让他做

出口部模仿及出声反应。8~9 个月开始牙牙学语时，成人要作出积极回应。如当他指着玩具发声时，父母就可说："宝宝要花皮球玩！"用语言说出他的需要。1岁时，要不断鼓励他说出单词、电报式语词，并逐渐要求说出简单句、复杂句，直到用完整语言表达想法。

专家在线

脑发育需要营养支持和各种良性刺激。因此，为了使你的宝宝更加聪明，充分发挥大脑潜能，应为宝宝创造一个良好环境，那就是充分合理的营养、丰富感知刺激的环境和充满爱的家庭和社会氛围。

适合**7个月**的宝宝 

关键词： 应变力、人际沟通

做鬼脸——识别表情

游戏目的

锻炼宝宝的识别能力。7个月的宝宝已经能够识别亲人的面部特征，通过一些表情变换游戏，可以让宝宝对表情的认识更为深入，还可以帮助宝宝缓解面对陌生人时产生的焦虑。这种游戏有利于宝宝识别他人的情绪，为他掌握良好社会交往技能奠定初步的基础。

妈妈准备

床上、地板上均可。

游戏步骤

1. 宝宝精力充沛时，妈妈模仿老虎，说："我是大老虎！嗷呜——"同时做老虎的表情，张大嘴巴，瞪大眼睛。
2. 模仿小猫，说："我是小猫咪！喵呜——"同时模仿小猫咪，用手指表示胡子。
3. 模仿小老鼠，说："我是坏老鼠！吱吱——"同时五官挤到一起模仿老鼠的表情。
4. 反复做各种鬼脸，逗引宝宝观察各种表情的变换。

爱心贴士

给宝宝做鬼脸时，尽量以表情夸张为主，但不要太恐怖，以免给宝宝造成不良影响。

智能课堂

从人类生物学角度而言，在对宝宝的养育中父亲的作用是十分重要的，但从整个社会角度来看，父亲这一重要角色却常常被忽略，被看成是局外人。日常生活中，有些父亲忙于工作而很少参与宝宝的照料和教育，时间长了，就会导致宝宝依恋母亲、对父亲敬而远之。但是，越来越多的研究表明，父婴交往和母婴交往有着不同的特点和方式，父亲和孩子交流、游戏往往会对孩子社会性、情感和认知的发展起到重要作用。所以，日常生活中应该多创造父亲与宝宝交流和游戏的机会，促进父婴依恋的建立。

专家在线

宝宝每天听到的单词数能影响其将来的智力、举止和学习能力、学习成绩。经常性的外部刺激能确保宝宝将来具有良好的语言表达能力。

适合7个月的宝宝 

关键词：听、说、交流

丁零零，来电话了——打电话

游戏目的

锻炼宝宝听说能力。在学会说话之前，宝宝"说"的兴趣也是很高的，正是这个时期的"听"、"说"，培养了宝宝以后真正的听、说能力。打电话的形式既可调动宝宝对语言的兴趣，促进其语言智慧发展，又可以帮助宝宝认识一种与人交流的形式，提升其人际交往智慧。

玩具电话听筒两个。

1 让宝宝靠坐在床上，妈妈坐在对面。

2 妈妈拿起玩具电话，对着电话说："喂，宝宝在家吗？"

3 再帮助宝宝拿起电话，说："丁零零，来电话了，宝宝接电话吧。"

4 妈妈分饰两个角色，演示妈妈和宝宝的"对话"，可以聊聊今天妈妈做的事和宝宝做的事。

爱心贴士

妈妈在“电话”中，要尽量通过强调加强宝宝对生活常用词的认识和理解，比如“尿尿”、“饿了”、“高兴”、“漂亮”等。

要调动宝宝说话的热情，尽量重复宝宝“咿咿呀呀”的语言，并且加上相应“注释”。

智能课堂

语言能力高的人有一个突出特征：对语言的好奇心。他们喜欢语言，表现出极好的语感和对语言的鉴赏力。事实上，刚出生几个月的婴儿就对语言刺激十分敏感，当亲人对他说话时，他会以微笑、手脚活动等作出积极反应。语言智力高的幼儿表现出对语音、节奏、语调反应灵敏，爱涂鸦，喜欢听、读、说故事，说话清晰有条理。家长若对这些语言智力品质给予关注和引导，并及时鼓励和强化，便能使宝宝保持对语言的好奇和敏感。

摆放幼儿感兴趣的玩具、物品和材料，让他们边探索边学习说出它们的名称和功能。

带幼儿走出家门，去商店、动物园、公园，从多种场合观察、体验，丰富和充实其经验，增加其学习和表达的愿望。

专 家 在 线

妈妈要与宝宝建立一种聊天的习惯，当宝宝睡醒之后，妈妈可以用缓慢、柔和的语调告诉宝宝你正在做什么，今天天气如何，你的心情怎么样，如：“宝宝，妈妈正在帮你换尿布，你睡觉梦见妈妈了吗？妈妈非常爱你”，等等。聊天可以每天进行2~3次，每次2~3分钟。

适合7个月的宝宝  关键词：交往、右脑开发

宝宝一起来——邀请宝宝跳个舞

游戏目的

在音乐和动作中调动宝宝与人交往的情绪，开发宝宝的右脑。

妈妈准备

准备一些简单、欢快、轻松的曲子。

1 妈妈打开音乐，轻声问宝宝："宝贝，可以和你跳个舞吗？"

2 在宝宝的耳边哼歌，同时一只手托着他的头部，一只手抱着他的背部，随着音乐向前或向后晃动宝宝的身体。还可以一边跳一边称赞宝宝："宝宝跳得真好！"

3 曲子结束时，妈妈应该说："谢谢宝宝陪我跳舞。"

爱心贴士

1.音乐的音量不要过大。

2.和宝宝跳舞时动作要轻柔。

智能课堂

这个阶段的宝宝越来越喜欢模仿大人的行为和动作。父母平时要多注意宝宝的行为，多给他鼓励，培养他的模仿能力。如果对宝宝十分友善地谈话，他会很高兴；如果训斥他，他会哭。从这点来说，此时的宝宝已经开始能理解别人的感情了。另外，宝宝还喜欢让大人抱。当大人站在宝宝面前张开双手招呼宝宝时，宝宝会微笑，并伸手表示要抱。给宝宝听音乐，他会随着音乐摆动身体，这是他具有乐感的表现，也是动作协调能力的一种锻炼。还应该让宝宝多和年龄大一些的小朋友接触，让宝宝从他们身上学东西。

专家在线

7个月大的宝宝还不会和同龄的宝宝玩，但他对同龄宝宝很感兴趣。家长可以经常带宝宝找一个或几个同龄的宝宝一起玩，这样可以培养宝宝的社会交往能力。

适合7个月的宝宝  关键词：精细动作、右脑开发

哗啦啦，下雨了——扔纸游戏

游戏目的

锻炼宝宝手部运动能力。抓握能力的发展代表着宝宝手部运动能力的大幅度提高，这个游戏既可帮助宝宝完善手部精细运动水平，还有利于宝宝识别颜色能力的提高。

妈妈准备

几张红、黄、蓝、绿色的彩纸，剪碎，放在广口盒子里。

1 让宝宝坐在地板靠垫上，将装有碎纸的盒子放在他面前。

2 妈妈抓起一些握在手里，把手臂举高，手心向下，然后慢慢松开手掌，让彩色的纸屑飘落下来，同时配合说："哗啦啦，下雨啦！大雨哗啦啦，小雨沙沙沙，大雨小雨一起下，宝宝见了笑哈哈。"

3 鼓励宝宝像妈妈那样抓一把纸屑，伸出手臂，手心向下，然后松开小手，让纸屑飘落。

爱心贴士

1.注意照看好宝宝，以防宝宝把纸屑放进嘴里。

2.彩纸要选择柔软的，不要用硬的、脆的，以免划伤宝宝。

智能课堂

提高宝宝智能的秘诀：

1.母乳喂养。吃母乳的孩子表现一般都比那些吃配方奶长大的孩子要好。而且1岁以内的宝宝吃母乳时间越长，智商就越高。

2.给孩子独处的时间。不要无时无刻地拿个玩具在孩子眼前晃来晃去，这样做不但不能激发他的学习兴趣，反而会令孩子疲惫不堪，甚至会让孩子的观察范围缩小，减少对其他信息的摄取。

3.信赖。一旦宝宝确认你是值得信赖的，并且可以随时随地从你那里得到爱和帮助，他就开始了自己的探索旅程。也许你会发现，宝

宝经常会拉着你，把一朵花指给你看，或者是拼命地让你去看他发现的一颗星星，其实这些行为都反映了他想建立一种纽带，亲人与他之间的一种支持他走向外面世界的纽带。这个阶段，爸爸、妈妈应该经常抱一抱或搂一搂小宝宝，多和他有一些目光上的交流，这样可以激发宝宝想要与人交谈，进而进行交流的欲望。只有更多地探索和与外界交流，才能更好地刺激宝宝大脑发育，让他们越来越聪明。

专家在线

平常陪宝宝游戏时，建议用温和的声音。宝宝做错事时，只要用稍微强烈一点的语调，就会让他们有警觉心了。

适合7个月的宝宝  关键词：躯体运动、主动性

小小搬运工——搬运饼干

游戏目的

锻炼宝宝躯体运动能力。这个游戏可以促进宝宝的动作连贯性和协调转换能力的发展，增强动作随意性。培养宝宝的注意力、观察力、记忆力，能使宝宝的好奇心和主动性得到激发，有助于他发现物与物之间的关系，促进其动作思维萌芽。

妈妈准备

一盒手指饼干、两个空食品盒，妈妈和宝宝都把手洗干净。

游戏步骤

1. 妈妈把10块手指饼干放在一个食品盒里，用食指和拇指拿起一块手指饼干，放进另一个盒子里。
2. 引导宝宝用相同方法，将饼干一块一块地放到另一个食品盒里。
3. 宝宝每拿起一块手指饼干，妈妈都在一旁数数，让宝宝感受物品和数量之间的逻辑关系。
4. 还可以准备一些圆形饼干或者大一些的水果，让宝宝感知不同物体的不同形状。

爱心贴士

感受数字绝不是让宝宝学数字，也不是数数，爸爸、妈妈不要急于求成，让宝宝现在就学“数学”。

智能课堂

依恋是家长和孩子之间建立的情感联结。在宝宝早期交往行为中，妈妈是宝宝最主要的抚育人。如果妈妈和宝宝之间能够建立安全的依恋关系，那么宝宝就比较容易感受到温暖、快乐、安全以及信任，具有好奇心，乐于探索；而如果妈妈和宝宝之间没有形成安全的亲子依恋关系，往往会使孩子形成胆小、焦虑的性格，缺乏安全感，以及容易暴躁和发怒。

所以，日常生活中，家长应该积极利用各种生活场景以及照顾宝宝的机会，如哺乳、洗澡等，经常朝宝宝微笑、抱抱宝宝、亲亲宝宝的小脸蛋等，积极与宝宝交流，让宝宝时刻都能感受到妈妈的关怀和爱，促进宝宝和妈妈之间建立安全、积极、健康的依恋关系。

专家在线

在宝宝成长过程中，会出现各种各样的生理需求和情绪反应，这些需求能否得到满足，以及大人如何回应，都将直接关系到宝宝能否体验到生活中的快乐。生活在快乐氛围中的宝宝体验着幸福和爱，快乐家庭能够为宝宝健康成长提供必要条件。

适合8个月的宝宝  关键词：耐力、挑战性

爬大山——拿回玩具

游戏目的

锻炼宝宝的耐力、平衡能力。在爬的过程中，宝宝四肢得到充分活动，增强小脑平衡能力，会为日后宝宝运动智能发展奠定良好基础。翻爬过程可以让宝宝获得自己发现问题和解决问题的乐趣；探索过程，让宝宝体验失败感受，塑造其勇于面对挫折的良好品格。

妈妈准备

宝宝喜欢的玩具一个。

游戏步骤

1 妈妈仰卧在床上，让宝宝趴在自己身体左侧。

2 妈妈拿起宝宝喜欢的玩具，逗引宝宝，然后将玩具放在自己身体右侧。

3 帮助宝宝爬上妈妈身体，然后鼓励宝宝从妈妈身体上爬过去，把喜欢的玩具拿过来。宝宝拿到玩具后要亲吻、鼓励宝宝。

4 还可以把床上的靠垫堆放起来，把玩具放在靠垫的一侧，鼓励宝宝翻过去拿回玩具，爸爸可以在一旁保护宝宝。

爱心贴士

游戏时，妈妈要注意自己的着装，不要穿太硬、有太多拉锁的衣服，最好穿睡衣和宝宝进行游戏。

智能课堂

多动手可促进大脑发育。人的双手活动是受大脑支配的，多动手是指根据儿童生理、心理特点有目的地开展手的活动，针对不同年龄的孩子可采取以下不同方法：

1.触摸。对1岁以内的孩子，应让他们多用手接触各式各样的物体，因为触摸物体所产生的触觉会对大脑产生刺激。

2.操弄。6个月以后的孩子，手和眼的动作已能协调，会弯腰伸手抓取远处的物体，并在两手间传送。到了9～10个月，孩子开始能用食指指着想要的东西，用拇指和食指抓起小球或小玩具。这时孩子不仅能把玩手中的东西，还能感知物体的大小、形状、轻重、软硬、弹性和粗细等属性。

专家在线

陪宝宝游戏的最佳时机是他们开心的时候，或他们情绪不稳定时及需要你的时候。可以每天与宝宝约定游戏时间，让他们有所期待。从小就能积极调整自己情绪的人，长大后会成为一个能保持良好情绪状态的人。稳定的情绪和乐观开朗的性格，可使他们始终能笑对人生。

适合8个月的宝宝

关键词：节奏、情绪调整

辨别高低音——听音乐

游戏目的

节奏训练。以音乐和儿歌的感染力去激发宝宝，使宝宝在愉快情绪中进行简单的节奏训练，为培养宝宝的音乐智能打下基础。

妈妈准备

准备一段有明显高低音区别的乐曲。

游戏步骤

1 妈妈抱着宝宝听音乐，并不时对宝宝说："宝宝听，音乐多好听啊。"

2 当听到音乐高音部分时，将宝宝高高举起，并对他说："宝宝长高了。"

3 当听到低音时，把宝宝放低，说："宝宝变矮了。"

4 反复几次。

爱心贴士

每次训练时，要先使宝宝留意听音乐，直到发现宝宝在听音乐时，再将他举高或放低，让宝宝在运动中感受音乐的高低变化。

智能课堂

培养宝宝有双"音乐的耳朵"的方法如下：

1.注意培养宝宝倾听周围声音的能力。倾听是有意识、有目的、集中注意力地去听。父母可以引导宝宝去寻找周围环境中的各种声音，如隆隆的雷声、呼呼的风声、滴滴答答的雨声等。这样有利于培养他们的倾听能力，提高倾听兴趣，丰富宝宝对声音的各种感性经验，提高听觉敏锐性，为今后感受音乐打下良好基础。

2.引导宝宝倾听音乐中的节奏，并让他们边听边打节拍。

3.引导宝宝倾听音乐内容。从倾听中知道音的高低、力度和速度的变化，逐渐发展到倾听其渐变的过程，并让宝宝了解它们在表达音乐的思想感情中所起的作用。

专家在线

适当的听觉刺激会促进宝宝在情感上与人的沟通及语言方面的发展，并培养宝宝积极接受外界事物的态度。所以，爸爸、妈妈要经常反复地给宝宝说简单上口的童谣，唱好听悦耳的歌曲，说充满爱的话语；另一方面也要观察宝宝听到声音之后的各种反应与身心状态，这对宝宝的听觉、情绪、动作等的发展都有极大好处。

适合8个月的宝宝  **关键词：** 模仿、交往智慧

宝宝懂礼貌——教宝宝说“谢谢！”

游戏目的

训练宝宝的理解和模仿能力。在理解词义前，宝宝首先理解的是语调和表情。所以日常生活中成人说话的语调和表情对宝宝的语言和情感学习起着非同寻常的作用。学习一般交际规则、交往礼仪，尊重长辈、有礼貌地与人交往，这是宝宝在其社会化过程中需要学习的重要部分。

妈妈准备

一个宝宝喜欢的玩具。

1 爸爸递给宝宝一个他喜欢的玩具，当宝宝伸手拿时，妈妈在一旁说：“谢谢”，并点点头或做鞠躬动作。

2 逗引宝宝模仿妈妈的动作，如果宝宝按照要求做了，要亲亲他表示鼓励。

3 爸爸做离开状，妈妈一面说“再见”，一面挥动宝宝的小手，教他做“再见”的动作。

4 家里来了熟悉的客人，教宝宝拍手表示欢迎，说：“你好，欢迎。”

爱心贴士

妈妈平时要多为宝宝创设一些具体的语言情境，使宝宝在语言交往中理解词语含义，并学习语言交际规则。

智能课堂

有些家长以为，这么小的宝宝不会交往，也不会有什么交往智慧。其实越来越多的研究都证明，人从一出生就会与其他人发生联系。比如，几个月的宝宝，看到任何东西都会情不自禁地用手抓、拽，用嘴撕咬，主动与外界发生联系；2个月的宝宝就可以和同伴对视；6~9个月的时候，宝宝就可以微笑地注视对方，而对方

也常常模仿这种方式给予反馈。所以，爸爸、妈妈千万不要忽视对宝宝社交行为的关注和培养，因为小小的生命就有着强烈的交往需求和愿望。

家长可以在日常生活情境中渗透、强化社会交往方式和技能，为宝宝营造良好社会交往氛围，潜移默化地影响和熏陶宝宝；也可以在游戏中，促进宝宝与父母、同伴之间的交流。

专家在线

日常生活中，妈妈要随机培养宝宝与人交往的能力。良好交往行为的习得，需要妈妈在与宝宝的交往过程中对其行为进行要求，提供语言指导、具体示范并做出良好的行为榜样。

适合8个月的宝宝  关键词：平衡、空间智慧

小船晃悠悠——空间体验

游戏目的

锻炼宝宝平衡能力。洗澡是宝宝非常喜欢的活动，划小船的形式对宝宝平衡能力的发展大有帮助，可丰富对其大脑神经的刺激。

妈妈准备

浴缸中注入半盆温水，塑料浴盆（或充气橡皮垫）一个。

1 在宝宝的浴盆里装半盆温水，铺上一条毛巾，把浴盆放入浴缸中。

2 把宝宝放入浴盆中，给宝宝洗澡。

3 一边洗，一边晃悠浴盆，让宝宝感觉像在坐小船。

爱心贴士

1.游戏时不要让宝宝独自一个人坐在浴盆里。

2.浴盆的大小，要以宝宝能够坐在里面为宜。太大容易造成宝宝在盆中的活动范围过大，水盆易失去平衡，造成危险；太小则会让宝宝感觉局促，同样不利于保持平衡。

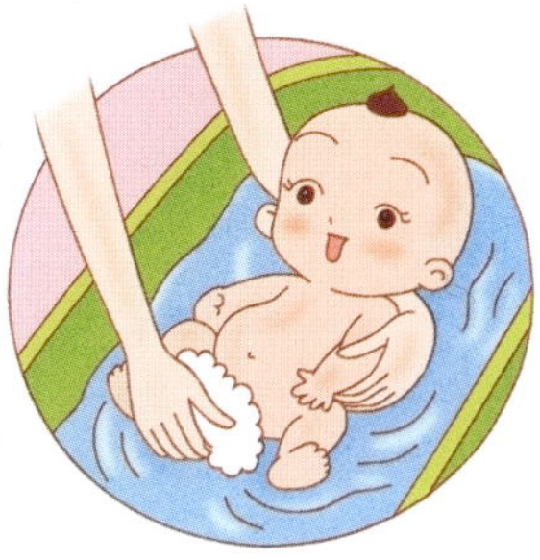

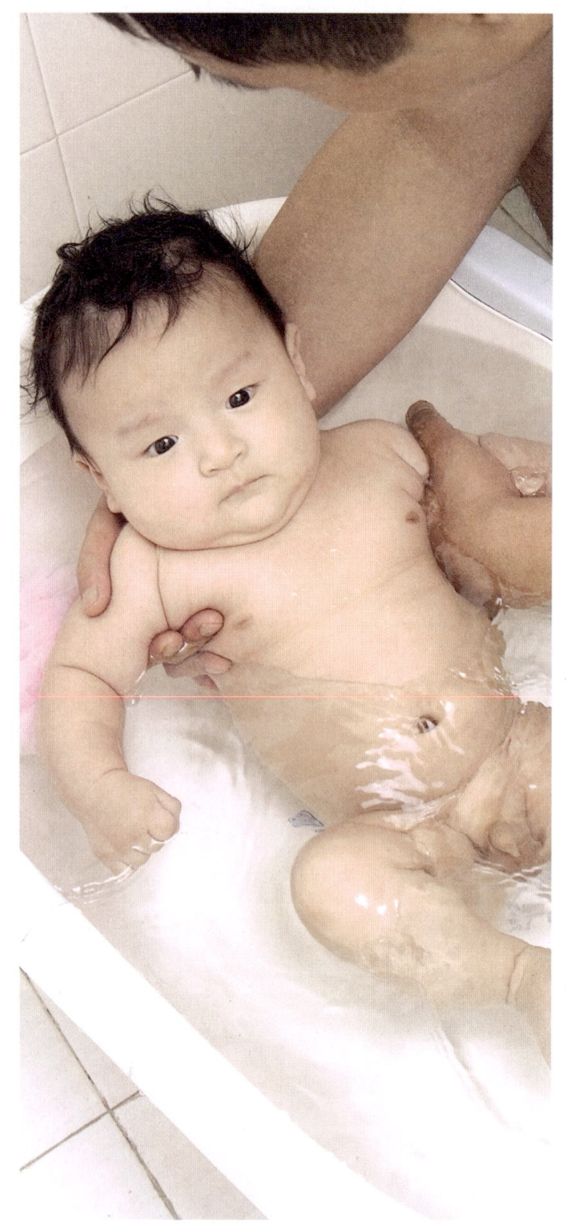

智能课堂

宝宝出生后就有了身体感觉。感觉是宝宝探索世界、认识自我的第一步，而这其中最先发展的就是身体触觉。身体触觉不仅可以帮助宝宝认识世界，提高他们探索世界的欲望，而且也是爸爸、妈妈与宝宝建立良好依恋关系的重要前提。

从宝宝出生开始，爸爸、妈妈就要注意多与宝宝进行身体上的接触。给宝宝拥抱、亲吻和抚摸。一边给宝宝哼唱歌曲，一边抚摸宝宝，或者逗宝宝笑，让宝宝感受舒适、愉快的氛围。在给宝宝洗澡时，可以让宝宝在水中嬉戏，感受水压。

空间智慧中的“空间”实际上指的是“视觉—空间”，空间智慧与视觉有着密不可分的关系，它们是相互影响、紧密结合的整体。

但是，发展空间智慧绝不是简单的视觉练习，最主要的目的就是提高宝宝对空间的感觉能力，提高他们发现周遭环境变化、空间变化的能力，也就是提高他们对空间的认识能力，进而可以让宝宝具有较强的对空间物体、空间布局的掌控能力，以及对空间信息的处理能力。

专 家 在 线

洗完澡后，宝宝的心情会变好。亲亲宝宝的脸蛋、手臂和脚，亲亲宝宝的屁股、肚子、脖子和后背，妈妈可通过嘴唇的碰触，将爱的信息传达到宝宝身体，通过皮肤接触，宝宝也会感觉到和妈妈的充分交流。母婴交流丰富的宝宝，在成长过程中会表情丰富，发音准确，性格热情活泼，能够和他人和谐相处。

适合9个月的宝宝  关键词：上肢力量、配合协作

小手真有劲——扔沙包

游戏目的

上肢锻炼。这个游戏可以帮助宝宝锻炼上肢肌肉力量，提高宝宝肌体控制能力，促进宝宝空间感知能力的提高，加强其对距离的感受。在游戏中宝宝和妈妈配合，有利于宝宝学习与他人交往的技能，促进其人际交往智能的提升。

妈妈准备

一个小小的沙包（装少量米粒，边长2.5厘米左右）。

1 让宝宝坐在床上，妈妈面对着宝宝坐好，距离30厘米左右。

2 妈妈拿起沙包，吸引宝宝注意，轻轻将沙包扔到宝宝面前，鼓励宝宝接住。

3 爸爸帮助宝宝捡起沙包，并且把它扔给妈妈。

4 视宝宝的兴趣重复几次。

爱心贴士

1.这个时期的宝宝还不能真正接住或者准确地扔出沙包，只要宝宝伸手参与了活动，并且与妈妈之间形成了良好互动就行，不要对宝宝要求过高。

2.妈妈扔沙包的力量要小一些，沙包的填充物要少，一定要用去皮的谷物。

智能课堂

发展宝宝创造性思维的神奇法宝如下：

1.积木。积木是一种比较理想的玩具，可以开发宝宝的空间想象和结构组合能力。

2.沙箱。将细沙放在木箱里，让宝宝利用沙子尝试捏、堆不同的东西。可以随意“摆布”的沙子会诱发孩子无穷无尽的创造设想。可以在沙子上画图，可以挖洞、填土，还可以修路、堆山、造房子呢。

3.水具。可以盛水的容器也是开发创造性思维的有效工具，手在水中划动可观察到水中光线的变化特

点；在水中加入少量洗洁精，可吹出五颜六色的泡泡；滴上油以后，油水不合，还会出现美丽的彩色图案；丢进石子会沉；放进鱼，鱼能游而不怕“淹死”……这些有趣的现象都会吸引宝宝去想象和探索。

4.色彩造型图片。一种由若干种色块组成的图片，不同的孩子看后会产生不同的创造性想象。

专家在线

动作技能是宝宝与外界交往的工具，宝宝如果动作笨拙、动作技能发展迟缓，往往不容易和同伴打成一片，而动作技能发展较好的宝宝容易被同伴接受且受到他们的欢迎。

适合9个月的宝宝

关键词：动作技能、独立

模仿秀——跟着妈妈做

游戏目的

提高宝宝模仿力。模仿是宝宝学习的一种特殊形式，通过观察、模仿成人的行为动作、语言等，学习一些规则，然后融入自己的行为中。

游戏步骤

1 妈妈把宝宝抱在怀里，说：“小脑袋摇一摇。”同时做摇头动作，鼓励宝宝模仿。

2 妈妈说：“小舌头伸一伸。”同时做伸舌头动作，对宝宝说：“宝宝乖，小舌头伸出来，小舌头缩回去。”请宝宝模仿自己的动作。

3 妈妈说：“小眼睛眨一眨。”同时做眨眼睛动作，请宝宝模仿。

4 妈妈说：“小手指挠一挠。”同时用手做抓握动作，一边说，一边握着宝宝的手腕引导宝宝模仿。

妈妈准备

家中和适宜的户外环境。

爱心贴士

1.妈妈可以分解游戏，分几次让宝宝模仿所有的动作。

2.当宝宝学会全部动作之后，妈妈可以一边念儿歌，一边和宝宝一起做动作：“小脑袋摇一摇，小舌头伸一伸，小眼睛眨一眨，小手指挠一挠。”

智能课堂

9个月大的宝宝是很喜欢受表扬的，因为一方面他已能听懂你常说的赞扬话，另一方面他的言语动作和情绪也发展了。他会为家人表演游戏，如果听到喝彩称赞，就会重复原来的语言和动作。这是他能够初次体验成功欢乐的表现。而成功的欢乐是一种巨大的情绪力量，它形成了宝宝从事智慧活动的最佳心理背景，维持着最佳的脑活动状态。它是智力发展的催化剂，它将不断地激活宝宝的探索兴趣，极大地推动他形成自信的个性心理特征，而这些对于宝宝成长来说，都是极为宝贵的。

对孩子的每一个小小成就，你都要随时给予鼓励。不要吝啬赞扬的话，要用你丰富的表情、由衷的喝彩、兴奋的拍手、竖起大拇指的动作以及一人为主、全家人一起称赞的方法，营造一个“强化”的亲子气氛。这种“正强化”的心理学方法，会促使你的宝宝健康茁壮地成长。

专家在线

平时多给宝宝提供一些模仿的机会。

爸爸、妈妈要注意自己的言行举止，以免宝宝无选择地全部模仿。

适合9个月的宝宝 

关键词：语言理解、创造力

小蜜蜂，嗡嗡嗡——学会“飞”

游戏目的

提高宝宝语言理解力。通过有儿歌伴随的游戏可以提高宝宝的节奏感，促进宝宝语言智慧的发展，帮助宝宝理解语言和动作之间的关系，提高宝宝学习能力。良好的理解力和丰富的想象力，是促进和提高学习能力的基础，也会使其具有超凡的创造力。

妈妈准备

蜜蜂头饰一个。

1 妈妈和宝宝面对面坐在床上或地毯上，妈妈在头上扎一个头饰，扮成小蜜蜂。

2 妈妈一边念“一只小蜜蜂”，一边用食指做“1”的动作。

3 念“飞到花丛中”时，伸出两只手在身侧做“飞”的动作。

4 念“飞到西来飞到东”时，分别向左右侧过身体，做“飞”的动作。

5 念“飞来飞去嗡嗡嗡”时，夸张地用嘴表演“嗡嗡嗡”的动作，并将头靠近宝宝。

爱心贴士

1.游戏重点是儿歌和动作表演，头饰只是起到吸引宝宝注意力的作用，也可把丝巾扎在头上系个蝴蝶结代替。

2.妈妈要充分意识到宝宝模仿学习的特点，为宝宝树立良好的模仿榜样。

智能课堂

具有良好音乐智慧的儿童通常会表现出以下特点：

1.对各种声音感兴趣，喜欢聆听人的声音；

2.喜欢模仿和欣赏各种声音；

3.喜欢自然环境中的声音和音乐，乐于积极寻求周围环境中的各种声响，经常沉溺于美妙的音乐之中；

4.愿意以动作表现音乐，喜欢跟着音乐手舞足蹈，善于体会音乐的情绪和节奏，具有较强的音乐表现力。

家庭是开启早期音乐智慧的第一环境，营造适宜的家庭环境，不仅有利于幼儿音乐智慧的发展，其更实用的意义在于创设了一个积极的情绪环境，有利于提高儿童的专注力和学习积极性，对儿童的听力、辨识能力、语言发展、身体知觉、运动协调性等方面都有相当大的好处。

专家在线

建议妈妈平时多用特定动作来表达语言，鼓励宝宝随语言做相应动作，并对宝宝的行为给予积极回应。

适合 9个月 的宝宝 

关键词：感官刺激、人际智能

小鸟小鸟飞上天——荡秋千

游戏目的

感官刺激。这个游戏可以让宝宝充分地与爸爸、妈妈发生身体上的接触，让宝宝感受到亲情，可以给宝宝的前庭器官以充分刺激，促进宝宝运动能力、平衡能力以及身体控制能力的提高。

妈妈准备

较大的活动空间。

游戏步骤

1 爸爸、妈妈坐在床上，将双手握在一起，然后让宝宝躺在手臂围成的“秋千”上。

2 爸爸、妈妈同时慢慢摇晃手臂，将宝宝荡起来。

3 逐渐增加摇晃的幅度，让宝宝感觉像在荡秋千一样。

爱心贴士

1.要注意保护好宝宝的身体，控制好双方手臂缝隙，防止宝宝掉落。

2.爸爸、妈妈的配合要非常协调，摇晃方向和幅度要一致。

3.摇晃幅度要由小到大，让宝宝慢慢适应。

智能课堂

婴儿教育三大误区：

1.单纯智力开发。0~3岁婴幼儿的教育不是单纯的智力开发，而是教育引导孩子养成早期良好个性、人格、习惯、健康情绪和情感，是一种全面的教育。

2.盲目灌输知识。对婴幼儿的教育不应忽视孩子的兴趣，而盲目地灌输知识和技能。教育首先应尊重儿童身心发展的科学规律，了解自己孩子的特点，在游戏中引导他吸收知识或掌握技能。

3.超前教育。对婴幼儿的教育不能忽视孩子的发展阶段而超前进行，要注意结合0~3岁年龄段不同能力发展的关键期，帮助和引导孩子学习这阶段发展中最重要的内容。

专家在线

0~1岁宝宝的人际先天特质表现：宝宝不认生。看到陌生人不会惊慌、害怕，也不哭闹，反而充满好奇；喜欢观察成人的一举一动；爱笑，喜欢与人互动，讨人喜欢；看到其他宝宝时，会主动靠近，想要接触并和他一起玩。

具有先天人际特质的宝宝，较容易建立良好的人际智能，但这并不意味着没有先天人际优势的宝宝就无法建立。只要通过适当的人际游戏训练，宝宝的人际智能就能得到良好提升。

适合10个月的宝宝

关键词：感知思维、独立

彩带飘飘——撕纸条

游戏目的

锻炼手部肌肉控制力。宝宝能将纸撕成条，说明其大拇指和其他手指配合协调，手的精细动作进一步发展，从而促进宝宝的感知运动思维和探索世界的能力进一步发展。一定数量动作技能的掌握可以帮助宝宝及早摆脱对成人的依赖，学会独立自主地活动，从而开阔眼界、增长知识。

妈妈准备

易撕的白纸或彩纸若干张。

游戏步骤

1 妈妈拿起一张纸，撕成一条一条的形状。

2 再拿起一张纸，握住宝宝双手，帮助宝宝将纸撕成一条一条的形状。

3 让宝宝抓住纸条抬起手臂，做挥舞状，告诉宝宝这是什么颜色的“彩带”。

4 递给宝宝一张纸，鼓励宝宝独立将纸撕成条状。

爱心贴士

1.纸的质地要脆软，韧性不要过大。

2.不要把宝宝的撕扯行为当做破坏行为予以制止，要有意识地为宝宝提供一些可撕扯的材料。

智能课堂

如何帮助周岁宝宝建立是非观？

1.统一是非标准，在宝宝饮食、排便、睡眠、卫生、礼貌等方面建立良好的制度。严格执行并取得全家人的共识与行动的一致。

2.利用表情动作、简单语言对宝宝的行为加以肯定或否定。周岁以后的宝宝，逐渐对成人用表情和语言表示的称赞和责备有所反应。如宝宝小便能够坐便盂了，爸爸、妈妈可以非常高兴地拥抱、亲吻宝宝，并高兴地说：“宝宝长大了，真能干！”等。当宝宝表现差时，可以置之不理，或以生气的语气说“不是好

宝宝，不喜欢了”，等等。

3.丰富宝宝的生活。给宝宝更多的锻炼机会。宝宝几个月时，可以用音乐、玩具等逗引；稍大一些，可以带宝宝多外出活动，与成人及小伙伴交往，教宝宝正确的礼貌行为。

专 家 在 线

研究表明，手指与大脑之间存在着非常广泛的联系，如果宝宝手指非常灵活，则其触觉会更加敏感，以后就会更聪明、更富有创造性，其思维也会更加开阔。宝宝手部小肌肉动作能力的发展，可以促进其思维能力进一步发展。

适合10个月的宝宝  关键词：手眼协调、交往能力

你来我往——推球球

游戏目的

锻炼宝宝的手眼协调能力。这个游戏需要眼睛与小手配合，既锻炼了宝宝手部的活动准确性，也发展了宝宝的视觉追踪以及与手部运动的和谐配合能力。这个游戏通过宝宝和妈妈“来回给东西”，体现宝宝交往行为发展的一大进步，宝宝能体会游戏意图，并作出积极的社会性反馈，体现出较高的社会交际能力，有益于塑造积极的人生态度。

妈妈准备

塑胶球或乒乓球一个。

1. 妈妈和宝宝各坐在桌子一头，一起玩球。
2. 妈妈把球推给宝宝，尽量让宝宝接住。
3. 鼓励宝宝把球推给妈妈。

爱心贴士

1.注意使宝宝保持较高的情绪状态，避免机械地重复，使宝宝厌烦、疲劳。

2.建议妈妈在生活中多注意具有“来回给”性质的情境，让宝宝更多地体验交往乐趣。

智能课堂

宝宝更聪明的“爱心秘诀”:

1.交谈。专家认为:一个人在语言上的智商与他在婴儿时期听到的词汇量之间存在一定联系。父母和宝宝说得越多,他的词汇量就越丰富。由于婴儿的思想还局限在具体事物上,所以话语要尽量简短,多说些和宝宝有关的话题,比如他的婴儿车或他的玩具等。在宝宝试着和你交流时,你也可以用话语描述出他的意图。

2.阅读。父母可以边读边指着书上的字,让宝宝意识到你读的东西从哪来,以及你阅读的顺序是按照从左到右、从前往后的。一本书读完一遍后,你可以再给他读第二遍、第三遍,每读一次,孩子的印象就加深一些,不用担心他会听得厌烦,能够“预知”下面的故事情节会让宝宝感到兴趣盎然。这样一起阅读有助于在你和宝宝之间建立起一种精神上的纽带,而且对宝宝学习新事物很有帮助。

专 家 在 线

宝宝的交往行为系统既包括诸如微笑、兴趣、发怒、同情、内疚等情绪行为,也包括和谐共处、分享、交流、模仿等行为。和宝宝间的互动游戏能为宝宝将来应付更加复杂的社会关系做好准备。

适合 **10个月** 的宝宝  关键词：动作技能、自我激励

看，宝宝真能干——套杯子

游戏目的

动作技能训练。10个月的宝宝用双手拿物品的能力会大大增强，可以通过游戏，进一步锻炼他们手拿物品的能力以及手眼协调性，促进大脑发育。

妈妈准备

规格相同的塑料水杯（或纸杯）5个。

1 妈妈把水杯呈“一”字形摆放在宝宝面前。

2 妈妈依水杯摆放顺序，拿起一侧水杯套在另外一个水杯上。

3 依次将5个水杯套在一起，演示给宝宝看，然后再将水杯一字排开。

4 请宝宝拿起一个水杯套在另一个水杯上，依次将水杯摞起来。

5 游戏中，可以边套水杯边数数，加强宝宝对数字的认知。

爱心贴士

1.选择水杯时，要尽量选择高度小的，这样便于宝宝将水杯套起来。

2.水杯颜色要尽量不同，色彩要鲜艳，可以增加刺激宝宝视觉的机会。

智能课堂

情绪是宝宝的需求是否得到满足的一种心理生理反应。从出生到半岁、再到1岁，是宝宝的情绪萌发时期，也是情绪健康发展的敏感期。半岁时，在他身上似乎产生了一种欢快的情绪惯性，一种身心反应的稳定模式。妈妈温暖的胸怀、香甜的乳汁、富有魅力的眼神和音容笑貌，以及和他一起活动和游戏的快乐时光，使他经常产生欢快情绪，从而建立起对母亲的依恋和对周围世界的信任。

要注意，不要在生人刚来时突然离开孩子，也不能用恐怖的表情和语言吓唬孩子，更不能把自己在工作中的不良情绪发泄在孩

子身上，对孩子冷落、不耐烦，甚至打骂等。

要使你的宝宝经常绽开幸福的笑脸，就必须经常调节并保持愉快的情绪状态。经常愉快将使宝宝开放心理空间，接收和容纳更多的外界信息，更主动地接近他人、探索周围的世界，为宝宝的心理健康奠定基础，为其智力发展提供一片欢乐的“绿洲”。

专家在线

心理学家把婴儿的思维称作“动作思维”或“手的思维”。婴儿用双手把弄物体，蕴涵着他对物体的分析与综合性质的操作，是婴儿认识世界能力的重要体现。

适合10个月的宝宝  关键词：精细动作、逻辑思维

小小分装站——分装物品

游戏目的

锻炼宝宝手部精细动作。手指运动可以刺激大脑的广大区域，而通过大脑的思维和眼睛的观察又可以不断纠正、改善手指动作的精细化程度。眼、手、脑的配合协调能极大地促进宝宝的智力发展。

妈妈准备

不同的水果3个、不同的小玩具3个、空盒子2个。

1 妈妈指着一个盒子，对宝宝说出指令：“把水果放进这个盒子里。”指导宝宝把水果放进去。

2 指着另一个盒子，对宝宝说出指令：“把玩具放进这个盒子里。”指导宝宝把玩具放进去。

3 将两个盒子摆在一起，告诉宝宝一个盒子里装的是水果，另一个装的是玩具。

爱心贴士

1.游戏材料一定要选择宝宝熟悉的东西。

2.游戏材料类别尽量不要有交叉或者类别界限不清的，比如在玩具类别中不要有塑料水果，也不要将布娃娃、小熊这类在宝宝眼里有功能的玩具和积木块等放在一起，以免给宝宝造成混乱。

智能课堂

如何培养宝宝的空间秩序感：

从宝宝出生开始，妈妈就要注意把宝宝常用的东西放在固定的地方。比如，把宝宝的衣服、尿布都放在婴儿床右面的小柜子里，妈妈每次给宝宝换衣服时，都从这里给宝宝拿衣服。这样，不知不觉地宝宝就会知道，衣服是“从那个地方来的”，慢慢地，当他尿湿了感到不舒服时，就会朝自己的右面看。把奶瓶放在婴儿床旁边的桌子上，慢慢地，每次当宝宝饿了的时候，他就会朝那个方向使劲。

通过这样有意识地培养，就可以在不知不觉中锻炼宝宝对空间的认知能力，让他们感受到不同的空间方位。

当宝宝对周遭的环境习以为常的时候，可以适当地给宝宝一个惊喜。突然对环境做出小的改变，不仅会让宝宝感到新奇，而且还会让他突然“发现”环境的变化。

专家在线

这个时期的宝宝，单独游戏的时间要适当增加，上、下午游戏时间各约1个小时为宜。只要有三四种玩具，宝宝就会完全投入。当他自由地单独游戏时，最好不去打扰他，这样可以让宝宝学习动脑筋、创造、吸收新知识、独立生活的能力。

适合 11个月 的宝宝

关键词：心理机能、求知欲

藏宝游戏——妈妈藏，宝宝找

游戏目的

心理机能训练。在游戏中，宝宝会经历一种假设—期待—验证假设（确认）的过程，而这种过程恰恰是人的高级心理过程的一种表现。通过游戏可以促进宝宝高级心理机能的发展。好奇心和求知欲是人一生学习的动力，让宝宝在探索中发现，在发现中成长，可以培养其学习的积极性和主动性。

妈妈准备

大毛巾一条，小玩具或独立包装的小食品若干。

1 妈妈左手拿着毛巾，右手拿出一块糖，当着宝宝的面将糖块放到毛巾上，再包起来。

2 妈妈问宝宝："糖在哪儿呢？"鼓励宝宝打开毛巾，将糖块找出来。

3 随机在毛巾中塞入另外一件小物品，然后再请宝宝打开毛巾，看看是什么。

4 宝宝打开毛巾后，妈妈要用惊喜的声调说出物品名称。

爱心贴士

1.要选择宝宝生活中常见的小物品。

2.小物品数量不要过多，有四五个就可以了，可以不断重复、变化使用。

智能课堂

良好的亲子关系可以使孩子享受到恰当、及时的鼓励，及时地获得心理上的支持，这是孩子情绪健康发展的必要条件；父母的言传身教，使孩子接受了良好的为人处世教育，必将为其日后成为对社会有用的人打下良好基础。孩子的天性是爱学习的，精明的家长在照料孩子的过程中，会发觉孩子在注意什么、在关心什么、在探索什么，并能因势利导地给予帮助、讲解、强化。在亲子互动中引导孩子学习新知识，掌握新本领。

专家在线

婴幼儿时期是人的智能发展最迅速时期。要提高宝宝的素质就必须在脑细胞发展最迅速的婴幼儿期开始进行教育。早期教育，就是在脑细胞生长最快时给予刺激，以获得良好效果。

适合 11个月 的宝宝  关键词：模仿、记忆力

拍水声——让宝宝“制造”声音

游戏目的

通过模仿，让宝宝自己制造声音，加深宝宝对特定声音的印象，从而提高宝宝对声音的记忆能力。

妈妈准备

选择宝宝洗澡的时间。

1 家长拍一下澡盆里的水，让宝宝听见“啪啪”的声音。

2 然后轻轻地抓住宝宝的小手，再拍一下澡盆里的水，鼓励宝宝自己拍起水花。

3 逐渐加强节奏性。

爱心贴士

在拍水发出声音的同时，爸爸、妈妈要刻意模仿“啪啪”的水声。

智能课堂

此时的宝宝已经能执行大人提出的简单指令，会用面部表情、简单的语言和动作与大人交流。这时期的宝宝能试着给别人玩具；心情也开始受妈妈情绪的影响；喜欢和大人交往，并模仿大人的举动。在不断地实践中，他会有成功的愉悦感；当受到限制（尤其是大人总说“不要”、“不能”时）、遇到“困难”时，仍然以发脾气、哭闹的形式发泄因受挫而产生的不满和痛苦。这个阶段宝宝与人交往的能力不断增强。

专家在线

注意训练时间和水温，不要让宝宝着凉。此外，在吃饭的时候，也可以让宝宝听一听“碗筷叮当交响曲”，洗衣服时，让宝宝听一听“咔嚓歌”。

适合11个月的宝宝　关键词：平衡、团队精神

爸爸的腿是滑梯——滑下来

游戏目的

锻炼宝宝的平衡能力。这个游戏可以大大增进宝宝和家人身体接触、语言接触的机会，促进其身体平衡能力发展。宝宝能够积极配合成人的行为，会为其日后的生活自理能力以及积极的社会交往能力的形成奠定基础。

妈妈准备

较大的活动空间。

1 爸爸坐在沙发上，双腿自然垂放，略向前伸，妈妈将宝宝放在爸爸的膝盖上。

2 爸爸用双手扣住宝宝的腰部，妈妈坐在爸爸的脚旁边，正面对着宝宝。

3 爸爸放松膝盖，慢慢将宝宝往下放，用双臂的力量帮助宝宝向下运动，并对宝宝说："滑滑梯喽。"

4 妈妈在下面张开手臂，迎接宝宝，当宝宝滑下的时候，把宝宝抱住。

爱心贴士

1.最好在游戏区的地上铺上一层软垫或地毯，以防宝宝意外受伤。

2.有的宝宝比较胆小，开始可能会害怕，爸爸、妈妈要鼓励宝宝大胆地向下滑。

智能课堂

刚刚出生还不到1年的宝宝，最主要的交往对象就是爸爸、妈妈。爸爸、妈妈和宝宝的交流以及对宝宝的爱，将直接影响宝宝和别人交往以及宝宝长大以后交往能力的发展。一般来说，在爸爸、妈妈面前活泼开朗、乖巧听话的孩子，在和其他小伙伴玩的时候，也特别活泼、热情，所以，作为父母，千万不能认为宝宝"还不懂事"，跟他交往没什么用，而错过这个发展的关键期。父母一定要从宝宝出生开始就积极和他交流，更多地给予宝宝关注和爱，帮助宝宝健康成长。

研究表明，父亲是满足婴儿的社交需要、提高婴儿社会技能的重要源泉。父婴交往有助于使婴儿掌握更丰富的社交经验和社交技能，父亲与婴儿的游戏有助于促进婴儿的社会交往能力。比如，提高孩子的同伴接受性和社交地位；凡是父亲积极参与婴儿游戏、交往，并且使婴儿在游戏中反应积极、活跃的，婴儿在同伴中也较受欢迎。

专家在线

对宝宝来说，通过感官进行情绪教育非常重要。知识会被遗忘，但是通过感官学习的情绪教育却会使他受益一生。对这个时期的宝宝而言，最重要的是培育他拥有温暖的心境和智慧。

适合11个月的宝宝 

关键词：下肢运动、主动性

推推乐——推小车

游戏目的

锻炼宝宝下肢肌肉。腿部动作发展对宝宝的成长有着重大意义，在其腿部肌肉发展的早期，适当地给予训练，可促进腿部肌肉和骨骼的生长。积极、主动、乐观的人生态度需要从小一点一滴地培养，不要忽视这些看似简单的游戏，让宝宝赢在起跑线上吧！

妈妈准备

婴儿推车一辆；家中、室外平坦的地面。

1 妈妈拉着推车，让宝宝抓住推车的另外一端。

2 妈妈慢慢向后退，引导宝宝跟着自己的脚步慢慢向前走。

3 一边退，一边鼓励宝宝：“宝宝真能干！走得真好！”

4 稍稍改变后退的方向，慢慢拉着推车做弧线运动，提高宝宝运动的灵活性。

爱心贴士

1.妈妈要控制好自己的步伐，速度要慢。

2.在变换运动方向之前，要给宝宝一定的语言提示，以防宝宝因突然改变方向而跌倒。

专家在线

让宝宝置身于一个情感丰富、启迪智慧的环境中，将有助于其大脑发育。抚摸、轻拍和拥抱能促进宝宝的消化。

智能课堂

怎样让孩子充满自信？多鼓励、少指责，对孩子的要求不要过高。要信任孩子，不给予过多的保护和替代，要发自内心地尊重孩子。

怎样才算是发自内心地尊重孩子？无条件接纳孩子，无论乖巧或淘气，无论聪明或愚笨，无论健康或有病；不当众羞辱孩子，不盲目地横向比较；要求孩子服从时要讲清道理；尊重孩子的合理要求和决定；不随意打断孩子的活动；让孩子参与作某些决定。

适合 12个月 的宝宝　关键词：倾听、情感塑造

妈妈讲，我也讲——讲故事

游戏目的

学会倾听。讲故事对于提高宝宝的言语听觉能力、倾听习惯以及语言符号识别能力都有非常重要的作用。翻书练习，还可以刺激宝宝手指精细运动能力的发展。

妈妈准备

图画书一本；适宜的室内、室外环境。

1 妈妈拿出书对宝宝说："宝宝看，妈妈这里有一本很好看的书，书上有小兔子、小草，还有大树，宝宝快来看一看。"

2 把书先给宝宝，让他自己看，观察宝宝对书是否有兴趣，如果宝宝把书推开或翻了两下就扔了，妈妈可以把书拿过来，一页一页翻给宝宝看。

3 给宝宝看图画书的封面，告诉宝宝书的名字。

4 妈妈抱着宝宝，边看图书边把书中内容讲给宝宝听。

爱心贴士

1.选择图画书时要注意选择纸张不反光的，也不要有很硬的书皮。

2.书的棱角最好是圆角，一般不要超过16页。

3.书的画面要大，最好是无字书或者文字非常少的书。

4.这个时候宝宝不会一页一页地翻书，可能每次会翻三四页，妈妈不要着急。

智能课堂

培养孩子的阅读能力，应从给孩子朗读开始。

父母为孩子朗读是与孩子交流的一种特别有效的方式。朗读所提供的语言信息是经过加工提炼的、优美的、规范的书面语言。如果朗读的是韵文，则能使孩子注意到语言中的逻辑停顿和语调中的抑扬顿挫，这有助于孩子对语言美和对作品的理解。此外还要注意以下几点：

1.朗读的开始。朗读开始的时间宜早不宜迟，可以从新生儿期就开始。

2.朗读的规律。最好是睡前朗读，以养成习惯。

3.作品的选择。选择好书，不仅儿歌、故事可以朗读，经典著作、名篇佳作也未尝不可。

4.朗读的方式。一定要有表情地、抑扬顿挫地朗读。

当孩子已进入阅读状态后，仍应坚持朗读。有了这个基础，接下来要做的是如何把孩子带进阅读天地。

专家在线

妈妈在讲故事过程中自然流露出的情绪情感，对于宝宝的情绪发展、社会交往技能发展具有很大推动作用。

适合 12个月 的宝宝  关键词：行走、探索欲

我能找到妈妈——捉迷藏

游戏目的

锻炼宝宝行走能力。12个月的宝宝已经能够自己扶着东西慢慢地走了，但是胆子还比较小。这个游戏可以鼓励宝宝大胆地走，锻炼行走能力。这个时期的宝宝具有强烈探索欲，他们通过对环境的积极探索，扩大了自己的世界，逐步树立自信心。

妈妈准备

宝宝喜欢的小玩具一个。

1 将宝宝抱到沙发旁边的地毯上，旁边放一个小玩具，让宝宝自己玩。

2 妈妈悄悄离开，躲到沙发后面。

3 妈妈轻声呼唤宝宝的名字，逗引宝宝起身寻找妈妈。

4 妈妈不断更换位置，引导宝宝自己扶着沙发站起来，并且扶着沙发慢慢走。

爱心贴士

1.游戏前一定要注意清除沙发旁边的障碍物，以防宝宝不小心绊倒或摔伤。

2.游戏中，不要一味地让宝宝寻找，妈妈应适时地让宝宝“发现”自己，然后再次躲藏。

智能课堂

早期教育应注意以下几点：

始终走在宝宝前面，提前一步引导他充分发展。教育宝宝最重要是提前一步，提前得太多会让宝宝感到压力，甚至造成伤害。始终走在宝宝前面，不断地激发孩子的潜能，就能让他获得充分发展。

一定要用引导的方式而不是灌输的方法。早期教育既是教能力，更是培养素质，引导的方式可以发挥孩子的主动性，让他真正提升本领，而灌输则只是提供了一些智力素材。

不仅要重视发展宝宝的现实能力，更应注意培养孩子良好的素质。我们现在提倡素质教育，而素质教育的根基是婴幼儿早期教育，俗话说“三岁看大”，其实质就是指三岁时孩子就基本确立了个性基础，宝宝心理是否健康、学习能力强不强，从生命最初三年的发展就可以大概预见。

专家在线

从宝宝早期教育角度看，爸爸在促进宝宝智力发育方面所起的作用远超过妈妈。爸爸给宝宝更多自由去探险，不会过分保护，事实上，宝宝更喜欢和爸爸游戏时的刺激感。

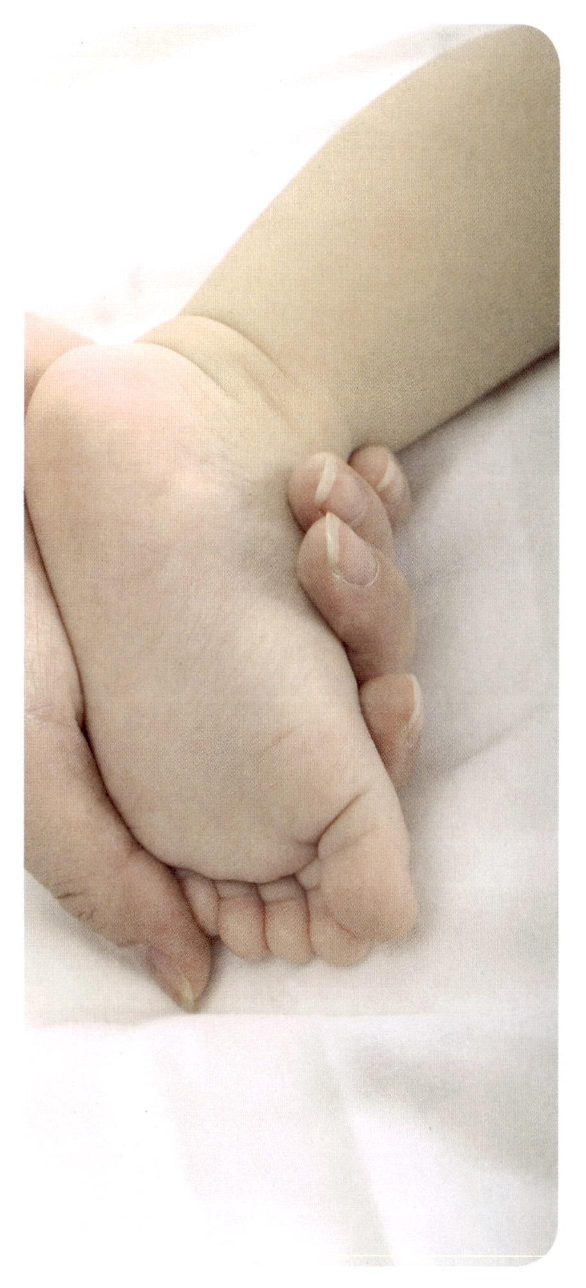

适合12个月的宝宝  关键词：肢体配合、责任心

小宝宝，大搬家——捡拾玩具

游戏目的

锻炼宝宝肢体配合能力。这个游戏通过弯腰—捡物—站起的动作，帮助宝宝锻炼肢体配合完成动作的能力，进一步发展其独立行走能力。有意识地培养宝宝收拾物品的习惯，可以有效增加其自我服务意识和能力，塑造宝宝对自己的行为负责的良好品格。

妈妈准备

各种玩具若干，玩具筐一个。

1 把玩具筐放在沙发上，把各种玩具堆放在远处地板上。

2 请宝宝将玩具捡起来，一个一个地搬运到玩具筐里。

3 宝宝每成功搬运一个玩具放到玩具筐里，妈妈就数一次玩具筐里的玩具数，并告诉宝宝。

4 当宝宝全部搬运完毕，妈妈要鼓励宝宝，并再次将玩具筐里的玩具数一遍。

爱心贴士

1.游戏场地要尽量干净，没有障碍物。

2.让宝宝一次只搬运一个玩具，拿得太多，宝宝掌握不好平衡。

智能课堂

善于告诉孩子“你真棒！”心理学家告诉我们，孩子在中等愉快心境里学习的效果最佳。而妈妈正面诱导、赞扬为主并怀着一颗慈爱的心，循循善诱地教导孩子，有利于营造这种中等愉快的心境，让孩子在轻松愉快的环境下接受新知识、学习新技能，塑造自己健康自信的性格。

母亲在一个人“人格”塑造中的作用主要是靠语言和爱心来完成的。神经语言程式学告诉我们，用什么样的语言形象描绘一个人，对这个人会成为一个什么样的人能起到十分重要的作用。也就是说，

你经常用积极、正面的语言描绘孩子，孩子就会成为这样一个人。

如果你常说“宝宝真乖”，“宝宝真聪明”，“宝宝是个好孩子”，“宝宝真有出息”，那么孩子心里接受了这些积极的意念，慢慢地就真能成为一个聪明、有出息的好孩子。

专家在线

在这个时期，必须实行一些特别的安全措施，把药品放置到宝宝拿不到的地方；经常检查房间，看看地上是不是有钉子、剃须刀片等危险物品。这个时期的玩具体积必须大一点，以免宝宝把它们放进嘴里，造成危险。

适合12个月的宝宝  关键词：准确性、探索精神

纸篓接物——投掷玩具

游戏目的

锻炼宝宝视觉和运动协调性，提高手部运动准确性，为宝宝以后参与更多的活动打下基础，有助于宝宝运动智能和空间智能的提高。宝宝在本质上是一个积极主动的探索者，这样的游戏有助于他们发现事物之间的联系，了解事物的变化，塑造其善于发现问题，积极探索的优秀品格。

妈妈准备

塑料纸篓一个、毯子一条、小玩具若干。

1. 将纸篓放在床边，在纸篓下铺上毯子。
2. 妈妈和宝宝趴在纸篓正上方的床边，妈妈拿起一个小玩具，垂直丢进纸篓里。
3. 递给宝宝一个小玩具，让宝宝把玩具垂直丢下去。
4. 让宝宝自己拿起玩具，丢进纸篓。

爱心贴士

1.纸篓的口要尽量大，以提高宝宝投掷的准确性。

2.一定要在纸篓下铺上一条毯子，以防积木、弹力球等玩具落地后弹起，给宝宝造成伤害。

智能课堂

自信心意味着对自己的信任，是对自我能力的肯定，自信心的强弱往往决定着事情的成败。有的家长一味地指责孩子的错误和失败，不去启发引导孩子探索新方法，这是不利于孩子自信心的培养的。

为了培养孩子的自信心，年轻父母应重视从小培养孩子树立独立自主的观念，在建立良好自我概念的同时，让他学着自己做点事，发现并欣赏自己的能力，在做事成功的体验中增强自信、提高独立自主能力。如果孩子学会用积极的眼光看待人生和世界，做起事来充满自信心，必将更好地面对现实的各种挑战，正确处理生活道路上的各种挫折。孩子在这个过程中形成的乐观、自信的个性，必将令他受益终生。

专家在线

研究证明，长期处于消极情绪体验中的宝宝，容易在情绪上出现问题，爸爸、妈妈要特别注意对宝宝积极情绪的培养。宝宝需要的是爸爸、妈妈的抚慰和相伴，爸爸、妈妈的存在是宝宝感到安全和快乐的重要原因。

适合12个月的宝宝

关键词：手眼协调、注意力

对对看——纸盒游戏

游戏目的

锻炼宝宝手眼配合能力。宝宝手拿纸片放入相应的圆孔，标志着其手和眼睛配合完成动作的能力发展到了一个新水平。

妈妈准备

在纸盒上挖4个大小不同的圆形小洞，再用硬纸板剪出一些相应大小的圆片，并涂上颜色。

1 妈妈拿出小圆片，给宝宝演示，分别比较圆片和纸盒上圆孔的大小，然后按照不同的大小将圆片一一放入纸盒中。

2 递给宝宝一个圆片，鼓励宝宝找到和它相对应的圆孔，并将圆片从合适的圆孔中投入纸盒。

3 把全部圆片递给宝宝，帮助宝宝将圆片一一投入纸盒中。

爱心贴士

1.纸盒上的圆孔不要太多，以防给宝宝造成混乱。

2.圆孔直径差异要明显，对比要大。

智能课堂

常识告诉我们，受人们欢迎的孩子，多来自于和谐温暖的家庭。在幼儿时期，孩子主要接触的大人就是家长。父母讲道理、民主，对子女的要求不过高，不过分限制、惩罚，孩子容易成为乐观、自信、与人友好相处的人。父母对孩子缺乏关心和爱护，孩子就没有安全感。父母总找借口拒绝孩子的要求，孩子在潜意识里也会效仿父母，用父母对待自己的方式去对待别人，这样的孩子不会热情、诚恳地待人，容易被惹恼，攻击性强，长大以后不愿意遵守社会规范、缺乏自我控制能力和社会适应能力。

身为父母需要经常反省一下自己，对孩子的各种情绪反应是不是能够以温暖、接纳的态度去回应？是不是会因为抚育孩子要付出辛劳而

厌烦、厌倦？特别值得注意的是，父母之间的互相尊敬、互相帮助，不仅可以给子女带来安全感，还为孩子提供了学习榜样。

专家在线

注意力是观察力、记忆力、想象力、思维力等其他智力因素的必要条件和先导，妈妈平时要多创造吸引宝宝注意的环境，培养宝宝广博而持久的兴趣。有意注意需要一定的意志努力，良好的注意能力是稳定而集中的注意力和意志力的结合。没有良好的意志品质就难以养成超常的注意力。

第三章

1岁~1岁半宝宝的亲子游戏

1岁后的宝宝对游戏的主动性慢慢增强，偶尔发现某种“好玩的”因素时，他会主动发起和建构游戏。宝宝会走路，会说一些简单的话了。行走和言语能力的发展，极大地丰富了他的游戏内容，提高了游戏水平。

宝宝满1周岁了，经过一年的成长，宝宝已经成为一个能独立行走、有主意、有思想的“小大人”了，进入了人生新阶段。

为了培养宝宝的自信，要常常说“做得好”这类称赞语。因为通过游戏获得的自信，有助于宝宝在其他领域获得发展。

给宝宝一些独玩的时间，通过游戏，可以教导宝宝独立，也可以培养其解决问题的能力。要通过这个时期的游戏来教会宝宝生活所需要的本领。

这个时期可以使用动态玩具了，比如华丽的旋转音乐玩具、滚动的小球、蜡笔、工具玩具、简单的乐器，以及可以开关的箱子、可以推拉的玩具、图画书等。

平均发育指数：出生18个月

男孩体重（千克）	女孩体重（千克）
10.88	10.33

男孩身高（厘米）	女孩身高（厘米）
81.6	80.4

早教一点通

游戏是孩子的“工作”

不少家长认为游戏和玩耍不是重要的事情，甚至是有害无利的，并把这种观点带到早期教育中。因此，有的家长把早期教育理解为对孩子进行早期知识技能的训练。

其实，多年的早期教育实践和研究已经证明，提前开始知识技能的强化训练并不能给予孩子适应未来社会生活挑战所必需的素质与能力。而其所造成的短期危害是使幼儿出现过度紧张、厌食、头晕及耳鸣等症状，长期危害是使幼儿的学习积极性受到伤害。

适合 1岁1个月 的宝宝  关键词：行走、社会性

步调一致——妈妈走，我也走

游戏目的

锻炼行走能力。宝宝行走能力的发展和其他动作发展一样，经历着既有连续性又有阶段性的过程。这个游戏的作用在于进一步锻炼宝宝双手、双腿动作的协调性、随意性和灵活性。在迅速发展的今天，高智商并不能代表成功，我们要重视对宝宝良好社会情感的培养——具备高水平情商才是走向成功的保证。

妈妈准备

宝宝和妈妈一起脱去鞋子，在地板或地毯上玩。

1 直立走：妈妈双脚稍分开站立，宝宝面对妈妈，双脚踩在妈妈脚背上，双手抱着妈妈腿。妈妈往前走，宝宝随之向后退；妈妈向后退，宝宝随之向前行。

2 仰着走：妈妈双脚稍分开站立，宝宝面对妈妈，双脚踩在妈妈脚背上，双手拉着妈妈双手，身体往后仰。宝宝跟着妈妈走，妈妈转圈，宝宝也跟着转圈。

爱心贴士

妈妈移动脚步的幅度要小，以免宝宝跟不上而跌倒。

智能课堂

怎样和宝宝做游戏？

游戏内容要有不同的深度，由简单到复杂，以满足宝宝不同阶段的不同需要。宝宝是游戏主体，到底玩什么应由他们自己决定。他们自己想玩的时候，注意力就会特别集中。

游戏时间不宜太长，游戏内容也要多样化。适度地掉换游戏内容有利于培养宝宝的专心，同时，要注意一次活动不要提供过多的玩具。

宝宝游戏时不要有意干扰。有些父母总是喜欢在宝宝玩得高兴时给他们吃东西，或要他们做些不相干的

事，这样既影响了他们的兴致，又中断了他们的活动，容易造成宝宝不专心。

针对宝宝的个别差异安排游戏内容。可以针对注意力较难集中的宝宝，为他们在游戏中安排合适的角色，并根据角色提出任务要求。

专家在线

家庭气氛会对宝宝的情感和智力发展产生巨大影响。影响范围包括宝宝的思维能力和对学习的兴趣等方面，虽然宝宝可以通过遗传得到先天禀赋和特征，但后天家庭气氛对宝宝的影响更为重要。

适合 1岁1个月 的宝宝  关键词：协调能力、空间知觉

背狗狗——背背驮驮

游戏目的

锻炼宝宝协调能力。这个游戏能够锻炼宝宝的感觉协调能力。宝宝感知的发展趋势是逐渐趋向组合与协调，对不同感觉信息的分析和转化能力是宝宝感知能力提高的标志。婴儿时期的智力是“感知运动智力”，如果宝宝不具有良好的空间知觉能力，就会影响到宝宝将来的发展和生存。

妈妈准备

家中或室外较大的游戏空间。

1 爸爸把宝宝背在背上，走来走去，一边摇晃，一边哼着歌谣：“背狗狗，背狗狗，背在背上热乎乎，谁要买，快来买。”妈妈说：“不买。”

2 爸爸继续走来走去，一边摇晃，一边哼着歌谣：“背狗狗，背狗狗，背在背上热乎乎，谁要买，快来买。”爷爷说：“没钱买。”

3 奶奶把宝宝抱过来：“人家不买我要买，好乖乖，奶奶最喜欢。”拍拍宝宝小屁股，亲亲小脸蛋。

爱心贴士

不要给宝宝穿带扣子或拉锁的衣服，以免滑动时擦伤宝宝皮肤。

智能课堂

有些孩子爬行、走路或投掷等动作发展迟滞，做精细动作更是困难，这是因为他的知觉—运动协调能力发展缓慢导致的，可以通过以下方法加以改善：

1.行走训练。要求孩子注视前方某个目标直走、跳格子走、移动盒子走（把两只鞋盒一前一后放在地上，要求孩子双脚走进一个盒子，再把后面那只盒子移到前面，继续向前走）。

2.平衡木训练。让孩子在平衡木上向前走、向后走、侧走等。

3.投篮训练。要求孩子把皮球投进篮子里。

专家在线

研究表明，妈妈或抚养者的抚养质量决定了宝宝是否能建立安全型依恋，而宝宝的气质类型则影响其建立哪一类安全型依恋。胆大的宝宝形成抗拒型依恋，胆怯的宝宝形成回避型依恋。敏感的妈妈或抚养者总能根据宝宝的气质了解他发出的信息，及时做出正确反应，因此，培养妈妈或抚养者的敏感性对于建立宝宝安全型依恋最为重要。

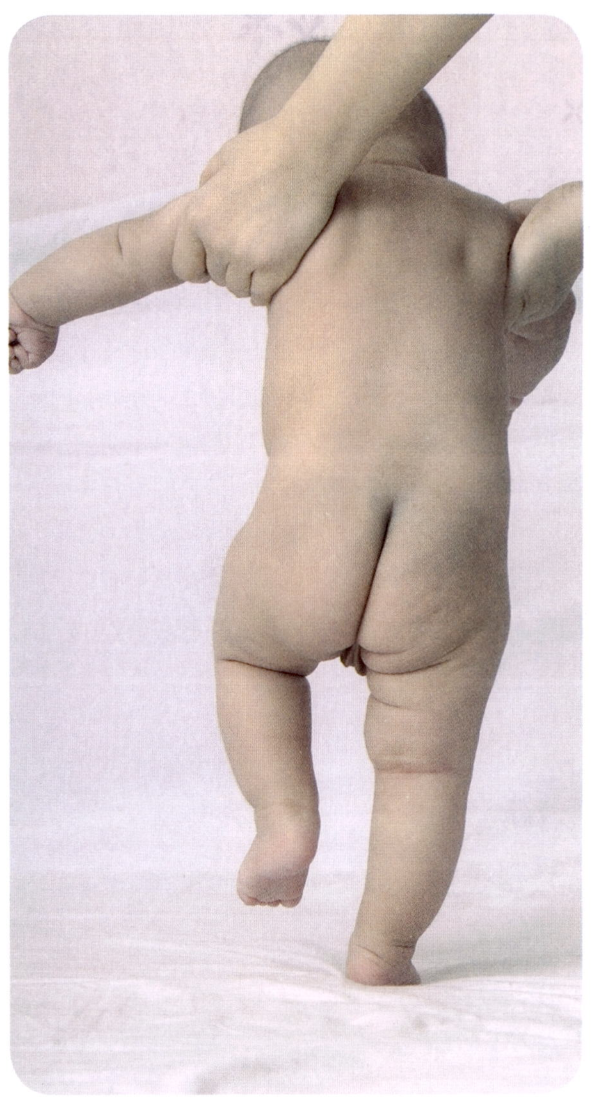

适合 1岁1个月 的宝宝  关键词：空间智能、方位感

小花猫钻山洞——爬行能力

游戏目的

锻炼爬行。1岁宝宝爬行的水平，直接影响到他行走和站立能力的发展。而且，变换身体方位和空间感觉的爬行游戏有助于丰富宝宝的空间知觉，为宝宝视觉空间智能发展打下基础。视觉空间智能高的人，通常有较好的方向感、空间感。在职业表现上通常多从事设计类的工作，如建筑师、室内设计师、服装设计、雕塑、摄影师等。

妈妈准备

家中干净的地板。

1 爸爸膝盖着地，手撑地，搭成一个“山洞”。

2 在爸爸身体的一侧堆放一些玩具，鼓励宝宝钻过“山洞”，向前爬，拿回玩具。

3 宝宝拿到玩具后，鼓励宝宝“往回爬”，把玩具交给妈妈。

4 宝宝钻过“山洞”时，爸爸、妈妈为宝宝欢呼。

5 宝宝为妈妈拿回玩具，妈妈要及时给予鼓励并数数。

爱心贴士

1.可以在地面铺上小毛毯或其他柔软的覆盖物，以免地板太硬，宝宝觉得不适。

2.对不爱爬的宝宝，爸爸、妈妈可多与宝宝开展亲子竞技互动游戏，提高宝宝爬行兴趣，培养宝宝钻、爬的能力。

智能课堂

运动能力的提高可以提高宝宝的自信心，让他有一种独立感觉。运动游戏可以帮助宝宝缓解压力，帮助宝宝改变他的偏执行为。如果缺乏这种运动游戏，宝宝不仅会变得肥

胖，他的脾气也可能变得比较坏，精神变得比较紧张。

让宝宝动起来的最有效方式是做宝宝的好榜样。如果父母一天到晚就知道傻坐着看电视，你就不要期望宝宝动起来。

让宝宝动起来需要选择合适的游戏方式，比如，在室内，妈妈可以和宝宝玩捉迷藏、投沙包、随着音乐跳舞等游戏；在室外，妈妈可以和宝宝一同玩用沙子堆城堡、踢球、骑车等游戏。

专家在线

在宝宝爬行还不是很熟练的时候，利用宝宝感兴趣的游戏或物品鼓励他向前爬行，能增加宝宝的爬行兴趣，锻炼其身体协调和运动能力，还能增加他对颜色和数字的理解。

适合1岁1个月的宝宝  关键词：抓握力、意志力

我的小手最灵巧——抓球

游戏目的

锻炼宝宝的抓握能力。1岁宝宝手指抓握能力还很差，这个游戏可以帮助宝宝提高抓握力和动作的准确性，达到刺激大脑发育的目的。意志是高度发达的主观能动性的反映，坚持性是宝宝意志发展的主要指标，意志力锻炼可以防止任性等不良意志品质的产生。

妈妈准备

一些五颜六色的玻璃球或鹅卵石、两个塑料小碗。

1 妈妈先给宝宝做示范，把小玻璃球从一个碗里抓到另外一个碗里。

2 宝宝用小手抓玻璃球，从一个碗里抓到另一个碗里，中途不要掉。掉了也不要责怪宝宝，一定要说："宝宝真能干，没关系！"

3 开始时把两只碗放近一些，可逐渐加大两只碗的距离，增加游戏难度。

4 鼓励宝宝左右手轮换抓。

爱心贴士

1.一定要告诉宝宝：玻璃球（鹅卵石）不能往嘴里放。

2.游戏过程中要时刻注意宝宝的举动，千万不能让宝宝独自玩这个游戏，以免发生危险。

智能课堂

人的身体是奇妙的，因为人类的一切行动都源于它。行动包括用身体接触、理解世界，表现、表达自己，改变、改善生活等。

运动智慧是指运用四肢和躯干的能力，表现为：能够较好地控制自己的身体、对事件能够做出恰当的身体反应以及善于利用身体语言来表达自己的思想和情感。这种智慧在运动员、舞蹈家、外科医生、赛车手和发明家身上有比较突出的表现。在1~3岁宝宝身上则表现为：骨骼肌肉发展得好，力量强；活泼好动、动作灵活，身体协调能力、平衡能力很强；喜欢跑跳，喜欢模仿别人的动作，喜欢拆拆装装等。

运动智慧是一种能够把身体和心智结合起来实现完美身体活动的能力。运动智慧的培养从无意识、自发运动开始，训练宝宝的心智能使他更好地使用身体，同时训练身体也能够促进心智的发展。

专家在线

每天抽时间轻轻按摩宝宝的手，从指尖到手腕，帮助宝宝伸屈手指。多为宝宝创造触摸、抓握、拉扯物体的机会。

适合 1岁2个月 的宝宝  关键词：适应力、合作意识

爸爸给我当飞机——骑在爸爸肩上

游戏目的

提高适应能力。1岁左右的宝宝，需要更多的身体感觉经验，多和宝宝进行简单易行的游戏，可以丰富宝宝的身体感觉经验。积极的早期体验和互动影响着宝宝的情感发展，简单的合作游戏，对宝宝从小建立合作意识、团队精神大有益处。

妈妈准备

床上、地板上。

1 爸爸蹲下，妈妈帮助宝宝骑到爸爸肩上。妈妈在旁边保护宝宝。

2 爸爸抓住宝宝的双手说："飞机就要起飞了！请小朋友坐好。这位小朋友要去哪儿？"

3 爸爸慢慢站起，在地上转一两圈，说："飞机降落了，请小朋友下飞机。"

4 做游戏时可以说出一个亲属所在的地名，加入一些对话，增加宝宝对语言、声音的刺激和感受，加快宝宝语言能力的发展。

爱心贴士

1.开始游戏时，要帮助宝宝克服对高度的恐惧，等宝宝基本适应后，再开始游戏。

2.爸爸起身和转圈的幅度要小一点，注意宝宝的反应。

智能课堂

了解和尊重孩子应该怎样做：

1.观察。家长应该做一个有心人，在日常生活中，有意识、自觉地观察和熟悉自己的宝宝，必要时还应该做点笔记，记下宝宝的生动表现。

2.等待。宝宝出现各种表现时，不要急于下结论，而应该静下心来等一等，看看事情会怎样发展，宝宝会怎样反应，把问题真正搞清楚再加以处理。

3.引导和尝试。宝宝每天的生活都是他们成长的阶梯，他们确实需要家长的陪伴和帮助，但他们又是能动的，具有相当的思想和能力应对生活挑战，家长既不能把宝宝丢在一

边，也不能放弃引导和鼓励的职责。

4.尊重和理解孩子的感觉。要学会从宝宝的角度考虑问题，设身处地地体会宝宝的感受和反应，学会理解和尊重他们的选择。

专家在线

爸爸、妈妈和宝宝的交流方式以及提供给宝宝的体验机会对宝宝日后情感发育、学习能力和生活能力都有着巨大影响。

适合1岁2个月的宝宝

关键词：味觉、感觉统合

甜的，还是酸的——尝一尝

游戏目的

味觉训练。这个游戏通过让宝宝品尝、分辨不同食物的味道，丰富宝宝的味觉体验，提升宝宝的感觉智能。

妈妈准备

西瓜汁、酱油、柠檬汁各少许（也可以是醋、盐、糖等），3个透明的玻璃杯，3根筷子。

爱心贴士

1.尽量不要给宝宝提供刺激性太强的食物。

2.给宝宝品尝时，蘸取少量液体即可。

3.杯子和汁水一定要保持干净、卫生。

游戏步骤

1 分别在3个透明玻璃杯里倒入西瓜汁、酱油和柠檬汁。

2 让宝宝观察3个杯子里出现的不同颜色。

3 妈妈用筷子蘸少许西瓜汁让宝宝尝尝，告诉宝宝："这是西瓜汁，是甜的。"

4 再蘸一点酱油让宝宝尝尝，告诉宝宝："这是酱油，是咸的。"

5 蘸少许柠檬汁让宝宝尝尝，告诉宝宝："这是柠檬汁，是酸的。"

智能课堂

自然智慧主要是指人类分辨动植物的能力及对自然现象的敏感度，表现为喜欢探索大自然，善于观察、分类、辨别，喜欢饲养、种植等。在1~3岁幼儿身上则表现为喜欢大自然及户外活动，善于观察，对动物或植物有特别的兴趣和关怀，对新鲜事物有强烈好奇心和探究兴趣，能够做一些简单的分类、辨别等。

发展宝宝的自然智慧，除了要让他们认识自然之外还要让他们探索自然，掌握各种技能和方法。观察是一种认识自然的重要方法，也是自然智慧的一个重要内容。观察一般是通过看、听、嗅、触、尝五种感觉获得对事物的感性经验，并综合得出对该事物的整体印象。家长可以让宝宝分别使用这些感官，然后综合使用感官来观察事物，锻炼宝宝观察能力。

专家在线

人类的感觉包括视觉、听觉、嗅觉、味觉、触觉和重力感觉。人通过感觉器官从外界获取信息，然后将这些信息传给大脑，大脑对这些信息进行解释、分析、组合等加工处理，从而指挥人做出适当反应，完成各项活动。这一过程就是感觉统合。婴幼儿时期的感觉统合学习几乎占据了其一生中的80%。

适合 1岁2个月 的宝宝  关键词：触觉、数量

与球球一起泡澡——快乐玩水

游戏目的

通过与水、球等物品接触，让宝宝体验触觉感受，并启发宝宝对数与量的基本认知，从而提高宝宝的左脑数学能力。

妈妈准备

准备浴缸、塑料球。

1 让宝宝先进入浴缸，再将温水注入浴缸，然后将一颗颗球放入浴缸中，让宝宝体验玩水的乐趣及触觉刺激，感受浴缸从没有任何东西到有水、有球的变化。

2 爸爸、妈妈将球放进浴缸的同时，可以报数，让宝宝对数与量有最基本的认知。

爱心贴士

让宝宝感受玩水的乐趣。

智能课堂

宝宝已明显表现出不同的气质类型，有的温和安静、有的活泼好动，自我意识进一步增强。喜欢到户外玩耍、做游戏，喜欢在小朋友多的地方玩，但一般还是各自玩耍，互不交往。此时，宝宝虽然不能你来我往地合作做游戏，但父母应当开始教他建立最初的伙伴概念，培养宝宝与别人一起玩耍的愉快情绪。

宝宝还喜欢做没做过的事，对物体进行深入“探究”。宝宝在进餐时不希望被大人完全操控，总想自己用勺子吃饭。如果在做某件事时遇到困难，他会来寻求大人的帮助，如让大人帮他将玩具的发条上满等。为了在伙伴面前表示友好，宝宝会将玩具递给别人，同时在玩玩具时，能拿着自己的玩具给别人看，甚至要求对方拿着玩具去做某些事情。

专家在线

1.避免宝宝在浴缸里滑倒，以免发生窒息或溺水的意外。

2.如果宝宝有害怕、逃避、拒绝的反应，不要强迫他，可以慢慢地引导他用手或用脚先行碰触。

3.时间不要过长。

适合1岁2个月的宝宝  关键词：动手能力、注意力

会跳的小球球——三指捏球

游戏目的

训练宝宝手指运动的精确度。这个时期的宝宝对什么事都很好奇，喜欢自己动手，但是小手还缺乏准确性。捏光滑的球，可提高宝宝手指捏东西的精确度、力度及手眼协调运动能力。这个游戏可以让宝宝的小手指更加灵活，动作更加精确。

妈妈准备

一盒玻璃跳棋。

1 让宝宝先练习用三个手指捏住玻璃跳棋，把棋子一个一个摆放在棋盘上。

2 告诉宝宝棋子"会跳"，在棋盘上练习用两个手指捏住玻璃球移动位置。

爱心贴士

和宝宝一起玩的时候除了要有耐心外，还要有一颗童心，同时还要不断地丰富自己的知识，学会用宝宝的思考模式来玩和解决问题。

智能课堂

如何培养孩子的想象力，使自然界成为孩子想象的资源宝库。宝宝刚刚来到这个变化万千的世界，自然界的许多东西都能引起他们的浓厚兴趣，促进他们想象力的发展。如日出、日落、夜空的星座、多变的浮云、冬天的冰雪、夏天的风雨，还有植物的生长、动物的活动等，都可以成为启发、丰富宝宝想象力的宝贵资源。所以，要经常带宝宝出去接触外面的世界，沐浴大自然的阳光雨露。

用玩具和游戏开发宝宝的想象力。玩具是宝宝最喜爱的东西，游戏是他们的主要活动，玩耍是孩子的本性。宝宝在玩玩具和做游戏过程中，既可锻炼身体，又可丰富想象力，增强智力。因此，要适当给宝宝提供些材料玩具和半成品玩具，给他们一定的时间做各种游戏，通过想象和探索组合成新玩具，就能使宝宝的想象力和动手能力都得到锻炼和加强。

专家在线

好动是宝宝的天性，重复单一动作和坚持训练可以提高宝宝的注意力，为将来学习打下良好基础。宝宝的动作发展，包括双手动作发展，在临床医学上具有诊断意义，所以爸爸、妈妈如果发现宝宝动作异常，应及时就医检查，千万不要掉以轻心。

适合1岁2个月的宝宝  关键词：颜色、反应

五颜六色的帽子——你戴，我也戴

游戏目的

训练宝宝的颜色识别能力。颜色视觉是宝宝对光谱上不同波长光线的辨别能力，宝宝的三色（红、绿、蓝）视觉很早就有发展。1岁多以后，基本能认识和准确指出红、绿、蓝、黄、黑、白6种颜色。1岁4个月时，基本能说出6种颜色的名称。

妈妈准备

红、黄、蓝、绿、黑、白色的彩纸各2张。

1 妈妈用彩纸折成红、黄、蓝、绿、黑、白6种颜色的帽子。

2 妈妈戴上红帽子，示意宝宝也戴。依次进行。

3 妈妈说："红帽子。"宝宝按照妈妈指令找出红帽子，并戴上。

爱心贴士

1.选用的彩纸要软韧，不要选择硬、脆的纸张，以免划伤宝宝。

2.宝宝对颜色认识不清或因紧张指认错误时，妈妈千万不能着急，更不能责怪宝宝。

智能课堂

视觉—空间智慧主要是指感受、辨别、记忆、改变物体的空间关系并借此表达思想和情感的能力，表现为对线条、形状、结构、色彩和空间关系的敏感以及通过平面图形和立体造型将它们表现出来的能力。这种智慧在画家、雕刻家、建筑师和军事战略家等人身上有比较突出的表现。空间智慧发展得好的个体，不仅能在上述领域中有所成就，还可以跨领域进行操作。研究发现，空间智慧影响着儿童认知能力的发展。

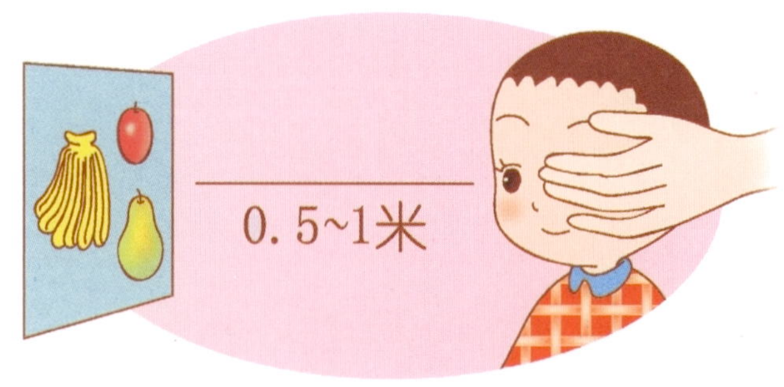

拥有发达空间智慧的儿童，更倾向于从整体上来认识周围环境；空间智慧发展得好的儿童，更善于发现容易被人们忽略的细节。他们对空间、自己和他人的身体方位有着超群的辨别能力。空间智慧的发展有利于发展观察能力，促进孩子视觉的敏感性和准确性。

及早地识别和培养儿童的空间智慧，对儿童今后各方面智慧发展都有着重要意义。

专家在线

颜色视觉发展为宝宝认识多彩世界提供了条件，妈妈平时要有意识地发展宝宝的颜色视觉。妈妈还可以用水果、衣服等日常物品与宝宝玩颜色识别游戏，以方便、有趣为原则。

适合1岁3个月的宝宝

关键词：手口一致、节奏感

大拇哥，二拇弟——手指头会唱歌

游戏目的

歌谣配合手指动作，锻炼宝宝手口一致的动作能力，提高其大脑反应水平。歌谣的节奏感非常强，经常配合游戏说歌谣，可以丰富宝宝的音乐感知能力，这种能力将会影响宝宝体验美、创造美的能力。

妈妈准备

室内、室外适宜的游戏环境。

1 妈妈把宝宝搂在怀里，摊开宝宝小手，一个一个点宝宝的手指头，一边说歌谣：“大拇哥，二拇弟，中三娘，四兄弟，小妞妞，来看戏，手心手背，心肝宝贝。”

2 左右手交替进行。

3 还可以让宝宝的双手交叉握在一起，帮助宝宝做手指抬起的动作：“大拇哥跳一跳，二拇弟跳一跳，中三娘跳一跳，四兄弟跳一跳，小妞妞出来了，大气球爆炸了，哗啦啦，哗啦啦。”

4 说到“大气球爆炸了”时，打开宝宝双手，做“哗啦啦”的动作。

爱心贴士

1.游戏前，妈妈要把手洗干净，剪好指甲，以免划伤宝宝娇嫩的皮肤。

2.妈妈平时要经常播放旋律优美、节奏鲜明、轻柔的乐曲，培养宝宝的音乐感知能力。

智能课堂

人的8种智慧之中最早萌发的就是音乐智慧，因为人在胎儿时期就聆听母亲心跳声，出生后就感受着自己身体运动的节奏和乐音，而音乐的要素就是节奏和旋律。音乐对宝宝来说是一种熟悉的事物，非常易于被接受，从小就采用恰当方法培养宝宝的音乐智慧肯定会事半功倍。

节奏是音乐的重要组成部分，掌握一段音乐必须掌握它的节奏。掌握简单节奏是每一个宝宝都与生俱来的本能，从节奏进入音乐是最自然，也是最容易被宝宝接受的一种方式，因此父母要做的就是启蒙和培养。

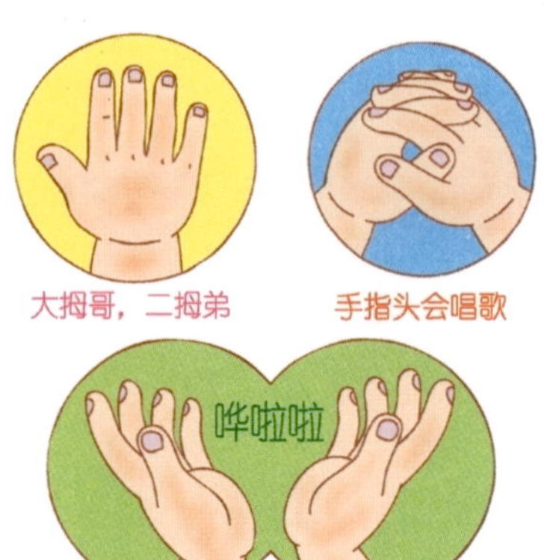

游戏是幼儿最喜爱的活动，音乐智慧的培养在游戏中进行能够事半功倍，音乐游戏既开启了幼儿的音乐智慧，又培养了他们对音乐的兴趣，使他们感受了音乐美。

专家在线

宝宝能较早地辨别音乐中的音色、音高、旋律和简单曲调。1岁半~2岁时，基本能认真倾听音乐并伴随音乐节拍做出类似“舞蹈”的动作。

适合 1岁3个月 的宝宝  关键词：图形感知、抽象思维

对号入座——找图形

游戏目的

训练宝宝的图形知觉能力。宝宝对物体形状的感知需要多种分析器官的协同活动，当视觉、动觉和触觉相结合时，对物体形状的感知效果较好。宝宝能够辨认出相同的图形，表明他已经具有归类和概念化的思维形式，为其将来表象思维向更高水平发展提供了可能。

妈妈准备

白色卡纸、纸板。

1 妈妈在一张白色卡纸上分别画出一个直径为4厘米的圆形和一个边长为4厘米的三角形。

2 把圆形和三角形涂上红色，告诉宝宝图形名称。

3 妈妈另用一块纸板剪下一个直径为4厘米的圆形和一个边长为4厘米的三角形。

4 让宝宝拿着纸板做的圆形和三角形在卡纸上找出对应的图形。

爱心贴士

1.在宝宝找对应的图形之前，应让他充分触摸圆形纸板和三角形纸板。

2.卡纸上的图形一定要涂上鲜亮颜色。

智能课堂

1~3岁宝宝空间智慧的表现如下：

1.对线条有了一定认识。

2.能够区分出不同物体的形状。

3.能够移动身体来回爬或钻过一些狭窄的通道。

4.通过涂鸦、上色、折纸来表现物体形式。

5.具备初步的方位知觉。

6.对色彩变化有一定感受。

7.可以折出某种立体图形。

8.能够用橡皮泥捏出一定的造型，尽管并不十分像某个物体。

9.能够玩一些简单的拼图游戏。

凡是解决空间位置的问题都需要空间智慧，其他如下棋、从不同角度观察物体等与空间位置有关的问题也是如此。发达的空间智能是社会的珍贵财富，如果没有空间智慧，很多领域便无法发展，空间智慧为许多其他智慧的发展创造了条件。

专家在线

妈妈要给宝宝足够时间，让其感知、触摸，逐渐形成对图形的准确感知。对发育缓慢的宝宝而言，妈妈的威吓只会让他变得更加迟缓。妈妈的指责会让宝宝变得急躁、不安，失去判断力和自知力。妈妈要以鼓励、称赞和等待的方式来对待发育较为迟缓的宝宝。称赞会给宝宝带来勇气，也会促进其成长。

适合1岁3个月的宝宝

关键词：身体动作、协调性

踩“地雷”——宝宝踩气球

游戏目的

培养宝宝控制身体动作的能力，发展宝宝动作的协调性，从而提高他的右脑肢体协调能力及身体的平衡能力。

妈妈准备

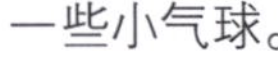

一些小气球。

1 家长将球系在自己的胳膊上或腿上。

2 家长在前方走动，让宝宝追自己身上的气球。停下来时，让宝宝拍拍自己胳膊上的气球或用脚踩系在自己腿上的气球。

爱心贴士

一定要让宝宝踩到，否则宝宝会很气馁的！

智能课堂

刚过1岁的宝宝正处于吸收性思维和各种感知觉发展的敏感期，也处于器官协调、肌肉发展和对物品发生兴趣的敏感期。这个时期宝宝开始尝试运动自己的身体，喜欢到处探险，用手攥任何东西，开始站立、学走路。有一定的独立意识，好奇心逐渐增强，很多事更愿意自己去做。玩具是宝宝幻想中的玩伴，在他们看来，玩具和真实的朋友类似。所以，在宝宝专心致志地独自玩耍时，家长不要惊扰他，也不要破坏他的兴趣，只需要给予尊重和理解就可以了。不能让宝宝感觉到自己是孤单的，而要让宝宝感觉自己可以随时得到大人的关心和帮助。

专家在线

1.一定要注意宝宝的安全。给球充气时，要避开宝宝的脸或小手，以防崩伤宝宝。禁止宝宝做用两只手捏气球的动作，以免弄破气球吓到宝宝。

2.走动时要注意控制速度，以宝宝能触摸到气球为宜，隔一段时间就停下来，让宝宝踩到气球，以增强他对活动的兴趣。

适合1岁3个月的宝宝  关键词：视觉、想象力

猜猜看——看图画

游戏目的

训练宝宝的视觉判断能力。这个时期的宝宝对熟悉的名称、人或物品，能够指认出来，记忆力等心理活动发育更加活跃。这个游戏可以帮助宝宝锻炼和提高视觉判断能力。视觉能力是空间智慧的重要方面，1~3岁也是宝宝视觉发展的关键时期，通过游戏不仅可以锻炼宝宝的视觉能力，宝宝的想象力也被大大激发了。

妈妈准备

一张较大的图画和白纸。

1 用白纸盖住图画，然后把白纸渐渐往下移，露出部分画面，让宝宝猜是什么。

2 每多看到一点画面，宝宝便会更期待到底是什么图案，妈妈可以同时制造一些音效，鼓励宝宝继续往下看。

3 露出大部分画面，让宝宝说出画面内容。

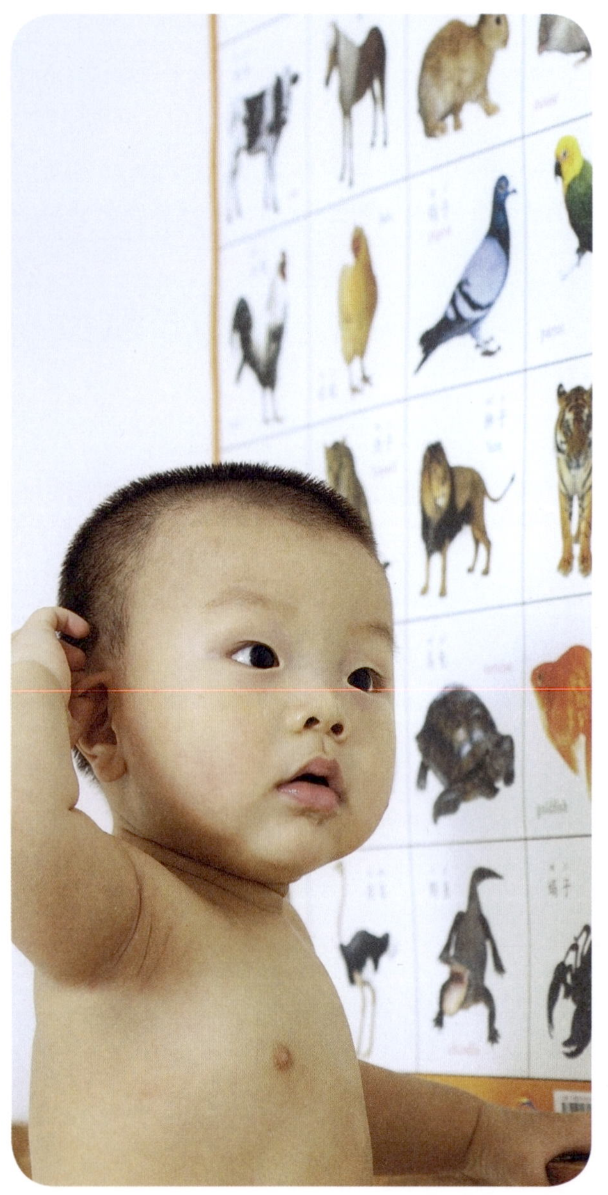

爱心贴士

1.选择的图画最好内容比较单一，比如一只蝴蝶、一辆汽车等。

2.尽量选择宝宝熟悉的图案。

3.还可以用旧挂历剪出宝宝喜欢的小动物形象，再剪成几个部分，然后让宝宝重新拼成小动物。

智能课堂

宝宝一出生，就可以开始培养他的空间智慧了。1~3岁的宝宝视觉观察和认知能力迅速发展，不但已经能够辨认简单的颜色和形状，同时也开始产生立体概念，渐渐开始会搭积木了。这个阶段被称为宝宝视觉空间发展的“立体期”，是幼儿认知发展的一大进步。此时，通过颜色丰富、多变的各种立体视觉刺激，能够培养宝宝对颜色、形状、立体感的敏锐观察力，并刺激其空间智慧发展。

这个时期的宝宝主要通过感知觉来体验空间概念，他们通过爬、到处走、看和触摸来感觉周围环境。这一时期，到处爬一爬、看一看对促进宝宝空间智慧的发展有着很大帮助。

专家在线

视觉能力是空间智能的重要方面，1~3岁也是宝宝视觉发展的关键时期。爸爸、妈妈应该多为宝宝创设适宜的环境和游戏，激发宝宝的想象力和空间视觉能力。

适合 1岁3个月 的宝宝  关键词：跑动、分享

泡泡乐——爸爸吹，我来抓

游戏目的

锻炼宝宝的跑动能力。跑动对宝宝有很多好处，可以促进骨骼生长，令肌肉结实，增强腿部力量，使心脏跳动有力，跑动还能加强呼吸系统和消化系统功能。分享是宝宝交往智能发展中的一个重要组成部分，宝宝拥有积极分享意识和行为是与他人交往的必备条件。

妈妈准备

泡泡液、吹泡泡的工具。

1 带宝宝到户外去，爸爸吹泡泡并给宝宝演示如何追泡泡并戳破泡泡，然后鼓励宝宝和爸爸一起做。

2 如果宝宝很兴奋，在爸爸吹泡泡时就想去戳破它，则要告诉宝宝要耐心等待。

3 如果宝宝对吹泡泡感兴趣，可以教宝宝吹泡泡的方法，鼓励他自己吹。

4 让周围的小朋友一起来追泡泡吧！

爱心贴士

1.宝宝追泡泡的时候，爸爸一定要注意周边可能出现的危险，不要让宝宝跑到马路上去。

2.宝宝吹泡泡时，提醒宝宝不要用嘴接触或喝下泡泡液。

智能课堂

1岁多的孩子在生活上离不开成人照顾，良好的亲子关系将帮助孩子以一种积极而稳定的心理状态面对周围的人和事。家长要在及时满足孩子生理需要的同时满足其心理需要，多和孩子进行愉快的情感交流，给孩子以安全感，使孩子形成对成人的信赖感，以培养孩子快乐而稳定的情绪。

这个时期的孩子表现得愿意独立做事，这时就是培养宝宝独立性的好时机。

独立自主是指孩子在思维、想象和各种活动中，能不依赖和追随他人，而相对独立地进行活动。所以家长要鼓励孩子独立做事，理解孩子的执拗和“不听话”。要对孩子玩耍和探索环境的行为给予充分时间和自由。

专家在线

宝宝正在从事某件事的时候，请多给他支持和称赞。宝宝会因妈妈的一句称赞而受到鼓舞，变得更有干劲。让宝宝了解即使结果不好，但过程好的话，一样会受到称赞。只注重结果的妈妈，很容易让宝宝在结果和过程方面都产生挫败感。

适合1岁4个月的宝宝  关键词：行动能力、合群性

红灯停，绿灯行——开汽车

游戏目的

行走和跑动。这个游戏能给宝宝较多走动和跑动的机会，可以促进宝宝大脑的协调，是发展运动智能的好方式。家庭是一个重要的社会化场所，在与爸爸、妈妈及熟人的交往过程中，宝宝的心理能力和社会性会逐步得到发展。培养宝宝良好社会情感，可以帮助他适应未来社会的竞争与压力。

妈妈准备

家中或室外较大的游戏空间。

1. 爸爸站在宝宝前面，宝宝拉着爸爸的衣服。
2. 爸爸做“车头”，宝宝做“司机”，然后由“车头”领着走（也可以小跑），一边走一边带着宝宝学汽车“嘀嘀”地叫。
3. 妈妈用纸板做两个牌子，上面分别写着“红灯”、“绿灯”。
4. 妈妈举起“红灯”，“汽车”停；妈妈举起“绿灯”，“汽车”开始走。

爱心贴士

1.游戏时，爸爸应注意走或跑动的速度不要过快，以免宝宝跟不上而跌倒。

2.游戏中可多设置一些情节，锻炼宝宝的想象力和语言能力。

智能课堂

每个孩子的性情都是独特的。有的天性活泼、爱和人交往、能比较快地接受新事物，而有的孩子正相反，反应慢、不愿意接受新事物。父母首先要接受孩子的差异性，接受孩子在个性上的独特表现，而不是以自己的好恶来评价孩子。只有真诚地关心和精心地照顾孩子，才有助于发展宝宝的良好性情，也有助于纠正他的不良个性特点。

要有足够的耐心，只要没有危险，不要过度保护、事事包办。同时，独立并不意味着毫无自制地独断和霸道，培养独立精神也不能只“放”不管，家长要制止孩子过分任性，不过在管教时要注意方法，切忌高压手段。

专家在线

不利于社会情感培养的几种现象家长务必要了解：

1.过度保护。家人对宝宝的过度保护会让宝宝失去参与实践的机会。

2.过度称赞。过度赞扬会让宝宝失去正确评价自己的是非观。

3.溺爱。溺爱会让宝宝害怕进入社会生活中锻炼成长。

适合1岁4个月的宝宝  关键词：视觉追踪、可塑性

小脚丫到处走——追玩具

游戏目的

训练宝宝的视觉追踪能力。游戏可以让宝宝把行走当成一件乐事，考验宝宝视觉追踪能力，增进行走和协调运动能力。如果宝宝在早期就开始锻炼与视觉和肌肉运动技能有关的大脑神经，成年后可塑性会很强，能够积极适应社会。

妈妈准备

宝宝喜欢的小动物毛绒玩具（带声响的更好）、一条棉线绳。

1 把棉线绳的一端系在玩具上，另一端握在妈妈手中。

2 妈妈拉动棉线绳，使玩具移动，让宝宝跟着走。

3 妈妈不断拉动绳子，引导宝宝四处走动。也可让宝宝拉着绳子，听妈妈的指令走。

爱心贴士

1.一定要确保宝宝行走的安全。游戏开始前就要将地面四周收拾整齐，把易碎、易毁的东西搬开。

2.选购或自制拖拉玩具时，玩具身体应是开放的，还可以放小玩具进去，如小火车、小汽车上还能放进小动物玩具，让宝宝搬来搬去。

3.游戏中加入一定情节，宝宝会更有兴趣。

智能课堂

怎样培养孩子的耐心：父母要做孩子的榜样，这时的宝宝还没建立自己的行为模式，他是一个默默的观察者，今天父母做事的习惯就是明天他做事的标准。

宝宝还没有建立时间观念，因此让他们学会耐心真是一件困难的事情。比如说，你正在收拾乱七八糟的玩具，宝宝却要出去玩，这个时候你不要说“等10分钟”。你要告诉他“等我把玩具全部放到玩具箱再出去”。宝宝会看着你把玩具一个个放到箱子里，而不是缠着你要出去玩。

专家在线

亲密接触能刺激宝宝的大脑释放出促进其成长的重要激素。妈妈的爱心是和宝宝建立紧密连接的关键，妈妈所表达的爱将影响宝宝一生。

适合1岁4个月的宝宝  关键词：情感、社会性

尝试交流——打招呼

游戏目的

培养宝宝表达情感的兴趣，从而提高宝宝与人沟通的能力。

妈妈准备

一面镜子。

1 家长做出打招呼、行礼鞠躬、谢谢、对不起、再见等动作，并配合相应语言。

2 让宝宝看着镜子里自己的影像，向他打招呼等。

3 在日常生活中，当宝宝为大人做事时，大人要对宝宝说“谢谢”。

爱心贴士

在日常生活中，要培养宝宝使用礼貌用语。

智能课堂

宝宝吃完饭后，会将空碗递给父母；每当想要喝水时能自己熟练地举起杯子喝水，也能自己放下。宝宝还会重复大人说的句子中的最后几个字，能在家里模仿爸爸或妈妈做些事情，如扫地、擦桌子、捶打等。一般情况下，1岁半左右的宝宝在大小便之前已经知道叫人，虽不是次次成功，但说明宝宝已经有了一定的自控能力，这时就可以训练宝宝大小便时自己去找马桶坐下，逐渐强化，并形成习惯。

专 家 在 线

1.动作要很明确，让宝宝可以跟上。

2.可以一再地重复，加深宝宝的印象。

适合1岁4个月的宝宝  关键词：行走技能、自我激励

宝宝走得好——穿过羊肠小道

游戏目的

锻炼宝宝的行走技能。随着宝宝神经系统进一步发展，宝宝运动的准确性、灵活性、平衡性不断提高，让宝宝在两条平行线中间自如行走，可以提高他的行走技能。形成稳定的自我激励机制对一个人的终生成长具有非常重要的意义。

妈妈准备

室内、室外较大的活动空间。

1 用彩色粉笔在地面画上两条相距30厘米的平行线。

2 妈妈先穿过平行线，在小道另一端用宝宝喜爱的玩具逗引宝宝。

3 鼓励宝宝穿过小道拿到玩具。

爱心贴士

1.妈妈尽量使宝宝理解“游戏规则”，根据规则来玩。

2.宝宝踩线时，妈妈千万不要责怪。

3.把平行线画得长一些，让爸爸和宝宝对着走，到小路的中间会合，增加游戏乐趣。

智能课堂

培养孩子的责任感可以从让他做一些力所能及的事情入手。很多妈妈认为孩子会越帮越忙，自己花5分钟能做好的事情，孩子半个小时都做不好，所以不让孩子做事情。其实你不妨变通一下，如果时间特别紧张的话，可以选择让孩子做最简单的事情，其他事情你自己做。但是，如果不想要一个没有责任心的孩子，就千万不要做一个万事包办的妈妈。孩子小的时候，可以让他把小枕头递给爸爸，大一些时让他收拾自己的玩具。这些都是小事，但对培养孩子的责任感起到的作用是不容忽视的。

在孩子成长过程中父母要不断调整自己的心态和行为，不要让自己成为孩子成长的障碍。孩子小时候非常依赖父母，等他逐渐长大，父母要一步步放开约束，让他为自己做主。要允许孩子犯错误。如果孩子在成长过程中没有犯错误，那说明父母管得太死，他根本没有尝试的机会。所以随着孩子年龄增长，父母要像放风筝一样，逐渐放松手中的线，给孩子一片自由的天空。

专家在线

行走、跑、跳等运动，都是促进大脑发育的重要手段，妈妈不要怕宝宝摔跤而剥夺了宝宝运动的机会。

适合 1岁4个月 的宝宝  关键词：协调性、应变能力

踩来踩去真好玩——踩影子

游戏目的

锻炼宝宝动作的协调性。这个时候宝宝刚学会走路，这个游戏可以锻炼宝宝动作的协调性和灵活应变能力，让他们保持浓厚的兴趣和愉快的情绪。良好的运动智能发展会带来宝宝整体智能的提升，使之日后具有更加灵活的应变能力。

妈妈准备

晴朗的天气，户外较大的游戏空间。

1 爸爸、妈妈带着宝宝到户外，妈妈指着地上的影子告诉宝宝："这是爸爸的影子，这是妈妈的影子，这是宝宝的影子。"

2 爸爸来踩妈妈的影子，鼓励宝宝跟着踩。

3 爸爸、妈妈和宝宝相互踩影子。指导宝宝观察不同时间影子有什么不同。

4 这样的游戏可以在每天出门或回家的路上进行，不用耽误太多时间，也不用准备什么材料。还能通过游戏帮助宝宝认识白天和晚上的影子有什么不同之处。

爱心贴士

1.游戏时不要跑得太快，不要撞到宝宝。

2.一定要选择开阔、平整的户外场所。

智能课堂

培养孩子对人的信任感，可以从日常小事做起。例如，搂抱孩子时让他有强烈的安全感，让他对周围的陌生世界产生信任，从而渐渐地在内心建立起对他人的信任。对幼儿来说，建立信任感的有效方法就是多给他一些关注。随着孩子身体和智力的

发育，他开始产生独立的思想和行为。父母要对孩子的情绪变化多给予关注。孩子的性格各异，如果父母的行为模式符合他们的性格特点，他们对父母的信任就会多一些，具体表现就是对父母的依恋多一些，反之亦然。举例来说，有的孩子喜欢安静，如果父母总是给予他过多的刺激，每天让他做很多运动，会引起他的厌烦。所以，首先你要了解孩子的气质类型，让他感到你很了解他，给他最想要的东西，才能让他对你产生信任。

专家在线

宝宝的大脑通过对周围环境的反馈反应而不断发育，并基于早期经历而发展成一个能思维、有情感的器官。丰富的刺激方式为宝宝的大脑发育提供了条件。

适合1岁5个月的宝宝  关键词：创造力、思维

拼图形——连连看

游戏目的

发展宝宝的想象力、形象思维以及创造性思维的能力。

妈妈准备

一些棉签。

1 妈妈给宝宝摆一些简单的图形，如正方形、长方形、三角形等，让宝宝先模仿。

2 然后，让宝宝自己去创造图案。

爱心贴士

摆放棉签既可以锻炼宝宝的精细动作，又可以开发宝宝的创造力。

智能课堂

宝宝的创造力是智能发展不可或缺的表现，是创造性、冒险性思维发生、发展的表现；是发现、想象、好奇、实验、探索、发明的动力；是产生新思想、找到事物间新联系、积极形成新概念、不墨守成规的能力；是发现问题并解决问题的新思路。创造力会通过想象力、新观念、新思维、新举措体现出来。几乎所有宝宝都有相当高的创造力，父母应该给宝宝鼓励、训练和机会。方法得当可以使幼儿创造力提高，方式不当则会使幼儿创造力降低。

专家在线

图形既是具体的，也是抽象的。在宝宝的成长环境中，图形无处不在，球是圆形的，电视是方形的……拼图会提升宝宝的形象思维能力。

适合 1岁5个月的宝宝  关键词：模仿力、习惯培养

我是娃娃的好妈妈——过家家

游戏目的

提高宝宝的模仿能力。日常游戏可以训练宝宝对日常生活的观察能力，提高其模仿能力，在模仿中学习生活常识。游戏的潜移默化影响往往胜过指令性教育。从小养成良好的生活习惯，有助于宝宝日后的学习和成长。

妈妈准备

布娃娃、书、玩具电话等。

1 妈妈拿出布娃娃，对宝宝说："娃娃该睡觉了。"让宝宝给娃娃脱衣服，盖好被子。

2 过一会儿，妈妈提醒宝宝："娃娃该起床了。"让宝宝给娃娃穿好衣服，带娃娃"出去"玩。

3 妈妈还可以拿出玩具电话，让宝宝给娃娃打电话，跟娃娃"聊天"。

4 妈妈拿出一本书，鼓励宝宝模仿妈妈给娃娃讲故事。

爱心贴士

1.提供宝宝特别感兴趣的玩具，开始由妈妈来做示范、宝宝模仿，也可以让宝宝自己发挥想象力。

2.宝宝沉浸在想象中的世界时，妈妈千万不要对宝宝的语言或想法横加指责。

智能课堂

孩子年纪越小，对事物的想象越是丰富多彩。如果孩子问："天上有好吃的东西吗？"请你别急着回答他"没有"。如果孩子问："苹果会跳舞吗？"请你别急着回答他"不会"。

当孩子在自由表达他头脑中的一些稀奇古怪的想法时，想象力和表达能力都得到了训练和提高。放纵宝宝的感官世界。当孩子学会运用感觉器官，学会从不同角度来感知这个世界时，会大大开启他们以前从没有尝试过的一些想法和念头，这也是丰富孩子想象力和创造力的一个关键。尽量鼓励孩子更形象、细致地表达他真实的感觉，既提高孩子的想象力和表达能力，也开拓了孩子的触觉，使他变得更加敏感。

专家在线

这个时期的宝宝已经有了一些模仿能力。爸爸、妈妈应注意引导宝宝观察生活，丰富宝宝想象的内容。比如：四季的变换，树叶的色彩，小动物走路、吃东西的姿势、动作等，不仅能提高宝宝的模仿能力，还能训练其想象力、观察力，促进宝宝创造性思维的发展。

适合1岁5个月的宝宝

关键词：归类、排序

水果宝宝送回家——找对应

游戏目的

提高宝宝的归类能力。宝宝按照指令将同样的东西放在一起，这种能力的获得标志着宝宝初步归类和概念化的发展，这是通向抽象思维的必经途径。排序对发展宝宝的比较能力、数概念、序数词以及逻辑思维能力等都有很大帮助，是发展宝宝数学智能的有效方法。

妈妈准备

苹果、香蕉、葡萄等宝宝爱吃的水果，相应的水果图片。

1. 分别让宝宝说出水果的名称。
2. 把水果图片摆在地板上，告诉宝宝这里是水果宝宝的家。
3. 让宝宝把水果一个一个送回"家"。

爱心贴士

1.游戏前，先将水果洗净、擦干。

2.游戏过程中，妈妈可以同时教给宝宝有关水果的其他知识。

智能课堂

儿童心理学家及儿童教育学家根据儿童生长发育特点，提出应从以下几方面对儿童的逻辑思维能力进行培养：

1.学习分类法。把日常生活中的一些东西根据某些相同点归为一类，如根据颜色、形状等。父母应注意引导孩子寻找归类的根据，即事物相同点，从而使孩子注意事物细节，增强其观察能力。

2.认识大群体与小群体。首先教给孩子一些有关群体的名称，如家具、动物等。使孩子明白，每一个群体都有一定的组成部分。同时，还应让孩子了解，大群体包含许多小群体，小群体组合成了大群体。如动物—鸟—麻雀。

3.了解顺序的概念。这种学习有助于孩子的阅读，是训练孩子逻辑思维的重要途径。这些顺序可以是从最大到最小、从最硬到最软、从咸到淡等，也可以反过来排列。

专 家 在 线

还可练习其他物品的分类。一般一次分两种物品，不可太多，以免挫伤宝宝的自信心。生活中需要分类的东西很多，如玩具、实物、图片、卡片等，可以把相同的东西放在一起，也可以按颜色、形状分类。物品的分类要求应随着宝宝年龄的增加和能力的提高及时调整。

适合1岁5个月的宝宝  关键词：灵活性、性格培养

幸福歌——拍拍手，跺跺脚

游戏目的

提高宝宝肢体灵活性。这个游戏不仅能发展宝宝大动作和精细动作的协调性，学习听指令做动作，还能进一步促进宝宝身体运动的灵活性，培养宝宝的节奏感和动感，促进其身体运动智能和音乐智能的发展。

妈妈准备

较大的游戏空间。

1 爸爸、妈妈和宝宝围成圈，以宝宝伸手能拉住爸爸、妈妈的手的距离为宜。

2 爸爸、妈妈唱歌，带领宝宝做拍手、跺脚、拍肩膀的动作。

3 爸爸、妈妈和宝宝先各自拍手和跺脚，拉手转几圈后，爸爸、妈妈轮流和宝宝拍拍手、跺跺脚、拍拍肩。

附：《幸福拍手歌》

如果感到幸福你就拍拍手（跺跺脚、拍拍肩），如果感到幸福你就拍拍手（跺跺脚、拍拍肩）。

如果感到幸福你就把它表现出来吧，如果感到幸福你就拍拍手（跺跺脚、拍拍肩）。

爱心贴士

1.游戏时，转圈的动作不要太大，以免宝宝失去平衡而跌倒。

2.如果宝宝的动作一时不能做到位，请不要着急，慢慢来。

智能课堂

宝宝在唱歌中掌握节拍的方法如下：

1.选择适合宝宝能力的音乐，节拍简单，歌词与乐曲以一字一音为宜。

2.创设环境，培养兴趣。如看音乐节目、听录音歌曲、唱卡拉OK。

3.发现宝宝主动唱歌，不要制止、反对，成人应和宝宝一起唱，激发兴趣。

4.找资料、学方法，有目的、有意识地对宝宝进行指导，发展节奏感。

5.唱歌时按每一句的第一个音来拍打节拍，适合宝宝年龄的歌曲特点一般是第一个音为重拍。

6.成人和宝宝一起边拍边唱，帮助宝宝掌握节拍。

7.注意随机教育。日常生活中，电视节目里的歌曲可以让宝宝伴奏，即打拍子，还可以用跺脚、拍胸、拍腿等方法提高宝宝的律动能力。

专家在线

音乐性游戏往往将有节奏的动作跟说话或唱歌结合在一起。控制这些活动的脑细胞也会调节刺激运动神经，所以这些活动可以培养宝宝控制自己行为的能力。

适合1岁5个月的宝宝  关键词：图画、审美

画个太阳，红彤彤——涂鸦

游戏目的

锻炼宝宝的手眼协调能力。宝宝正处在涂鸦阶段，不一定按照成人的要求作画。这个时期重点是训练宝宝手眼协调能力，只要宝宝能专心涂涂画画，就值得赞赏，画成什么并不重要。通过图画，宝宝可以感受到线条、色彩和形状变化，还可以让宝宝体会美、欣赏美，提高审美水平。

妈妈准备

水彩笔一盒、白纸若干张、太阳挂图一幅。

1 妈妈准备好水彩笔和白纸、太阳挂图，让宝宝说出太阳的形状和颜色。

2 妈妈拿水彩笔在白纸上画一个圆，鼓励宝宝拿起笔来像妈妈这样做。

3 如果宝宝还不会握笔，妈妈可先握住宝宝的小手，在纸上画圈，再让宝宝自己画。

4 妈妈帮助宝宝完成太阳图画，并把太阳涂上鲜亮的红色。

爱心贴士

1.光线要适宜，以免影响宝宝视力。

2.要选择无异味的水彩笔。

3.要注意宝宝的握笔姿势，防止宝宝把笔放进嘴里，确保安全。

智能课堂

培养逻辑思维能力的三种方法：

1.建立时间概念。幼儿的时间观念很模糊，掌握一些表示时间的词语，理解其含义，对孩子来说，无疑是必要的。当孩子真正清楚了“在……之前”、“立即”或“马上”等词语的含义后，也许会更规矩些。

2.理解基本数字概念。在孩子数数时，不能操之过急，应多点耐心。让孩子从一边口里念念有词、一边用手摸摸物品，逐渐过渡到用眼睛“默数”。日常生活中，能够用数字准确表达的概念，父母们应尽量讲得准确。也可用日常生活中的数字关系，帮助孩子掌握一些增加、减少的概念。

3.掌握一些空间概念。父母可利用日常生活中的各种机会引导孩子，比如：“请把勺子放在碗里。”对孩子来说，掌握“左右”概念要难一些。1~3岁被称为宝宝视觉空间发展的“立体期”，是认知发展的一大进步，此时，通过颜色和丰富多变的立体视觉刺激，能够培养宝宝对颜色、形状、立体感的敏锐观察力，刺激其空间智能的发展。

专家在线

面对宝宝的涂鸦活动，不管他涂得如何，父母都不要制止，也不要过早地教给宝宝绘画的规则，毕竟想象力比绘画技巧重要得多。如果父母介入宝宝的涂鸦活动，就会扼杀宝宝天生的直觉与创意。

适合 1岁6个月的宝宝  关键词：分类、思维

一样多——积木分类

游戏目的

锻炼宝宝分类能力。按颜色和形状给积木分类，可以促进宝宝对色彩和形状的辨识能力，引导宝宝形成分类、集合概念。数数，让宝宝初步感知“一样多”的概念。

妈妈准备

各种颜色积木或大粒木质串珠。

1 选形状、颜色各异的积木，和宝宝一起进行分类游戏。

2 先将积木按颜色分类，再按形状分类，教宝宝认识各种颜色和形状。

3 将相同颜色积木摆成一排，让宝宝看看各种颜色是否“一样多”。

4 再将相同形状积木摆成一排，让宝宝看看各种形状是否“一样多”。

爱心贴士

选择无异味、不伤害宝宝身体健康的积木或串珠。

智能课堂

研究表明，婴儿期是人类数学能力开始发展的重要时期，2岁以前宝宝对数量的敏感性就已经存在了。如果成人给孩子足够机会去比较和形容数量，孩子就能够尽早地掌握这些概念。

专家在线

有研究者认为，婴儿天生就有数学理解基础，因此，爸爸、妈妈应及时发现宝宝的数学潜力，运用恰当方式方法引导宝宝发展，为今后的学习打好基础。早期数学能力影响着宝宝思维和认知能力的发展，数学能力在个体生存和发展过程中具有极其重要的意义。

适合 1岁6个月的宝宝  关键词：表达能力、适应能力

公鸡喔喔叫——发音练习

游戏目的

训练宝宝表达能力。宝宝这时只能发一些音，说一些简单词语，但这个时期是宝宝理解语言和对语言产生兴趣的关键时期，丰富的游戏内容可以锻炼宝宝听和说的能力。信息社会对文字、语言的依赖更强，一个有着良好语言智能的人更能适应未来社会的需要。

妈妈准备

公鸡毛绒玩具、大公鸡图片或画册。

1 妈妈拿出大公鸡图片，告诉宝宝："这是大公鸡，它有红红的冠子，美丽的羽毛，多漂亮啊！它是怎么叫的呢？"

2 引导宝宝学公鸡叫："喔喔喔。"

3 让宝宝拿着毛绒玩具，鼓励宝宝学公鸡叫，让宝宝亲亲公鸡的羽毛。

4 还可以拿一些其他动物图片或玩具来学动物的叫声。

爱心贴士

发展宝宝的语言能力，仅靠几次游戏是不够的，爸爸、妈妈可以根据宝宝实际发育的情况，多开展一些类似的游戏活动，让宝宝在游戏中自然而然地发展语言能力。

智能课堂

给孩子一些良性刺激，家长要摒弃命令式的管理，代之以支持孩子、激发孩子的潜能；对他们态度真诚、关心、宽容，使教育过程更富有人情味。积极营造和谐、愉快、充满爱心的家庭氛围。良好的人际关系，是一个人修养的综合体现，而对孩子的影响实质上就是一种"良性刺激"。

美国一位早期教育学家说："不要让孩子的心灵装进恐惧、忧虑、悲伤、愤怒和不满，这些情绪和情感，会危害孩子的神经，导致身心虚弱。同时，孩子会由于这些情感而得病，影响身体健康。要让孩子寄喜悦于明天，高高兴兴地进入梦乡，抱着喜悦和希望早起。"

专家在线

如果宝宝在一个语言丰富的环境中成长，到了3岁他们差不多就能很流利地讲话了。有些在孩童时代失去说话机会的人，比如狼孩，无论他有多聪明，无论通过怎样的强化训练，都无法再学会语言。

适合 1岁6个月 的宝宝

关键词：运动、观察能力

运动宝宝——小动物模仿操

游戏目的

提高宝宝运动能力。在音乐声中运动身体，学习按节奏来模仿动作。在宝宝会爬、会走后，适当地为宝宝创设一些有趣的游戏范例，可以让宝宝的运动技能得到充分锻炼。有针对性的模仿训练可以培养宝宝善于观察事物的好习惯。

妈妈准备

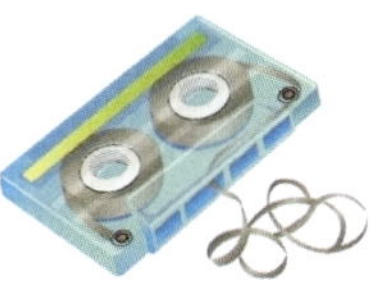

《小动物模仿操》音乐磁带。

1 在音乐伴奏下，让宝宝跟着爸爸、妈妈一边念儿歌一边做小动物模仿操。

2 我学小鸡“叽叽”（两手在嘴前做鸡嘴状，同时跟着儿歌节奏上下点头）。

3 我学小鸭“嘎嘎”（两脚站成大八字，双手置于体侧，五指微微翘起，原地左右摇晃身体）。

4 我学小猫“喵喵”（两手放在嘴前，手心朝前，朝两边摸胡子两下）。

5 我学小狗“汪汪”（双手举在耳旁，手心朝前，跟着儿歌节奏头和手同时上下点动两次）。

6 我学小鸟飞飞（双臂在体侧上下摆动各两次）。

7 我学小兔跳跳（双手举过头顶，随着儿歌节奏上下跳动）。

爱心贴士

研究证实，听经典音乐能加强宝宝用于数学方面的大脑回路，听音乐还能增强大脑用于复杂推理的固有模式。

智能课堂

天才宝宝的五种迹象：

1.讲话早。如果他迅速掌握大量词汇、发音清晰、喜欢刨根问底并具备非凡的理解力，说明他聪明，有潜力。

2.阅读早。关注他识字和识图的过程。他会拿书本自己阅读。

3.喜欢数字。他喜欢数日常生活中的一切东西，如他是否可以数楼梯、来往的车辆？他能记住电话号码吗？他认识书本上的数字吗？他是否很早就开始数数？他能解简单的数学题吗？

4.善于解决问题。他玩那些

适于比他年长的宝宝玩的游戏吗?他能自主解决游戏中的困惑吗?他是否对细节特别感兴趣?

5.能够全神贯注。如果他能长时间地关注一件事情,自始至终,比如完成拼图的时候非常专心和有耐心,说明他有成为天才的趋势。

专家在线

对宝宝的早期培养和训练要因人而异,因材施教,要善于发现宝宝的兴趣、优势和特长,有针对性地加以培养和训练,从而使宝宝能够发展得更快更好。

适合1岁6个月的宝宝

关键词:反应、动作能力

棋子比赛——培养数学兴趣

游戏目的

让宝宝认识多与少,并在训练中培养宝宝的数学兴趣,从而达到提升宝宝左脑数学能力的目的。

妈妈准备

一副棋和一个棋盘。

1 妈妈和宝宝围着棋盘坐下。妈妈让宝宝决定要哪种颜色的棋,宝宝决定好后,妈妈和宝宝各拿好自己的棋子。

2 妈妈说:“开始!”宝宝和妈妈将自己的棋子排列到棋盘上,直到妈妈喊“停”为止,然后让宝宝比较谁排得多,谁排得少。训练可反复进行。

3 当训练结束时,将棋子一个一个收回盒子里,边收棋子边数数。比如,放一个,数一个数;再放一个,再数一个数。这样可使宝宝理解数字。游戏时注意不要让宝宝误食棋子。

爱心贴士

家长应根据宝宝排的棋子数来决定自己排的棋子数，因为要和宝宝有一个明显区别，宝宝排5个，妈妈可排10个。妈妈也可比宝宝排的少，激发宝宝的训练兴趣。

智能课堂

所谓数学智能，就是发现数字的内在含义，并能把“具体事物”转化为“抽象符号”，再进行抽象事物的处理，最后来思考假设与陈述间的关系和含义。孩子数学智能的培养，有助于其在今后数学计算、逻辑思维、问题解决、归纳和演绎推理、对模型和关系的辨别等方面具备发现问题和解决问题的能力。

平时在日常生活中，父母要刻意加强孩子对数字的敏感性。比如，当孩子吃苹果时，你可以告诉他：“妈妈一共买了6个苹果，宝宝今天吃1个。”当孩子穿衣服时，你启发他：“宝宝有2双小袜子，有1顶小帽子。”你带孩子在小区里走，可以有意识地对孩子说：“小区门口停了3辆自行车和2辆小汽车。”在说到数字时可加强语气，以此激发孩子对数字的敏感。

专家在线

训练是宝宝智力发展的动力，它能激发宝宝的求知欲与创造力，是培养和锻炼宝宝的一种手段。训练可以使宝宝掌握一些知识和技能，形成对事物的正确态度，增加自制力。训练还可以提高宝宝的欣赏能力，陶冶他们的情操，并激发想象力。如果进行集体训练，还能增强孩子们的团队意识。

适合1岁6个月的宝宝  关键词：下蹲、耐力

小屁股蹲蹲——捡豆子

游戏目的

下蹲锻炼。宝宝能独立站立、行走后，爸爸、妈妈就应逐渐发展宝宝“下蹲”的能力，这是一种既简便易行又颇具锻炼价值的活动。下蹲的动作，需要宝宝具备更强的身体协调和平衡能力，是促进宝宝身体运动智能发展的好方法。重复性游戏可以培养宝宝细心、耐心地做事，并逐渐养成习惯。

妈妈准备

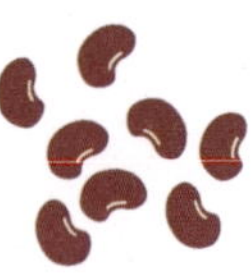

鸡妈妈和小鸡的头饰各一个、红豆若干。

1. 妈妈和宝宝分别戴上鸡妈妈和小鸡的头饰。
2. 妈妈将红豆撒在地上，然后妈妈唱儿歌：“小鸡小鸡，叽叽叽；肚子饿，要拾米；叽叽叽，叽叽叽；吃饱肚子，笑嘻嘻。”
3. 唱完之后，妈妈要引导宝宝和自己一起低头弯腰，头上下动，学小鸡吃米的样子。蹲下拾起地上的“大米”。
4. 到户外玩沙子、捡树叶等都是锻炼宝宝下蹲动作的良好方式。

爱心贴士

1.引导做下蹲动作时，应先教宝宝蹲的方法。

2.捡豆子时注意宝宝不要将豆子放到嘴里。

智能课堂

信任、耐心、责任感、自信心是人最重要的四种品质。

1.信任。对他人有基本的信任是人际交往的基础，也是其他品质特性得以发挥的基础。

2.耐心。那些耐性好、忍受力好的孩子获得成功的可能性要比其他孩子大。

3.责任感。做事情有始有终是责任感的基本体现。

4.自信心。通过学习独立行为，孩子逐渐变得有主见，知道自己想要什么，并且可以为自己寻找一个合理的理由。

专家在线

宝宝运动能力的发展和心智的发展是相互促进的。这个游戏能锻炼宝宝的身体协调和平衡能力，还能促进宝宝手部肌肉发育，从而提高了宝宝的整体智慧。

适合 1岁6个月的宝宝  关键词：关爱、交往技能

妈妈辛苦了——爱心宝宝

游戏目的

培养宝宝了解、关爱家人的能力。了解和关爱他人首先要从和宝宝关系最密切的人开始，让宝宝知道，不光要享受家人给自己的爱，也要爱爸爸、爱妈妈。让宝宝学着感受他人的情绪，关心他人的状况，为其日后建立良好人际交往关系奠定基础。

妈妈准备

家中环境。

1 和宝宝玩“妈妈下班”的游戏。
2 妈妈装作刚刚下班的样子，宝宝拉着妈妈的手让妈妈快坐下。
3 让宝宝用一个塑料杯子或纸杯，给妈妈端来一杯“茶”。
4 让宝宝亲亲妈妈。

附：儿歌《我的好妈妈》

我的好妈妈，下班回到家，
劳动了一天多么辛苦呀，
妈妈妈妈快坐下，妈妈妈妈快坐下，请喝一杯茶，
让我亲亲你吧，让我亲亲你吧，
我的好妈妈。

爱心贴士

亲情、人际交往方面的教养，不能靠说教，只能让宝宝产生情绪体验才会收到好效果。妈妈可以选择一些亲情、交往方面的小故事，讲给宝宝听，让宝宝感受故事里人物的情绪，感受正确的情绪表达和交往方式。

智能课堂

开发智力，引导孩子多向思维。美国著名儿童文学家劳拉在其自传体小说中写了一件小事：一天，父亲给他们姐弟俩讲了一个故事：“有一个人养了一只大猫和一只小猫。为此这个人在门上为大猫凿了一个大洞，为小猫凿了一个小洞。”劳拉的姐姐抢着说：“小猫可以从大洞进出呀！”劳拉却说：“因为大猫不让小猫走大洞，所以凿了两个洞。”父亲听后赞扬他们

谁都比那个养猫人聪明。

劳拉父亲的赞扬是很有道理的，对劳拉姐弟的肯定实际上是在对孩子进行多向思维的训练。许多问题，家长不应只满足于为孩子提供一个标准答案，或者只满足于孩子寻求到标准答案。答案并不重要，重要的是孩子如何寻求答案。何况答案有时并非只有一个。

专家在线

要有意识地培养宝宝与人交往的能力，带宝宝外出做客、和同龄小朋友一起玩，都可以让宝宝在实践中获得交往智能。

第四章

1岁半～2岁宝宝的亲子游戏

1岁半～2岁的宝宝在各方面都有了很大改变，跳跃等大动作开始出现，观察能力也进一步加强。延迟模仿的出现，表明宝宝记忆力在明显增强；语言、动作中开始出现想象的成分。这个时期的宝宝开始表现出一定“独立性”，要对宝宝重点进行情绪和情感的培养。

这个时候的宝宝有了跟着音乐节拍加快或减缓脚步的协调能力，自我主张进一步增强，能够连接单字来表达自己的想法，也能够利用指示代词来指出特定事物或想要的东西。

这一时期家长应经常带宝宝到大自然中去，帮助宝宝认识新朋友，多和宝宝说话，教给宝宝一些生活技能。

适合的玩具有：拼插或组合玩具、玩沙的用具、三轮车或玩水的用具等。

平均发育指数：出生24个月

男孩体重（千克）	女孩体重（千克）
12.24	11.66
男孩身高（厘米）	**女孩身高（厘米）**
87.9	86.6

早教一点通

对宝宝来说，生活就是游戏，同时，从游戏中更可以体验生活。宝宝们天生就具备游戏的能力，透过游戏可以展现他的能力并进行学习。而爸爸、妈妈在参与宝宝游戏的过程中，更可以观察了解宝宝的能力，并针对其需要协助的部分进行辅导。

适合1岁7个月的宝宝  关键词：记忆、观察

我知道——看看是谁用的东西

游戏目的

记忆力培养。宝宝1岁以后记忆力有了很大发展，能记住生活中的一些事情，这个游戏可以帮助宝宝调动自己的记忆储存，强化其记忆能力。观察能力是社会性思维的基础，善于观察、善于归纳有助于提高宝宝的学习能力和生活能力。

妈妈准备

幼儿识物图片和字卡若干张。内容包括：宝宝鞋、图画书、眼镜、摇篮、奶瓶、手表、电脑、报纸、女式服装、手提包、领带等。

1 妈妈出示图片，让宝宝说说这些东西是什么，哪些东西是宝宝用的，哪些是爸爸、妈妈用的。

2 教宝宝认识相应的字卡。

3 妈妈拿出一张图片，让宝宝找出相应字卡。

4 可以根据宝宝能力增加难度，多准备一些图片，爸爸和宝宝一起找，让家庭游戏充满乐趣。

爱心贴士

1.选择宝宝比较熟悉的物品图片。

2.当宝宝不能顺利把图片与字卡对应上时，妈妈不要急躁，以免挫伤宝宝积极性。

智能课堂

告诉孩子“我爱你”。东方人表达情感的方式从来都比较含蓄。但只有最直白的，甚至是夸张的情感表达，才是宝宝能够看得见、摸得着，能让他们从心里觉得踏实的。否则，宝宝会对父母的爱无动于衷，稍大一点的孩子可能干脆认为爸爸、妈妈根本就不爱自己。

爱孩子，父母可以借助肢体语言，如抚摸、拥抱、亲吻、抱着他旋转等表达。因为，某些时候借助肢体语言传递情感，反而比言语更能打动孩子的内心。

专家在线

在日常生活中，妈妈要有意识地给宝宝灌输一些生活常识，并帮助宝宝记住、回忆一些事情。利用生活中的便利条件，随时随地锻炼宝宝的记忆力和观察力。

适合1岁7个月的宝宝  关键词：协调能力、活力

捉蝴蝶——学跳舞

游戏目的

锻炼宝宝肢体协调能力。积极活动身体，学习按节拍进行活动，可以促进宝宝大运动能力综合发展以及反应能力的提高，提高其动作连续性和准确性。音乐和舞蹈都是人们表达情感的形式，让宝宝从小感知音乐和舞蹈的美感，可以激发其潜在的创造力，使生命更富于活力。

妈妈准备

音乐磁带一盒。

妈妈先做示范动作，然后放音乐，配合音乐和宝宝一起做动作。

附：儿歌《捉蝴蝶》

蝴蝶蝴蝶飞飞，（两手在体侧平举，上下摆动）
宝宝宝宝追追。（两手握拳在身体两侧，前后摆动）
青蛙青蛙跳跳，（曲臂两手掌朝前，上下跳动）
宝宝宝宝笑笑。（两手握拳食指朝脸蛋，头左右摆动）

爱心贴士

1.给宝宝选择歌曲和舞蹈时一定要考虑其年龄特点，选择一些与宝宝生活接近的、适合他的曲目。

2.播放《小燕子》、《娃哈哈》、《种太阳》等歌曲，让宝宝自己根据歌曲做动作。

智能课堂

不要把宝宝的艺术潜能简单定位。即使宝宝能够扭扭唱唱或涂涂画画，也不能简单地推断宝宝的艺术兴趣点就在画画或唱歌上。在宝宝早期发展中，兴趣点有可能是

多方面的。因为“儿童的艺术是儿童把握世界的一种方式”，是儿童认识世界、表达自我的一种形式。因此，过早地、简单地把宝宝的艺术表现定位在某个方面，往往会造成宝宝片面发展，对大多数孩子来说，强烈的某方面的艺术倾向并不很明显。

父母要仔细观察宝宝的艺术兴趣点，找出他的艺术敏感点，然后创设相应环境，为宝宝艺术发展的潜在可能向现实转化提供条件。

发展孩子的艺术潜能，关键在于培养孩子对审美要素的感受力。父母要审慎对待宝宝的艺术潜能，对孩子艺术潜能的开发切莫盲目跟风，以免孩子的艺术幼芽在尚未出土之前就已经枯萎。

专家在线

研究表明，音乐体验能同时整合不同技能，从而发展多样的大脑连接，音乐能优化大脑发育，加强多种智能，并能增进宝宝和家人之间的亲情。

适合1岁7个月的宝宝  关键词：想象力、空间概念

搭积木——立体感

游戏目的

发展宝宝手的精细动作和想象力，锻炼宝宝手、眼、脑等器官协调并用的功能，培养宝宝的立体感，从而开发其右脑。

妈妈准备

积木。平时带宝宝出去时，多让宝宝观察周围事物的形状。

1 父母和宝宝一起用积木搭成各种物品的形状，如高楼、火车、小桌子、椅子、沙发、船、小房子等。

2 家长可以先用积木搭一辆火车或汽车，让宝宝说出所搭的物品是什么。

3 然后让宝宝自己搭物品，随心所欲地搭自己喜欢的东西。

爱心贴士

父母可以指导宝宝按积木图示的图案进行造型，启发宝宝的想象力。

智能课堂

如何应对宝宝发脾气？1岁半以后的宝宝在不满意时会发脾气。发脾气时，宝宝会哭、闹、叫、摔东西。发脾气除了可以发泄宝宝的不满情绪外，还是宝宝希望引起别人注意的一种方式。所以父母不要小看宝宝的发脾气，如果处理不好，会使宝宝把发脾气作为要挟大人的手段。宝宝发脾气时，父母不妨试着讲一些有趣的事情，来分散他的注意力。有时宝宝是因为一件事情没有做好而发脾气，本希望得到父母的夸奖，却怎么也弄不好，又不愿意大人来帮忙，结果越弄越糟，越急脾气就越大。在这种情况下，父母对宝宝发脾气要表示理解，同时告诉他发脾气并不能解决问题，等宝宝把不愉快情绪发泄出来之后，再和宝宝一起找出解决问题的办法。

专 家 在 线

给宝宝准备模型玩具。1岁半以上的宝宝好奇心很强，对周围大量的事物都十分感兴趣，如手机、遥控器、插头等。但让宝宝玩这些物品有一定的危险，可以给宝宝买一些与实物外形相似的模型玩具来让他做模仿游戏。

适合1岁7个月的宝宝  关键词：运动、意志

在爸爸身上爬——爬行和翻越

游戏目的

锻炼宝宝爬行能力。这个时期的宝宝虽然学会了走路、跑跳，但爬行对他们来说仍然是一个很重要的活动项目。这个游戏可以训练宝宝的爬行和翻越能力，促进其大脑的发育。攀爬的过程不仅是对体质的训练，更是对意志力的磨炼。意志力强的人长大后能够面对困难，勇于迎接挑战。

妈妈准备

床上或地板上。

1 爸爸俯卧在床上，腰略拱起，让宝宝在爸爸的腿部和背部爬上爬下。

2 多次练习后，爸爸用手臂支撑在床上，跪下，使体位抬高，引导宝宝从爸爸腿部向背部爬行。

3 当宝宝爬到爸爸背部时，让宝宝将双臂绕在爸爸的颈部，爸爸背着宝宝来回爬行，然后将宝宝从背上滑放到床上。

4 在家中准备一块较大的活动场地，让爸爸和宝宝比赛，看谁爬得快。

爱心贴士

1.在游戏过程中要鼓励宝宝大胆向上爬，增强宝宝战胜困难的勇气。

2.宝宝爬的时候，妈妈要在旁边保护，以免宝宝玩得兴起，出现意外。

智能课堂

任性是孩子性格中容易发生的不良倾向，表现为高度以自我为中心，想做什么就做什么，不听劝告。因此，从一开始父母就应该坚持疼爱但不溺爱，遇事要给孩子讲明道理，让孩子懂得做事要符合大家的共同意见，而不是依自己的意见行事。对于处于任性发作期中的孩子，父母可以暂时不予理睬，只要不发生安全上的问题，可以让孩子独处一下，先让他冷静下来，然后讲道理给他听。

专家在线

爬行对宝宝来说是一项较剧烈的活动，消耗能量较大，据测定，爬行要比坐着多消耗一倍能量，比躺着多消耗两倍能量，所以爬行练习能使宝宝吃得多、睡得好，从而促进身体生长发育。

适合1岁8个月的宝宝  关键词：行走技能、挑战性

花样走——走直线

游戏目的

提高宝宝的控制和平衡能力。学习双脚前后交替相接前进，可以有效提高宝宝行走技能，让他感受行走带来的乐趣，增强独立行走的信心。让宝宝从小感受挑战的乐趣能使其心态比较稳定，遇到困难不会慌乱、逃避，从容接受挑战。

妈妈准备

在地上画出一条直线或弧线。

1 妈妈示范走直线。双脚前后相接，即用右脚尖接左脚跟、左脚尖再接右脚跟，交互前进，身体保持平衡。

2 鼓励宝宝走直线，两手侧平举，以保持身体平衡。

3 以后可以在宝宝手上放两个小玩具，要求宝宝走直线时手上的东西不能掉下来。

4 等宝宝熟悉后，还可以走弧线。

爱心贴士

1.刚开始宝宝会觉得比较困难，也达不到要求，不要强迫宝宝，让他走起来就可以了。

2.可以灵活变化玩的方法，不要让宝宝觉得枯燥。

智能课堂

如何训练孩子专心?所谓专心就是集中注意力。对孩子来说，这并不是一件容易做到的事，需要父母对他有意识地培养。而知识、经验和性格等也都会影响孩子的注意力。

兴趣是保证专心的首要条件，父母应为孩子提供丰富的、有趣的游戏材料。如各种可以在内容上配对、连接的语言卡片、数字卡片、生物卡片，各种结构材料（积木、拼图等），各种造型材料（如黏土、橡皮筋、纸盒、木珠、毛

巾、针线等)。有了丰富的材料，才有可能引起孩子的游戏兴趣。

材料的提供应有计划。由于每一种材料都有其不同的游戏方式，因此，家长必须根据一定的目的，有计划地向孩子提供游戏材料，切忌把材料一股脑儿地堆在孩子面前，让他们东抓抓，西摸摸，缺乏游戏的目的性。正确做法是家长应为孩子提供自我探索的机会，让他们独立游戏。

专家在线

运动智能和心智的培养、提高是紧密联系的，妈妈不能仅仅局限在对宝宝身体的机械训练上，要从整体智能发展的角度出发，采用多种适合宝宝的方式进行，丰富多彩的形式才能吸引宝宝积极参与。

适合1岁8个月的宝宝  关键词：综合能力、探索

今天天气真好——踏青

游戏目的

提高宝宝综合运用感官的能力。这个时期的宝宝经过多方面训练，已经具有了良好的综合能力，有意识地引导，将会促进宝宝综合运用感官的能力，并学会观察事物的方法。丰富的刺激和感受，让宝宝领略大自然的神奇和美好，可以提高宝宝探索自然的兴趣和能力，养成善于探索、善于发现的良好习惯。

妈妈准备

春暖花开的时节，带宝宝到郊外去。

1 引导宝宝说出天空的颜色、白云的形状。让宝宝说说风吹在脸上是什么感觉。

2 引导宝宝观察大树的高度、小河的流动，辨别花朵的色彩，听听小鸟的歌声，找一找小鸟的家在哪里。

3 引导宝宝闻一闻空气里泥土和小草的味道。

4 在出游的时候教宝宝念儿歌。

附：儿歌《今天天气真好》

今天天气真好，花儿都开了，
杨柳树儿对着我们弯弯腰，
蜜蜂蝴蝶飞来了，小鸟喳喳叫，
小白兔儿一跳一跳又一跳。

爱心贴士

1.选择郊游的地点不宜太远，以免宝宝途中过于疲劳，失去游玩的兴趣。

2.注意看护宝宝，防止发生意外。

智能课堂

把孩子带到大自然中，感受大自然的博大、神奇和美丽，是让孩子增长知识、开阔心胸、陶冶性情，并对其进行环保教育及生命教育的好机会。

当父母带孩子外出欣赏自然风光时，一定要加以指点，用语言引导孩子如何观看和欣赏，让孩子充分体会自然景色美。可以和孩子一边观景，一边拍些照片，照片可以加深孩子观赏以后的感受。此外，突兀的山峰、瞬息万变的云朵，是让孩子展开想象的好源头，而湍急的山泉、啾啾的鸟鸣，又是训练孩子听觉的好材料。

通过欣赏大自然，更重要的是培养孩子热爱自然、珍惜环境的意识，培养他们热爱动物、保护花草树木的情感，使孩子懂得保护生态环境的重要性。

专家在线

对宝宝的教育要想发挥作用，必须注重环境的创设。要想发展宝宝对大自然的认知能力，就要让宝宝融入到自然中去，去探索、去发现，才能收到意想不到的效果。

适合1岁8个月的宝宝  关键词：运动、开朗

外面真好玩——树叶游戏

游戏目的

动作技能训练。训练宝宝快步走、踩等动作技能，提高宝宝的运动水平，增强体质。玩是宝宝的天性和主要生活内容，快乐的户外游戏，可以让宝宝感受玩的愉悦，收获快乐情绪，从而形成开朗热情的性格。

妈妈准备

选择有落叶乔木的场地，如公园、校园等。

1 妈妈领着宝宝到户外走一走，如公园、校园等，引导宝宝观察树叶飘落的景象。

2 妈妈捡起一些树叶捧在手里，高高地举起再撒下来，说："下雨啦。"

3 让宝宝去抓撒下的树叶，妈妈在前面跑，宝宝在后面追。

4 让宝宝踩一踩树叶，再让宝宝捡起树叶，用一根树枝串起来，玩"卖羊肉串"的游戏。

下雨、下雪的时候带宝宝出去蹚蹚雨水、踩踩雪，听一听小雨"沙沙"的声音和小脚踩在雪地上"咯吱咯吱"的声音吧，你想象不出宝宝会有多么快乐呢！

爱心贴士

带宝宝在户外玩耍，妈妈只要注意宝宝的安全即可，对宝宝玩的方式不要横加干预和指责。

智能课堂

具有较强自然智慧的孩子通常有以下特点：

1.对外面的世界充满好奇心。

2.喜爱观察身边的事物。

3.对小动物感兴趣，爱和小动物玩，喂养小动物。

4.喜欢户外活动。

5.喜欢摆弄小花小草。

6.喜欢玩土或沙子。

7.特别喜欢去动物园、水族馆或是花园。

8.喜欢收集大自然中的物品（树叶、岩石等）。

帮助孩子观察和发现自然界的奥秘，增强孩子的自然智慧，不

仅可以帮助他丰富关于大自然的知识和经验，而且可以让孩子在亲近大自然的过程中体验到自然与人的关系，陶冶孩子的情操。自然智慧的发展也可以增强和促进孩子的好奇心，提高孩子的观察力、分类能力以及探究发现能力，带动孩子其他方面智慧的发展。

专家在线

让宝宝进行身体运动时，必须注意遵循以下原则：

1.运动要适量，不宜过大，要循序渐进。

2.动与静的活动要合理搭配和交替。

3.激烈运动之后不要立即停止。

4.避免在尘土飞扬、空气浑浊的地方进行户外活动。

适合1岁8个月的宝宝

关键词：观察能力、手眼配合

小小降落伞——自由降落

游戏目的

可以锻炼宝宝抛接物体的技能，培养宝宝的观察能力。

妈妈准备

小手帕、线、小石头。

1 引导宝宝自己动手，在一块手绢的四个角上拴上四根等长的线，然后把这四根等长的线绑在小石头上。

2 让宝宝举起手中的“降落伞”，把它往下放，“降落伞”在空中张开，慢慢落下来，宝宝再用手接住。鼓励宝宝调节四根线的长度，观察“降落伞”在降落的时候会有什么变化。

爱心贴士

要注意安全，不要磕到宝宝的头！

智能课堂

观察是有一定目的、有选择、有组织的感觉和知觉，全面、正确、深入、细致地观察事物的能力称为观察力。大约从2岁起，宝宝就具备了初步的观察力。随着年龄的增长和知识的增加，这种能力逐步提高。注意培养观察力是发展儿童智力的一个重要方面，这对于儿童认识事物的特征，找出事物间的联系与规律，以及提高表达能力和学习能力都有重要意义。

专家在线

此阶段的宝宝从会走发展到会跳、会跑，接触外界环境相对增多，心智发展较迅速，语言、记忆及思维想象力、精细动作等发展加快，对外界环境有了好奇心，喜欢模仿，向智能发展过渡。在此期间，父母要科学准确地引导，采取科学有效的培养方法来逐步激发宝宝的各种智能，使他们的心智发展上一个台阶。

适合1岁8个月的宝宝  关键词：运动、独立

我能行——上下楼梯

游戏目的

提高宝宝的整体运动能力。这个时期宝宝的双手和双腿动作的协调性、随意性、灵活性大大增加，这个游戏能够有意识地锻炼宝宝爬楼梯的能力，加强腿部力量，提高整体运动能力。未来社会需要充满独立精神和顽强个性的人才，从小有意识地培养，使宝宝日后能够更好地适应社会的需要。

妈妈准备

一些宝宝熟悉且喜爱的玩具。

1 爸爸、妈妈带宝宝来到楼梯边，妈妈拿着玩具在楼梯上逗引宝宝。

2 鼓励宝宝自己扶着栏杆爬上楼梯拿玩具。过程中妈妈要不断鼓励和称赞。

3 爸爸可站在宝宝身旁给予保护，但是不要牵着宝宝的手走。

爱心贴士

1.楼梯不要太陡，以防摔伤。

2.如果宝宝没有自己扶墙或扶栏杆上楼梯的意识，妈妈可以扶着他的手，逐渐过渡到宝宝自己扶墙或扶栏杆上楼梯。

3.生活中需要上下楼梯时，应鼓励宝宝自己走，逐渐做到宝宝能独自走楼梯。

4.爸爸、妈妈千万不要在宝宝走楼梯时包办代替，但一定要注意安全。

智能课堂

开发孩子的早期智力要根据孩子的年龄和心理特点，要从孩子实际展现出来的情况出发，要循序渐进而不能揠苗助长。父母应尽可能为孩子创造一个良好的学习环境，鼓励孩子多提问、多动手、多思考、多创造。

有些父母只注意开发孩子智力，却忽视了对孩子非智力因素的培养。其实，非智力因素对孩子智力发展有很大影响。非智力因素包括性格、兴趣、情感、意识、意志、品德、精神状态等。

孩子智力的发展以3岁前最快，也最重要。3岁以内的孩子最好与父母一起生活，不要与父母分开，否则也会影响孩子智力发展。

专家在线

采取以鼓励表扬为主的教育方法，能够促进宝宝优点的发展，激发宝宝巩固优点的愿望，培养其良好品质的形成。

适合 1岁8个月 的宝宝

关键词：安全、辨别能力

小兔子乖乖——不能给陌生人开门

游戏目的

安全教育。给宝宝创设安全舒适生活环境的同时，还应加强安全意识教育。这个游戏，可以提高宝宝的警惕性，让宝宝明确“不能给陌生人开门”的简单道理。潜移默化的教育可以使宝宝增长分析事物的能力，提高辨别能力，为今后的学习和生活打下良好心理基础。

妈妈准备

家中或室外较大的游戏空间。

游戏步骤

1 妈妈教宝宝唱《小兔子乖乖》的歌谣，让宝宝了解故事情节。“小兔子乖乖，把门儿开开，妈妈回来，快点开开；不开不开，不能开，妈妈没回来，谁来也不开。”

2 宝宝装扮成兔宝宝，妈妈扮作兔妈妈去采蘑菇，和宝宝说“再见”。

3 爸爸装扮成大灰狼，捏着嗓子说：“小兔子乖乖，把门儿开开，我是妈妈。”

4 宝宝说：“啊，是妈妈回来了！”跑去“开门”。

5 “大灰狼”一进门，就把宝宝“吃”了。

6 再进行第二遍，宝宝就说：“你不是妈妈，不给你开门。”

智能课堂

孩子在和我们交谈时，可以从我们的语调里得到比词语更多的信息，因此，在和孩子说话时，我们不仅要注意自己说什么，还要注意怎么说。正确的语调应该是平等的、坚定的，但在现实生活中，父母常用一种不寻常的语调和孩子交谈。有时语调中充满训斥的口气，有时语调中掺杂哄人的口气，有时语调中带着甜腻的口气，有时语调中出现冰冷的口气。也就是说，年轻的父母常用不恰当的口气来诱导孩子合作或拒绝与孩子合作，这都是不正确的。各种不寻常的语调，实际上是因为缺乏对孩子的尊重，缺乏平等的观念，缺乏友好的态度。为了便于比较，父母不妨想一想，自己和朋友交谈时，使用的是什么语调?

父母用正确的语调和孩子交谈，可以及早建立父母与子女之间的和谐关系，养成相互交流思想、交流感情的习惯，养成有问题共同协商、共同寻求解决方法的习惯。

爱心贴士

1.家人要和宝宝多接触，让宝宝能够熟识家人和朋友。

2.让宝宝了解什么是陌生人。

专家在线

安全教育是让宝宝有避害意识的教育，是一种积极的预防手段。妈妈应利用平时的生活对宝宝进行安全教育，且要长抓不懈，才能在宝宝心中建立起明确的安全意识。只有使宝宝心里真正明白，才能达到目的。

适合1岁9个月的宝宝  关键词：灵敏性、主动性

点点豆豆——抓手指

游戏目的

锻炼宝宝动作的灵敏性。研究表明，大脑皮层的成熟程度随手指运动的刺激强度和时间而加快。因此，宝宝手指的灵活运动，是提高大脑两半球皮质机能的有效手段。互动性游戏强调宝宝的参与感和主动性，让宝宝在玩的过程中感受参与的快乐，提高自我意识。

妈妈准备

室内或室外适宜的环境。

1 妈妈把宝宝抱在怀里，用左手握住宝宝的一只手。

2 妈妈用右手食指点点宝宝的手心，一边点一边念儿歌："点点豆豆，豆子长大，长大开花，开花结豆，一抓一把。"让宝宝跟着妈妈念。

3 说到"一抓一把"时，让宝宝立即握拳，设法抓住妈妈的食指。

4 也可以互换角色，让宝宝来点豆，妈妈来抓宝宝的手指。

爱心贴士

游戏中应视宝宝的反应灵敏度调整妈妈说儿歌的速度，应该让宝宝能抓住妈妈手指几次，以提高宝宝游戏的兴趣。等宝宝真正能抓住了，妈妈可以再加快速度，训练宝宝的反应能力。

智能课堂

婴儿出生时，其脑细胞之间联系不够紧密。后来，因为受到周围环境多种刺激，脑细胞之间渐渐地发生了更多的联系。这时候，重复是非常重要的。重复，可以使细胞和细胞之间的联系更紧密，便于形成良好信息传递回路。如果缺少刺激，脑细胞的生成就很低劣，回路功能也就很糟糕。

到了6岁左右，回路便基本形成。6岁以后，无论再给予多么好的学习环境，这个回路也无法更改了，培养畅通无阻的信息传递通道的可能性已经不复存在。

即便是通过0岁教育出色地打开了大脑回路，使孩子的能力得到了快速发展，也还必须经常性地给予相应刺激，否则，孩子就会停滞不前。只有

给予恰当刺激，孩子的能力才会被强化，大脑才会非常活跃地生成回路，而且其组合也相当复杂。

专家在线

宝宝玩游戏往往不懂得节制，常玩到筋疲力尽或感到厌烦时才肯停下来。如果妈妈能控制宝宝的游戏时间，就可以调节他身体的节奏。早上玩消耗很多体力的游戏，下午就玩有关情绪或感觉的游戏；早上在房间里安静地坐着玩，下午就在外面快乐地嬉戏。此外，必须注意的是，在饭后1个小时之后，才能开始玩有关身体运动的游戏。

适合1岁9个月的宝宝  关键词：动作发育、创造力

五颜六色的小手——印画

游戏目的

锻炼宝宝手的精细动作。这个时期的宝宝动作发育更加成熟，需要学习一些复杂、技巧性的动作。印画游戏，可以让宝宝手部动作更加协调，更加巧妙，丰富宝宝的生活，让宝宝在生活中得到更多体验和更多经验来丰富其想象力，从而使宝宝具有超凡的创造能力。

妈妈准备

白纸、颜料一盒。每一种颜料的调色盘中放一块海绵，以控制蘸颜料的量。

1 妈妈示意宝宝用一只小手在颜料盘里蘸上红色（或者黄色）颜料，印在白纸上。

2 让宝宝观察小手留下的痕迹。

3 让宝宝用另一只小手蘸另一种颜色的颜料，印在白纸上。

4 用纸巾把宝宝的手擦干净，让他随意蘸取颜料，在纸上印画。

5 妈妈和宝宝一起欣赏宝宝的大作，让宝宝说说那些小手像什么图案。

爱心贴士

给宝宝穿一件旧衣服。如果颜料弄到脸上，可以带宝宝照照镜子后再洗干净，让他看看自己的大花脸，宝宝会更开心。

智能课堂

图画是发展宝宝空间智慧最重要的方式之一。通过图画，宝宝不仅可以感受线条、色彩、形状的变化，还可以体会美、欣赏美、锻炼视觉敏感性和审美能力，同时用这一方式来表现物体，表达自己的感受。

1～3岁的宝宝已经可以涂鸦了。可以让宝宝自己乱涂乱画，通过画画来帮助宝宝建立大小、形状、颜色等概念；不要在意他画什么，画得像不像，要充分创造机会让宝宝涂鸦。用不同的绘图工具，让孩子体验到不同色彩的运用、搭配以及呈现出的不同效果，让宝宝学习借助色彩、线条、图案表达自己的想法和情感。

专家在线

想象力对人类的创造性活动有着重要意义，无论是学习、科学发明还是生产实践，都离不开想象力，因此，从小培养宝宝的想象力也就具有了重要意义。

每一次游戏后，把印在纸上的图形剪下来，贴在一个不用的旧本子上，写上日期，记住宝宝涂鸦的日子，也可以引导宝宝观察小手在慢慢长大。

适合1岁10个月的宝宝  关键词：认识能力、文字

认一认——认识自己和他人

游戏目的

提高宝宝认识能力。不断强化宝宝对五官、四肢的认识，有助于宝宝增强对自身的认识，通过游戏训练还可以让他更广泛地认识周围事物。从小建立宝宝对文字的兴趣，有助于其今后的识字、阅读和写作，为其成为一个善于运用文字表达的人打下基础。

妈妈准备

眼睛、鼻子、嘴巴、手、脚、妈妈、爸爸、宝宝、奶奶、爷爷等字卡若干张。

1 妈妈指着自己的眼睛，告诉宝宝这是妈妈的眼睛，并出示相应的“眼睛”字卡。

2 妈妈问：“宝宝的眼睛在哪里？”让宝宝用小手指眼睛，并从若干字卡中找出“眼睛”字卡。

3 以此类推，让宝宝认识鼻子、嘴巴、手、脚、妈妈、爸爸、宝宝、奶奶、爷爷等字形。

爱心贴士

1.由于宝宝注意力持续的时间不长，所以，一次游戏的时间不宜太长。

2.字卡数量可以根据宝宝识认水平而定，可由少到多逐渐增加。

智能课堂

可能爸爸、妈妈觉得宝宝太小，思考都不是很经常的，更别说自知了。其实，宝宝是有自知能力的，并且有些自知能力是要靠我们后天来培养的。

人的视线范围是有限的，某些东西无法看到，比如我们无法看到自己的整体形象，于是我们使用镜子。让宝宝认识自己的时候，我们不仅需要让宝宝认识局部，还需要让他们认识到整体，所以，建议在宝宝的活动室里装一面镜子。镜子的高度最好在宝宝的视线范围内，这样宝宝在活动的时候可以看到自己的身影，加深宝宝对自己的认识。

爸爸、妈妈在让宝宝认识自己的身体时，也可以用这个镜子来讲解。平时也可以在镜子前面进行一些需要宝宝看表情的游戏。

要发展自知智慧，首先要从认识自己开始，而要认识自己首先要从认识自己身体开始。只有认识了自己的身体，才会对自己这个存在有更深的感受。

专 家 在 线

识字多少不能作为判断宝宝是否聪明的标准。有些爸爸、妈妈强行把小学生的教材灌输给宝宝，这种做法无异于揠苗助长，对宝宝日后主动学习和良好学习习惯的培养都是不利的。

适合1岁10个月的宝宝  关键词：运动能力、集体意识

找朋友——和小伙伴一起玩

游戏目的

提高宝宝整体运动能力。这个游戏包括了蹲、走、敬礼、握手等多种动作，可以训练宝宝肢体动作的技巧和整体运动能力。集体性游戏可以让宝宝体会到和爸爸、妈妈在一起所体会不到的乐趣，树立朦胧的集体意识。

妈妈准备

户外，几个年龄相当的小朋友。

1. 小朋友蹲着围成一圈，由一个小朋友来找，“找呀找呀找朋友，找到一个好朋友，敬个礼，握握手，你是我的好朋友，再见”。
2. 找到后做敬礼、握手、再见动作。
3. 然后再换另一个小朋友来找。
4. 爸爸、妈妈可以加入，跟小朋友一起唱歌，一起做游戏。

爱心贴士

1.妈妈要鼓励宝宝加入到同龄小朋友中去，不要因为担心磕碰或发生冲突而让宝宝自己一个人玩。

2.开始时宝宝不知道怎样加入，可以帮助他向小朋友介绍自己，也认识一下其他小朋友。

智能课堂

情商是指一个人对自己和他人情绪的认知和控制能力的商数。与智商相比，情商的遗传成分要少得多，主要是后天形成的。这就意味着无论你的孩子天赋如何，都可以从幼儿时对情商进行培养，帮助他创造成功人生。

为孩子创造人际交往的条件。家里来了客人，父母要让孩子相识相伴。孩子耳濡目染就会逐渐学会待人接物之道。父母也要适当地带孩子参加一些聚会、晚会，让孩子见识各种场面，学习与各种人打交道的方法。使孩子增长见识，从而使孩子在与人交往时变得落落大方。

鼓励孩子参加各种集体活动。在集体活动中，让孩子和同龄小朋友一起活动，互相教会怎样玩耍、怎样相处、怎样生活。

专家在线

都市生活使人与人之间的交往大大减少，对宝宝来说，跟别人接触已经不是很容易的事了。所以，爸爸、妈妈要给宝宝多多制造一些与人接触的机会，让宝宝在实践中获得交往技能。

适合1岁10个月的宝宝  关键词：精细动作、自立

剥香蕉、吃香蕉——自己动手

游戏目的

训练宝宝手指精细动作。鼓励宝宝自己动手，在游戏中掌握简单的生活技能，锻炼手指精细运动，体验自我服务的快乐。生活自理能力的练习，会帮助宝宝成为一个独立的人。

妈妈准备

香蕉、纸篓。

1 吃水果的时间到了，妈妈拿出香蕉来，告诉宝宝想吃香蕉自己来剥皮。

2 妈妈鼓励宝宝尝试着自己动手剥香蕉皮，剥开后妈妈要鼓励宝宝。

3 请宝宝给妈妈剥香蕉吃，妈妈要表示感谢，亲亲宝宝的小手。妈妈要真吃，并表现出特别好吃的样子。

4 最后，还要提醒宝宝把香蕉皮扔到纸篓里。

爱心贴士

1.开始时妈妈可以帮助宝宝把香蕉打开一点，不要让宝宝感到太吃力。

2.生活中一些简单的事可以让宝宝自己动手，逐渐培养宝宝的自我服务能力。

智能课堂

1~3岁宝宝正处于发展自我意识的阶段，这个阶段，他们逐渐意识到自己的身体、思想，渐渐地把自己与他人区分开来，交往行为也由无意识变为有意识。但是，宝宝的自我意识发展不是一蹴而就的，需要在生活中积累经验，父母要做的就是帮助宝宝认识自己，然后再教会宝宝认识他人。了解他人首先要从和宝宝关系最亲密的人开始，那就是宝宝的家人，要宝宝关心他人也要从这里开始培养。

1岁开始就可以向宝宝介绍他的一家：高大健壮的是爸爸、勤劳美丽的是妈妈、慈祥和蔼的是爷爷和奶奶，等等。让宝宝认识家人长

相，熟悉家人性情，告诉宝宝大家都是爱他的，他也会感受到大家的爱，并以同样的爱反馈大家。

2~3岁时，可以告诉宝宝爸爸、妈妈叫什么名字，做什么工作，喜欢吃什么，喜欢做什么运动等。将全家人的照片挂在宝宝经常活动的地方，并时时更换，客人来了可引导宝宝介绍讲述。

专家在线

学习与家人分享食物是社会行为的培养。值得注意的是，有的成人逗宝宝分享食物，当宝宝主动产生分享行为时，成人往往不忍心吃又还给宝宝，这样做，使宝宝难以获得分享的愉悦，更学不会分享。

适合1岁10个月的宝宝  关键词：颜色、习惯

每个宝宝都有家——积木游戏

游戏目的

提高宝宝颜色识别能力。颜色视觉的发展为宝宝认识多姿多彩的世界提供了条件，有意识地培养宝宝的视觉识别能力，有助于宝宝更好地观察事物。这个游戏采用拟人化的手法、形象的比喻，使宝宝知道任何物品都有一个家，使用后应该送物品回家，才能保持一个有序的环境，从而使宝宝养成良好的行为习惯。

妈妈准备

红、黄、绿色的小桶各一个，红、黄、绿色的积木块若干。

1. 妈妈和宝宝把积木倒在地板上，把红、黄、绿色的小桶摆在面前，告诉宝宝："小桶是积木宝宝的家。"
2. 妈妈说："哦，天黑了，积木宝宝该回家了，让我们把它们送回家吧。"
3. 请宝宝帮忙分别把红、黄、绿色的积木放到对应的小桶里。
4. 还可以把宝宝各种颜色的小袜子打乱后放在一起，让宝宝找出同一双袜子的两只，进行"配对"游戏。

爱心贴士

如果宝宝放错了，妈妈可以提醒宝宝再看一看，并给予适当提示。

智能课堂

良好生活习惯是从小养成的，让孩子学会收拾玩具，应注意以下两点：

1. 固定地方。给孩子一个专门放玩具的地方，可在孩子卧室里布置一个玩具区，提供几个柜子放玩具。如果孩子没有自己的房间，也可在客厅的某一角落布置一个玩具区，利用收纳盒或纸箱，将玩具按照类别分别放入不同盒子内。有些家庭习惯把孩子的所有玩具放在一个大桶或大纸箱中，孩子想要找一样玩具时，就会把整箱、整桶的玩具倒出来。这样对于培养孩子的好习惯是不利的。

2. 持之以恒。父母要有足够的耐心，最好常常带着孩子一起做，一旦孩子有进步、达到要求，就应该给予称赞和肯定。

专家在线

应多尝试把游戏与日常生活结合，如整理图书和玩具。每天睡觉之前，提醒宝宝检查各处，是否还有什么物品没有回家，妈妈和宝宝一起动手把它送回原处。长期坚持下去，将有助于宝宝养成良好生活习惯。

适合1岁11个月的宝宝

关键词：协调能力、鉴赏力

小艺术家——树叶作画

游戏目的

提高宝宝协调能力。手的动作能力不仅是促进大脑发育的途径，更是宝宝日后独立生活的行为基础，这个游戏可以训练宝宝双手配合协调动作的能力，提高手部运动的随意性和准确性。锻炼宝宝对构图、线条、色彩的敏感性，有助于宝宝创造性思维和想象力的发展，从而培养较高的艺术鉴赏力。

妈妈准备

树叶、糨糊、纸张。

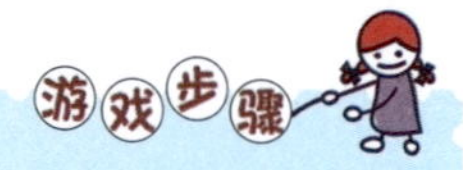

1 爸爸、妈妈带宝宝去户外捡拾树叶，一边捡一边和宝宝一起欣赏树叶的色彩和形状。

2 把树叶装到袋子里带回家。

3 妈妈在纸上画一个大树干，和宝宝一起来给树干贴上树叶。

4 妈妈教宝宝用大拇指和食指合作，将大树叶撕成许多小树叶，然后用拇指和食指将小树叶一张一张地蘸上糨糊，贴在树干上。

5 把多余的糨糊用抹布擦干。一起来和宝宝欣赏你们的大作吧！

6 让宝宝挑出一些好看的树叶，把它压在镜框里，就成了一个很好的装饰品，把它当做宝宝送给爸爸、妈妈生日的礼物也不错哦！

爱心贴士

宝宝掌握了树叶画的制作方法后，可以让他们自己创意，随意拼贴，妈妈不要限制过多，以免挫伤宝宝的积极性。

智能课堂

拥有良好视觉空间智慧的孩子会喜爱做下面这样一些活动和游戏：

1.自己复制图形，涂鸦，描画和涂色；

2.玩一些建构和拼插的玩具；

3.把相同或不同色系的颜色和物品混合和搭配起来；

4.为自己精心选择衣帽搭配；

5.喜欢看录像片和照片；

6.喜欢玩字谜游戏。

当做父母的发现自己的宝宝非常喜欢玩这些游戏时，一定要多多鼓励，经过精心培养和引导，说不定孩子将来会成为艺术家呢。

专家在线

当宝宝拿着他的作品与你分享，满心期待能得到你的肯定时，千万不要用爸爸、妈妈的高标准来评判他们的作品，或责备他们。妈妈应学习多使用能传递正面信息的语言赞美宝宝，如：“你用了好多的颜色，有红色、蓝色和黄色，色彩真丰富！”正面信息能让宝宝获得鼓励，继续表现好行为，并强化好行为。

适合1岁11个月的宝宝  关键词：空间、思维

看天空——太阳、月亮、星星

游戏目的

培养宝宝的空间感知能力，并开发宝宝的右脑空间想象力。

妈妈准备

分别选择在晴朗的白天和晚上带宝宝到屋外。

1 白天，带宝宝到屋外。问宝宝："天上有什么呀？"宝宝回答："太阳、云彩。"

2 再让宝宝观察云都像什么。宝宝一定会回答像他熟悉的东西，如小狗、汽车等。

3 晚上，带宝宝到屋外。问宝宝："天上有什么呢？"宝宝回答："月亮、星星。"家长可顺便给宝宝讲讲牛郎织女的故事，重点可放在牛郎担着两个孩子找妈妈织女时两个孩子如何想念妈妈。讲完后，可观察一下宝宝的反应。

爱心贴士

晚上进行此训练时不宜太晚，以免影响宝宝休息。

智能课堂

宝宝的自我意识逐渐增强，很多事都要自己做，并且不喜欢大人的管束。家长要正确对待宝宝这种独立意识的萌芽。宝宝已逐渐意识到自己和他人的区别，试着用"我"代替自己的名字。这标志着自我意识开始有了质的变化。这时的宝宝已经有了一定的是非观，他会发现一些看起来明显错误的事物。比如，当你故意把斑马叫做长颈鹿，把鼻子叫成嘴巴，宝宝就会因此而开心地大笑，并且很喜欢纠正大人的错误。他也能发现自己的布娃娃掉了一只鞋子，墙上多了一块污渍等。这说明宝宝的观察能力也提高了。

专家在线

一个人对一个事物产生了兴趣，自然会全神贯注地钻研、探索，甚至达到入迷的程度，这个过程也能开发智力。不过由于宝宝兴趣还不稳定，父母不宜过早对宝宝进行定向培养，应在支持他某一兴趣的同时，引导他全面发展，使他既有特长也不褊狭。

适合 1岁11个月 的宝宝

关键词：语言能力、记忆力

讲见闻——描述事情

游戏目的

训练宝宝连续讲述一个事情的能力，培养宝宝的语言连贯性，从而提高其左脑语言能力。

妈妈准备

父母可以先让宝宝干一件事情或去一个地方，如周末带宝宝去动物园等。

1 当宝宝回到家后，父母可以启发宝宝做较完整的讲述。

2 比如什么时候，和谁去哪里，都看见了什么，等等。

3 可以反复两三次。

爱心贴士

对接触过的实景与实物的讲述，可有效促进宝宝的语言能力发展。

智能课堂

20个月以后宝宝的口语词汇量突飞猛进，到24个月时有可能达到近千个，能叫出日常见到的大多数事物的名称，与大人交流已基本没有困难，也开始提出更多的要求和问题。他能准确地说出自己及爸爸、妈妈的名字，自己的年龄、性别，如果你教得更多，宝宝还会记住更多。他已经开始使用“现在”、“一点儿”、“特别”等副词，来更精确地表达自己的意思。

专家在线

一开始，宝宝很可能是断断续续地讲述，父母要逐步要求宝宝较完整地讲述一件事情。

适合 1岁11个月 的宝宝  **关键词：** 手眼配合、思维能力

扑克牌，我会玩——分类和接龙

游戏目的

提高宝宝手眼配合能力。这个游戏通过训练宝宝对颜色、图形、数字的识别和分类能力，锻炼了宝宝手眼配合的能力，促进宝宝整体动作的进一步发展。分类是宝宝学习数学的重要内容，分类活动体现了宝宝的概括能力，是逻辑思维发展的一个重要标志。为宝宝数学智能的发展奠定了良好基础。

妈妈准备

一副扑克牌。

1. 妈妈把扑克牌打开，给宝宝演示分类方法。按颜色可分为红、黑两色；按花色可分为红心、方块、黑桃、梅花四类。
2. 妈妈找出一张红（黑）色的纸牌，让宝宝把其余红（黑）色的纸牌找出来和它放在一起。
3. 妈妈分别找出红心、方块、黑桃、梅花四张纸牌，让宝宝去找同样花色的纸牌。
4. 教宝宝把同样花色的纸牌按照从1~10的顺序排好。

爱心贴士

宝宝的耐心和注意力有限，开始时不要期望宝宝能把所有的类别都分出来，只要让宝宝懂得游戏规则，找到规律即可，可以分几次玩。

智能课堂

大多数孩子，特别是男孩子，都有一个强烈愿望——希望和爸爸一起玩。事实上，经常和爸爸一起玩对孩子有很多好处。爸爸陪孩子一起玩，除了要让孩子玩得开心、玩得尽兴外，更重要的是要引导孩子在玩中学，学中玩。在玩的过程中要注意观察，随时发现孩子在语言、绘画、音乐等方面具有哪些潜在的

天赋，以便日后因势利导。在玩的过程中还要不断树立父亲的形象，让孩子感到自己的父亲是一个宽容、刚强、勇敢、慈爱的父亲。

爸爸和孩子一起玩的时候除了要有耐心，还要有一颗童心，同时还要不断丰富自己的知识，学会以孩子的思考模式来玩和解决问题。

专家在线

培养宝宝自信的四个建议：

1.即使小事也要称赞；

2.制造一些机会，让宝宝能够自己解决问题；

3.禁止批评与嘲笑；

4.不要比较。

适合1岁11个月的宝宝

关键词：跳跃、自信

勇敢的小伞兵——从高往下跳

游戏目的

提高宝宝跳跃能力。跳跃运动对骨骼、肌肉、肺及血液循环系统都是一种很好的锻炼，可以使宝宝长得更高、更壮、更健康。这种运动对淋巴系统也很有益，能够增强宝宝的免疫力。 宝宝这个时候可以独自行走、独立完成跳跃等有难度的动作，自我意识大大提高，逐渐对自己建立起自信心。

妈妈准备

较大的游戏空间，室内和室外均可。

1 将被子叠成10厘米左右的高度，让宝宝站到上面双脚往下跳。

2 在户外，找一个有小台阶的地方，让宝宝从台阶上跳下来。

3 根据宝宝运动发展的情况，适当增加台阶的高度。

爱心贴士

1.游戏的第一步最好在家中进行，因为直接在较硬的地上跳跃，宝宝的膝盖和腿部可能会受伤。先让宝宝在室内练习，有利于提高宝宝的胆量和跳的技巧。

2.户外台阶高度要以宝宝的跳跃能力而定，爸爸、妈妈要不断鼓励宝宝，增强宝宝的自信心。

智能课堂

1~3岁运动智慧好的孩子具有以下特点：

1.孩子仍然在学习走路阶段，从能走几步到能够独自走路了。

2.会走楼梯，玩倒着走的游戏。

3.能蹲着玩，会钻爬，会玩滑梯。

4.可以骑三轮车和其他大轮玩具车。

5.开始学跑，快3岁时出现腾空跳跃阶段。

6.喜欢从楼梯或台阶上往下跳，开始短距离地跳跃，能单脚跳或双脚腾空跳。

7.用大拇指和另外一根手指提起东西，用勺子吃饭，开始学着使用筷子，能抓着笔涂画。

8.开始抛物，能把球等物体扔出去。

9.能够弯腰捡起一个玩具而不摔倒。

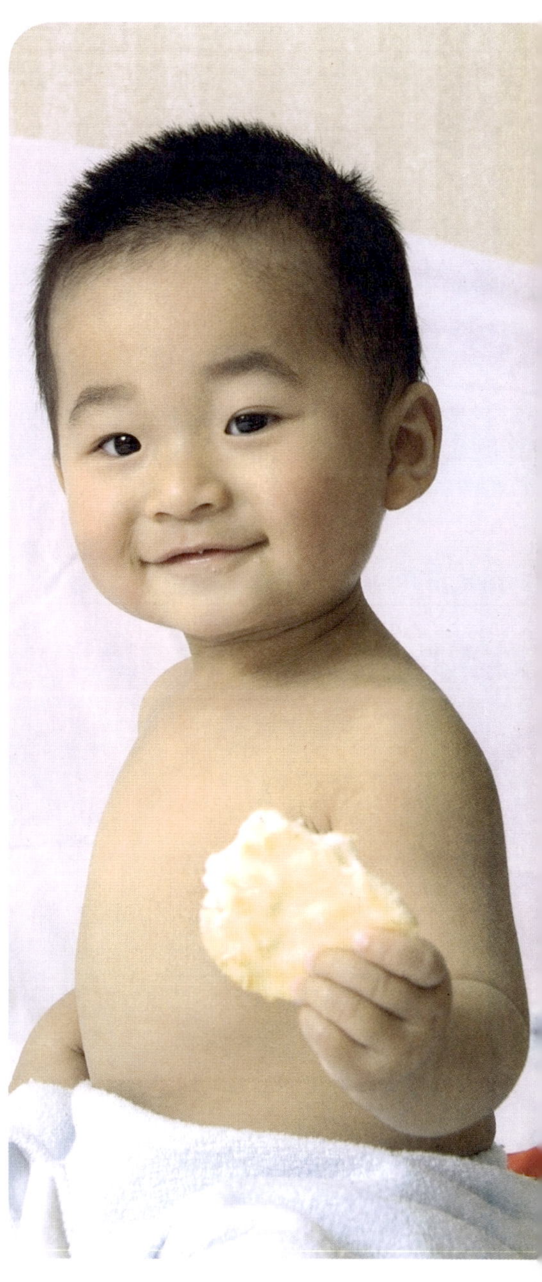

专家在线

跳跃运动之所以如此富有魅力，主要得益于跳跃过程中产生的振动。医学研究表明，人的生命与健康离不开振动。因为人体本身就是由一系列振动系统构成的，如胃的收缩、肠的蠕动、心脏的搏动、肺的呼吸吐纳等。如果宝宝常做跳跃运动，将这种外源性振动与内源性振动结合起来，健身与健脑的效果会更加突出。

适合1岁11个月的宝宝  关键词：生活技能、自理能力

火车进山洞——学会穿裤子

游戏目的

生活技能培养。通过游戏的方式，让宝宝学会穿裤子的方法，锻炼了宝宝四肢灵活性和整体动作的协调性，提高宝宝生活自理能力。适时地让宝宝做一些力所能及的事情，有助于帮助他们树立自信心和培养自立精神，推动综合智能的提升。

妈妈准备

宝宝的裤子一条。

1 妈妈给宝宝穿裤子，先穿一条裤腿，说："火车进山洞啦。"

2 再穿另一条，说："哎呀呀，我迟到啦。"

3 也可以把两条腿穿进一条裤腿中，说："哎呀呀，撞车啦。"赶忙抽回一条腿，穿进另一条裤腿中。

爱心贴士

在教导宝宝学习基本生活自理能力时，应耐心地做清楚而明确的示范，不要心急。

智能课堂

每个孩子的气质类型不同，生活环境和接触的人群也不同，会形成不同的性格。家长要做的就是先了解自己孩子的气质类型，了解孩子的性格，然后让孩子能够了解一些自己的性格，增强自知智慧，这样对孩子今后的集体生活和人际交往都是大有益处的。

性格的形成与孩子的先天气质、后天环境和家长教养方式有密切关系，要想让孩子具有开朗的性格就要从环境和教养方式入手。

给孩子创造舒适的生理心理环境，让孩子能够感觉到自己的家里是温暖的，充满爱的，这样孩子就会学着接受爱，也付出自己的爱，形成善良、热情、开朗的性格。

让孩子在做事过程中体会、感受，并表现自己的能力，这比任何人的夸奖都更让宝宝感到自豪，从这个时候开始，可以让宝宝做一些力所能及的事情。

自信是自知智慧的一个重要表现，只有了解自己才会自信，自信的人清楚自己的身体、能力、性格等，在生活中会更容易获得成功的和良好的人际关系。

专 家 在 线

“帮他不如教他”，给宝宝学习的机会与时间，教宝宝学习自己穿脱衣服、刷牙、洗手、如厕以及收拾玩具等，只要不苛求，不仅能让宝宝养成自动自发、负责任的习惯，还能帮自己省下许多力气呢。

适合 1岁11个月 的宝宝

关键词：知识、观察力

糖和盐去哪儿了——溶化

游戏目的

获得知识经验。通过让宝宝观察不同材料放进水里的变化，使宝宝懂得什么是溶化，帮助宝宝对事物有一个初步认识。丰富的知识经验能促进观察能力的发展，提高观察力水平。

妈妈准备

三个透明的玻璃杯，三张写有沙子、糖、盐的纸签，沙子、糖、盐各少许。

1. 把三个透明玻璃杯分别装上水，外面分别贴上“沙子”、“糖”、“盐”的纸签。
2. 把沙子、糖、盐依次倒入杯中。动作慢一点，量要足，以便让宝宝看到糖和盐逐渐溶化的过程。
3. 对比沙子，让宝宝知道，有些东西是不能溶于水的。
4. 还可以让宝宝尝一尝糖和盐的味道，把杯子上的纸签撕下来，让宝宝根据味道来选择对应的纸签。

爱心贴士

游戏时，宝宝的小手会沾上糖、盐、沙子，叮嘱宝宝不要用手揉眼睛，游戏结束后要立即洗手。

智能课堂

发展宝宝的自然智慧，除了要教他们认识自然之外，还要让他们探索自然，学会各种技能和方法。观察是认识自然的一种重要方法，也是自然智力的一个重要内容。观察一般是通过看、听、嗅、触、尝五种感觉获得对事物的感性经验，并综合得出对该事物的整体印象。家长可以让宝宝分别使用这些器官，然后综合使用感官来观察事物，锻炼宝宝的观察能力。

当自然智慧成为人的优势智慧时，它将能够促进其他智慧和整体智慧的发展，因为自然智慧中的关键能力对于其他能力的发展，以及整个人的发展都能起到很重要的作用。在发展自然智慧时，观察能力、分类能力、反思能力、综合能力等都会得到很好的发展，它们都是儿童重要的思维技能。

专家在线

1.培养宝宝的观察力应从宝宝感兴趣的事物入手，激发宝宝观察的欲望，才能使他进一步进行观察活动。

2.丰富多彩、经常变化的环境能激发宝宝的好奇心，更有益于宝宝发展观察力。活动的物体比静止的更易引起宝宝观察的兴趣。

适合2岁的宝宝

关键词：腿部力量、文字

跳一跳——跳房子

游戏目的

这个游戏能够锻炼宝宝腿部力量，增强身体灵活性，使其体质得到锻炼。运动还能促进脑中多种神经递质活力，使大脑思维反应更为活跃、敏捷，并通过提高心脑功能，加快血液循环，使大脑享受到更多的氧气和养分，从而起到提升智力的作用。

妈妈准备

户外较大的游戏空间，一支粉笔。

1 爸爸在户外水泥地上画三个房子，一个是圆形，里面写“宝宝”，一个是正方形，里面写“妈妈”，一个是三角形，里面写“爸爸”。

2 教宝宝认识形状和字，爸爸给指令，宝宝往相应形状的房子里跳。

3 擦掉房子里面的字，让宝宝凭记忆，按照爸爸的指令跳。

4 妈妈和宝宝比赛（单脚、双脚跳），看谁跳得对，跳得快。

5 也可以在“房子”里面写上数字，让宝宝认识这些数字，并根据妈妈的指令来跳。

爱心贴士

1.宝宝开始可能跳不到位，要多多鼓励宝宝。

2.若宝宝单脚跳跃能力还不够，可先练习双脚跳。

智能课堂

孩子空间知觉的发展是有一定阶段性的。尽管婴儿很小的时候就有方向定位能力，但是要想让宝宝正确区分上、下，左、右，前、后等概念还需要一定时间。宝宝最早知道的是上下概念，到3岁左右开始能够辨认左右方位，有的孩子甚至更晚一些。辨别前后的方位则要到4岁左右了。家长不要操之过急，同时也要注意运用恰当方式去发展宝宝的这种方位知觉，因为一旦宝宝掌握了这些空间概念，对他的其他智慧的发展是非常有益的。

专家在线

运动的宝宝最聪明。运动能使大脑处于最初的启动或放松状态，人的想象力会从多种思维的束缚中解脱出来，变得更加敏捷，因而更富于创造力。

0~3岁是宝宝感官发展最敏锐的阶段，需要各种感官刺激帮助其概念的发展。所以爸爸、妈妈在家中可以为宝宝提供各种运用感官，包括视觉、听觉、触觉、味觉和嗅觉来探索环境的机会，丰富的感官刺激经验是宝宝未来发展抽象化概念重要且不可或缺的依据。

适合2岁的宝宝  关键词：嗅觉、环保意识

闻一闻——空气的味道

游戏目的

嗅觉刺激训练。宝宝的嗅觉发育与视觉、听觉、味觉、触觉等统合感觉的发育同样重要，感觉统合影响着宝宝的身体和心理发育，因此，适当的刺激将有助于宝宝身心健康的发展。通过对好和坏空气的比较，使宝宝认识到污浊的空气对人类是不好的，在适当的知识引导下，树立起朦胧的保护环境的意识。

妈妈准备

雨后或晴朗的天气，户外。

1. 带宝宝到户外，有意识地让宝宝体验不同的空气。
2. 在车辆拥挤的大街上，让宝宝说说这里的空气是什么味道。
3. 在花草树木繁茂的公园，让宝宝深呼吸，说说这里的空气是什么味道。
4. 告诉宝宝："污浊的空气对人身体不好，所以，要保护树木和小草。"给宝宝讲述一些环保方面的知识。

爱心贴士

爸爸、妈妈可随时随地对宝宝进行爱护环境的教育，使宝宝从小树立爱护环境、保护环境的意识。

智能课堂

研究表明，自然观察活动能够使儿童的学习变得更有研究性，并富有个性；有自然智慧倾向的儿童在户外活动中表现特别活跃，能很积极地学习。要发展儿童的自然智慧，就要为他们创设学习的环境。

带宝宝到大自然中去，让宝宝懂得自然能给人带来很多很多好处，但人们如果过度使用自然资源，自然环境就会越来越恶化，人们的生存环境就会越来越恶劣，所以保护自然就是爱护并保护自然中的一切物质和生物。对1～3岁的宝宝来说，家长要注意在生活中让他们爱护花草树木、爱护小动物，不伤害它们，并且尽自己的力量去帮助这些生物，培养宝宝的爱心。平时注意养成不随地大小便、不随地吐痰、不随手扔垃圾的好习惯，做个环保小卫士。

专家在线

对孩子的教育要想发挥作用，必须注重环境的创设，因为对他们来说，生活即是教育。发展自然智慧更是如此，让幼儿融入到自然中去感受、去探索，才会有好的效果。

适合2岁的宝宝  关键词：自然、探索

小风车，转转转——风在哪儿

游戏目的

提高宝宝感知自然的能力。风是无形的，通过风车转动让宝宝感知风的形态和力量，丰富自身对自然现象的感受，有效促进其自然感知智能的发展。大自然的神奇特别容易吸引宝宝的注意力，激发他们的好奇心，从而表现出极大的探索欲，激发学习的潜能。

妈妈准备

一张硬卡纸、胶水、图钉或大头针、筷子。

1 把正方形的卡纸分别对角折好。

2 用剪刀沿着对角线剪至2/3处。

3 将四个角折至中心，并用胶水固定，用图钉或大头针把风车固定在筷子或小木棍上。

4 让宝宝拿着风车摆动、跑动，看看什么时候风车才会转。

5 让宝宝说一下风在哪儿。

6 还可以用彩纸做成三角形和长方形的旗子，固定在筷子或小木棍上，让宝宝感知风吹动的方向。

爱心贴士

刮风的时候带宝宝出门，看看被风吹动的树叶、白云，听听树叶摇动的声音，感觉风吹在脸上的滋味，闻闻风吹来的味道。让宝宝说出自己的感受。

智能课堂

1.培养孩子的观察力。帮助宝宝确定观察目的和任务。比如，在观察杨树和柳树时，家长要提出让宝宝观察的重点：杨树的叶子、树枝、树干是什么样的？柳树的叶子、树枝、树干是什么样的？比一比，杨树和柳树有什么不同和相同之处。

2.培养孩子的观察兴趣。知道宝宝喜欢什么，就可以激发他的观察兴趣了：宝宝喜欢活动着的东西，喜欢色彩鲜艳的东西，喜欢大而清晰的物体和图像，喜欢新奇的、没见过的事物。

3.教给孩子观察方法。观察要有一定的顺序，效果才会好。家长可以让孩子对物体遵循一个由左到右、由上到下、由内到外、由部分到整体的顺序观察，这样才能比较高效地观察事物，提高宝宝的观察力。

专家在线

当宝宝自由表达头脑中的一些稀奇古怪的想法时，他的想象力和表达能力都得到了训练和提高。放纵宝宝的感官世界，当他学会运用感觉器官、学会从不同角度来感知这个世界时，将大大开启他们以前从没有尝试过的一些想法和念头，这也是丰富想象力和创造力的一个关键。

适合2岁的宝宝  关键词：联想、记忆力

故事接龙——讲故事

游戏目的

通过故事接龙的训练，可以强化宝宝的聆听与说话能力，同时给宝宝思考与表达的机会，可以充分启发宝宝的语言智能，从而促进宝宝的左脑发育。

妈妈准备

儿童故事画册，轻松的心情。

1 爸爸、妈妈先选一两本经常阅读的画册，试着引导宝宝进行故事接龙的训练，它可以给宝宝更多语文方面的锻炼。

2 如果宝宝不曾进行过这样的训练，爸爸、妈妈可以先起个头说："从前有一位老爷爷，他住在……"然后请宝宝接叙故事的内容。不论是自创的故事还是耳熟能详的童话，在故事大接龙的训练中，你一定会为宝宝的想象力及创造力感到惊讶。

爱心贴士

如果宝宝不知道该如何开始，家长可以多给予一些提问及引导，让宝宝试着更完整地表达自己的想法。

智能课堂

这个阶段的宝宝，当你问他冷、饿、渴、困时怎么办，他已经能说出穿衣服、吃饭、喝水、睡觉了。宝宝还能完整地背一些儿歌，语言发育快的宝宝掌握的儿歌会更多，当你看到宝宝摇头晃脑地朗诵时，会由衷地感到自豪。有些宝宝语言发育较迟，这时可能才刚刚学习说话，别着急，宝宝的变化是跳跃式的，也许明天你就会惊喜地发现宝宝妙语连珠了。

专家在线

不要再用"儿语"与宝宝交流。宝宝到了2岁以后，大人不能再用简短的语句来与宝宝沟通，要用完整标准的语句来教宝宝正确说话。如见到汽车后，不能再对宝宝只说"汽车"两个字，要告诉他"这是一辆红色的汽车"等。平时可通过给宝宝讲故事、朗读儿歌、看图说话来丰富宝宝的词汇，帮助宝宝练习说话。这个时期，宝宝的语言还不能脱离环境和活动，因此还要注意丰富宝宝的生活，让宝宝广泛接触周围的人和事，使他在和人的交往中发展和丰富语言。

适合2岁的宝宝  关键词：听觉、左脑发育

音乐之声——小小乐队

游戏目的

让宝宝用耳朵听、用手敲打，认识不同材料的不同音色，从而发展宝宝的左脑。

妈妈准备

塑料罐、玻璃罐、铁罐若干个，大纸箱一个，任何可以敲打的棒子。

1 爸爸、妈妈敲打三种不同的罐子，让宝宝用耳朵仔细听听罐子所发出来的声音，然后请宝宝闭上眼睛听，猜一猜是哪一个罐子的声音。

2 让宝宝站在中间，然后爸爸、妈妈从远处敲打其中一个罐子，让宝宝闭上眼睛指出声音的方向。

3 让宝宝用棒子敲打任何东西，包括门、窗、桌子等，了解各种音色的不同。

4 将各种瓶瓶罐罐及大纸箱当成乐器，配上音乐，请宝宝来一场即兴的演奏。

爱心贴士

1.不要让宝宝敲打易碎物品，避免宝宝受伤。

2.要适时给予宝宝赞美，让宝宝更乐意尝试。

智能课堂

妈妈可以利用家里所有可以利用的物品，帮助宝宝学习辨别不同的声音。用不同的物品敲响不同的东西，用相同的物品敲打不同的东西，辨别它们所发出的声音，宝宝会非常喜欢以这种方式认识事物。在宝宝听来，每一种声音都是一串音符。等宝宝学习真正的音乐时，他会把这些来自生活中的音符融入到音乐中去，创造出贴近生活的乐曲。

专家在线

生活中常常伴随着各种各样的响声。例如，下雨天人们常常可以听到隆隆的打雷声，每当有人按门铃，就会发出“叮咚、叮咚”声。听到这些声音的时候，大人都可以跟着重复、模仿，同时，让宝宝也跟着一遍遍地模仿。经常重复，反复练习，不但可以丰富宝宝听声模仿的能力，提高他对各种声音的注意力，还可以提高他对声音的好奇心和敏感性，提高宝宝听觉与动作的统合能力。

适合 2岁 的宝宝  关键词：学习、思维能力

动物宝宝开饭了——找对应

游戏目的

学习能力培养。识字是早期教育的一个方面，但识字并不是目的，真正目的是使宝宝获得愉悦的学习体验，并从中得到一些学习经验。让宝宝了解日常生活中小动物常吃的食物，通过图画和汉字的一一对应，培养宝宝对应事物的能力，提高其逻辑思维能力。

妈妈准备

小猫、小狗、小兔子、鱼、肉骨头、胡萝卜图片和相应字卡各一张。

1 妈妈出示小动物图片，让宝宝说出它们的名称，把字卡和小动物图片放在一起。

2 妈妈说："开饭了，请给动物宝宝摆上它们最喜欢吃的东西吧！"

3 妈妈拿出小猫的图片和字卡，让宝宝找出"鱼"的图片和字卡。

4 依此类推。

爱心贴士

宝宝对图片的记忆能力高于对文字的记忆能力，请给宝宝多一点时间和适当提示让他找到对应的字卡，妈妈不要催促和责备。

智能课堂

宝宝一出生就被包围在一个数学的世界里，在不知不觉中感受着大小、多少、时间、顺序，等等。数学智慧主要包括对数字的认识、分类、排序能力以及空间知觉的发展。充分利用这些生活中的数学，把它们变成对宝宝来

讲有意义的游戏，就可以让宝宝在快乐中学习数学了。

1～3岁宝宝的数学智慧表现为：

1.对数量已经有了初步感觉。

2.开始能够说出一些数字，可以用几根手指来表示自己的年龄。

3.知道初步排序，用更多或更少来区分等级。

4.具备大致计算能力，知道添东西会使物体数量增多，拿走东西则会使物体数量减少。

5.可以背诵出1～10的数字。

6.能用数字来精确地将物体区分出等级。

7.能够进行简单分类。

8.会进行简单计算，能够准确计算出一组数量不多的物体中增减1～2个物体后的结果。

专家在线

宝宝因为某种原因心情不好，或是对爸爸、妈妈发脾气的时候，请不要忽视宝宝的心情。宝宝同样是家庭的一分子，也有自尊心，处理不当会使宝宝的心灵留下无法抚平的创伤。最好的方法是等待宝宝自己平复心情。

第五章

2岁~2岁半 宝宝的亲子游戏

这个阶段，宝宝的发育水平已经明显高于以前，在生长发育的推动下，宝宝的各种心理过程正发生着质的变化,并且运动技巧也有了新的发展，动作日臻成熟，会跑、攀登、钻爬，两手也更加灵活，能玩一些带有技巧性的玩具了。

这个时期也是宝宝不喜欢接受他人帮助的时期，他们喜欢独自一人，想模仿大人的行为举止，什么事都想自己做。

尽管宝宝的独立意识开始萌发了，可他们还是很容易被一些新的情况和情绪弄得不知所措，所以需要爸爸、妈妈规范他们的生活，需要有清楚的、前后一致的信息，来告诉他们可以做什么，不可以做什么。

当宝宝做了不该做的事情时，一定要充分向宝宝说明不能做的理由，要向他率直说明爸爸、妈妈的心情、想法，不要希望一次就能改变宝宝，而是要反复地教育。

准备可以引起宝宝兴趣的玩具，购买能愉快阅读的图画书，也可以和宝宝一起做玩具。选择游戏也要和宝宝的特性相符，不要强迫好动的宝宝玩静态的游戏、文静的宝宝玩动态的游戏。

平均发育指数：出生30个月

男孩体重（千克）	女孩体重（千克）
13.13	12.55
男孩身高（厘米）	女孩身高（厘米）
91.7	90.3

早教一点通

头脑不是一个要被填满的容器，而是一支需要被点燃的火把。在教育孩子过程中，多与宝宝进行游戏，给他们快乐自由和富于想象的空间，使宝宝在轻松中开发右脑的潜力，训练左脑的技能，使大脑的综合能力获得最大限度开发。那么，我们的宝宝就是21世纪智慧潜能开发的佼佼者。

适合2岁1个月的宝宝  关键词：归类、抽象思维

难不倒我——图片分类

游戏目的

练习归类技能。归类技能是宝宝思维能力的基础，通过游戏，可以提高宝宝将事物进行分类的意识，促进智力发展。抽象概括思维能力是智力的核心部分，要想宝宝聪明，从小就要培养他的思维能力。良好的思维能力应该具备广阔、深刻、敏捷的特点，独立性、批判性和逻辑性要强。

妈妈准备

一些动物、水果、蔬菜的图片，如老虎、猴子、狮子、大象、西瓜、橘子、草莓、苹果、香蕉、白菜、扁豆、辣椒、萝卜等。

1 给宝宝看以上图片，让宝宝一一说出它们的名称。

2 宝宝说名称的时候引导宝宝说出它们的类别，比如，宝宝说这是老虎，妈妈问："老虎是动物、植物还是水果呢？"

3 引导宝宝把图片上的动物放在一起、水果放在一起、蔬菜放在一起。

4 这个游戏玩熟了以后，妈妈可以把所有图片放在一起，随意抽出一张，让宝宝说出该图片所属的类别。

爱心贴士

刚开始时要逐渐让宝宝领会妈妈的意图，找到游戏规律，再按照规律来进行游戏。妈妈不要大包大揽，代替宝宝。

智能课堂

研究表明，婴儿期是人类数学能力开始发展的重要时期，2岁以前宝宝对数量的敏感性就已经存在了。如果成

人给孩子以足够机会去比较和形容数量，孩子就能尽早掌握这些概念。生活当中充满了数学，宝宝把他们所接触到的东西——不管是袜子还是彩色铅笔都进行排序和分类，这都是宝宝学习数学的前奏。所以，爸爸、妈妈要为宝宝营造出一个学习数学的良好环境，抓住生活当中的种种小事，适时适当地进行引导，这样，宝宝的数学智慧就一定会发展得很好。

专家在线

思维要借助于词来实现，与语言功能是不可分割的。因此，培养宝宝的语言能力可以促进其思维发展。平时爸爸、妈妈要多和宝宝说话，说话时大人要使用正规的语言，要丰富宝宝的词汇，多提供一些概括性的词汇，如动物、家具、交通工具等，多讲故事。

适合2岁1个月的宝宝  关键词：音乐、情操培养

和妈妈开舞会——学跳交谊舞

游戏目的

体会音乐节奏和旋律。通过音乐智能发展，能够提高宝宝感受、辨别、记忆、改变和表达音乐的能力，同时也促进了宝宝对声音的敏感性和记忆力、注意力的发展。

妈妈准备

优美的音乐磁带一盒，也可以由妈妈自己来哼唱《青春友谊圆舞曲》、《友谊地久天长》等。

游戏步骤

1 放音乐，妈妈站在地上，宝宝站在床上，妈妈右手搂着宝宝，左手抓住宝宝的右手。

2 让宝宝的左手搭在妈妈的肩上，模仿跳交谊舞的姿势，随着音乐前进、后退、旋转。

3 妈妈带动宝宝跳，示意宝宝做一些摇头、旋转、踢腿的动作。

爱心贴士

不要要求宝宝的动作准确，只要跟上节奏即可。

智能课堂

音乐智能是八种智能中最早萌发的一种，通过音乐智慧发展，能够发展幼儿感受、辨别、记忆、改变和表达音乐的能力，同时也促进幼儿对声音的敏感性和记忆力、注意力等的发展。对宝宝发展语言智能、数学智能、空间智能都会起到直接或间接作用。音乐智慧主要是指感受、辨别、记忆、改变和表达音乐的能力，表现为个体对音乐包括节奏、音调和旋律的敏感以及通过作曲、演奏和歌唱等表达音乐的能力。这种智力在作曲家、指挥家、歌唱家、演奏家、乐器制造者、乐器调音师身上有比较突出的表现。音乐智慧在1~3岁幼儿身上的表现则是爱听音乐，喜爱音乐活动，能正确演唱、敲击，能创作简单的音乐并能表演，抒发感情，等等。

专家在线

音乐智能的发展是一个愉快享受的过程，在这个过程中宝宝会得到整体而全面的发展。丰富多彩的音乐活动，能使宝宝情绪愉快，形成良好性格和意志品质，对他们以后的人际交往和自制自省都有帮助。

适合2岁1个月的宝宝  关键词：表达能力、判断力

猜一猜，我是谁——辨别声音

游戏目的

训练宝宝的表达能力。认识动物和它们的叫声可以帮助宝宝增加对这些动物的认识，模仿动物的叫声可以锻炼宝宝的发音能力。在游戏中要引导宝宝说出完整的句子，帮助宝宝把词汇连贯成句子，提高表达能力。让宝宝应用自身的知识对声音进行判断，可以提高他的形象思维能力和判断力，为宝宝建立自信心。

妈妈准备

室内、室外均可。

1 妈妈："汪——汪汪，宝宝在家吗？猜猜我是谁？"

宝宝："你是狗狗。"

妈妈："你真聪明，我们做个好朋友吧！"

妈妈："你听听我是谁？喵……喵……"

宝宝："你是小猫。"

妈妈："猜对啦，我们做个好朋友吧！嘎嘎嘎，我又是谁呀？"

宝宝："你是小鸭子。"

妈妈："宝宝真棒，我们做个好朋友吧！"

2 游戏可以根据宝宝的兴趣进行下去，等宝宝都熟悉了，可以让宝宝学着模仿，妈妈来猜。

爱心贴士

1.宝宝可能认识小动物，但不知道小动物的叫声，平时要注意通过电视等各种途径帮助宝宝了解这些知识。

2.妈妈要发挥自己的模仿力，尽可能形象地模仿出声音，再伴随动作，提高宝宝的兴趣。

智能课堂

研究表明，爸爸内向寡言，孩子很可能也是一样；妈妈个性开朗，孩子很可能顽皮可爱。可见，孩子的情绪、性格与父母很有关系。人的个性与先天遗传有关，但国内外专家均指出后天环境的影响更重要，尤其是父母以及父母所营造的家庭生活。

培养孩子良好的情绪，必须要父母的配合和推动，才可以达到理想的效果。

情绪辅导型父母是较为理想的父母类型，这种父母在情绪的世界里可以为孩子做向导。他们除了接纳孩子之外，会进一步规范孩子的不适当行为，并教导孩子如何调整他们的情绪，寻找合适的发泄渠道，以及时解决问题。

专家在线

"家庭是培养情绪智商（EQ）的第一所学校，有高EQ的父母，才有高EQ的小孩。"每个人对情绪的认知和处理情感的能力，比智商（IQ）更能决定他生活中的多个方面，包括家庭关系的成功与幸福。而这种能力大部分是从父母那里学来的。

适合2岁1个月的宝宝 

关键词：运动、健康

小青蛙——跳跃

游戏目的

提高宝宝运动能力。这个时期的宝宝已经能够双脚离地，做短距离的蹦跳了，让宝宝多练习可以使他熟练掌握蹦跳动作，增强体力，强化运动能力。运动游戏可以锻炼宝宝的意志，提高免疫力，也可以使宝宝情绪愉悦，从而获得健康快乐的身心，为今后的成长打下良好基础。

妈妈准备

室内、室外适宜的环境。

1 爸爸、妈妈面对面坐下，两腿伸开，脚底与脚底相抵，形成一个菱形"小池塘"。

2 宝宝就是一只快乐的小青蛙，让宝宝一会儿在池塘里"游泳"，一会儿从池塘里跳进跳出。

3 也可以在地面上画出一个圆形池塘，爸爸、妈妈和宝宝一起跳跃。

爱心贴士

1.为了提高宝宝的兴趣，可以准备青蛙头饰和其他道具。

2.开始游戏的时候宝宝跳跃的距离不宜过远，时间不宜过长。

智能课堂

孩子总是在不断地向环境挑战，他们老是问这问那，有问不完的"为什么"。孩子问"为什么"，是他们好奇心的表现，是他们急于认识世界的反应，是他们无限创造力的萌芽。

如何回应孩子的好奇心？父母一方面要尊重孩子的提

问，正确回答他们的问题，另一方面则要加强自身的学习，有时甚至可以和孩子一起找资料、查阅书籍。这样既可满足孩子的求知欲，又能培养孩子尊重知识、热爱读书的态度。

对孩子提出的问题，如果一时回答不出来，也要向孩子说清楚，并答应孩子等找到答案时再告诉他，千万不要敷衍了事。即使是一些敏感问题（如有关性的问题），父母也要坦然以对，不要欺骗或斥责孩子。

从孩子的提问中，我们还可看出他们的兴趣，所以，心理学家认为，儿童早期表现出来的兴趣，往往是他们某一方面特殊才能的表面反应。父母应该留意分析，倍加珍惜，积极指导，让孩子的才能得到充分发展。

专家在线

和宝宝做游戏时，妈妈不要分散宝宝的注意力，比如，宝宝不会妈妈来帮忙，或是在游戏中妈妈表现得漠不关心，都会让宝宝的注意力分散。妈妈要抱着“在旁观察”的态度，让宝宝玩自己最喜欢的游戏。能把注意力集中在游戏上的宝宝，对其他事也会很专心。

适合 2岁2个月 的宝宝  关键词：手部运动、形象思维

玩沙子——亲近自然

游戏目的

锻炼宝宝手部运动的随意性和准确性。在游戏过程中宝宝的手部可以随意活动，并经由脑部传输的信息来操作手中的工具，可以促进宝宝的手眼协调性和动作准确性的提高。想象力对人类的创造性活动有着重要意义，无论是学习、科学发明还是生产实践，都离不开想象力，自由的想象有助于形象思维的发展。

妈妈准备

小铲子、小桶、小水壶等玩沙工具。

1 在风和日丽的日子，带宝宝到郊外或附近的地方玩沙子或泥土。

2 爸爸可以指导帮助宝宝挖“山洞”、用小桶扣“蛋糕”。

3 找一些石子铺设一条小路，在“山边”挖一条“小河”，找一些树枝当做小树栽种在“河边”……

4 总之，爸爸、妈妈要多多开动自己的脑筋，给宝宝提出一些需要完成的任务，宝宝的目标明确，玩起来就会十分投入。

5 随着年龄增长，宝宝也会有自己的创意、自己的玩法。

爱心贴士

1.要选择干净松软的沙子，先看看里面有没有尖锐物品。

2.鼓励宝宝和其他小朋友认识一下，还可以交换玩具，让宝宝把自己多余的玩具借给没有玩具的小朋友玩。

智能课堂

大多数孩子都喜欢玩沙，而且玩沙不需要什么花费，就可以玩得津津有味。

当然，这样的户外运动选择场地是很重要的，以公园、海边的沙地最为安全，路边及建筑工地处的沙地则比较危险，千万不能让孩子去玩。玩沙时要让孩子穿上宽松运动装，活动后要及时换洗衣服，玩的时间也不宜过长。夏季可选择早晨和傍晚，并尽量在遮阳处玩，以防紫外线直射。

专家在线

玩沙、玩水是宝宝的天性。神奇的大自然是最吸引宝宝的地方，随着年龄增长，宝宝的探索欲日渐增强，爸爸、妈妈要多带宝宝走进大自然，让宝宝自由探索，不要因为担心弄脏衣服而过多限制宝宝的活动。

适合2岁2个月的宝宝

关键词：语言能力、自信心

自我介绍——与玩偶对话

游戏目的

提高宝宝的语言表达能力。练习自我介绍要基于宝宝对自身的了解之上，这个游戏可以让宝宝将对自己的了解用语言表达出来，锻炼其语言表达能力。

妈妈准备

宝宝平时熟悉的毛绒玩具若干。

1 妈妈拿起一只小兔子玩具，模仿兔子的声音说："我是小白兔，长长的耳朵，红眼睛，我喜欢吃萝卜和青菜，还喜欢蹦蹦跳跳。"

2 让宝宝来介绍自己，请宝宝说出自己的姓名、年龄、长相和自己喜欢什么。

3 妈妈和玩具坐在下面当听众。

4 妈妈可以用笔记下宝宝说的话，然后念给宝宝听。

爱心贴士

宝宝说错的时候，妈妈不要打断，更不要急于责备，让宝宝说完后，再和宝宝重复一遍，此时再指出不准确的地方。

智能课堂

语言智慧主要是指听、说、读、写的能力，表现为个人能够顺利而高效地利用语言描述事件、表达思想并与人交流的能力。这种智力在记者、编辑、作家、演讲家和政治领袖等人身上有比较突出的表现。表现在1~3岁宝宝身上则是：喜欢听各种声音，对声音比较敏感；喜欢模仿他人的声音和语言；喜欢讲话，词汇丰富；喜欢阅读各种图书；喜欢听故事和儿歌；喜欢拿笔涂涂写写。

语言智慧是一种"卓越的人类智力"，它是人类社会不可或缺的一种能力。一切信息的发送、获取都离不开符号、文字，一切关系的建立、维持都需要以语言为媒介。

语言智慧的形成多依赖于后天的教育和练习，所以从小开始注重对孩子语言智慧的培养是明智的。培养语言智慧的同时还能带动和促进其他智慧的发展，最终使幼儿得到全面发展。

专家在线

一般来说，宝宝和爸爸、妈妈相处的融洽度与他和朋友间相处的融洽度成正比。常和宝宝玩游戏可以让他关心自己所处的环境、了解如何处理和他人之间的关系。一般，亲子游戏玩得愈多，宝宝的社交性愈佳。

适合 2岁2个月 的宝宝  关键词：记忆力、观察力

摸一摸，猜一猜——记忆识别

游戏目的

提高宝宝记忆力。这个游戏，实际是对宝宝记忆能力的一种锻炼，宝宝只有在熟识记忆的基础上才能通过触摸来辨别熟悉的物体，通过游戏则可以进一步强化宝宝的记忆。有效、准确的观察力是宝宝学习一切知识和技能的基础，生活中有意识地培养，将能促进宝宝学习能力的提高。

妈妈准备

布袋一个，图书、牙刷、杯子、布娃娃等宝宝熟悉的物品若干。

1 妈妈先将所有的物品摆出来让宝宝看一看，让宝宝说说它们是什么。

2 取一个物品放在布袋里面，让宝宝伸手摸一摸里面的东西，并说出是什么。

3 妈妈把布袋里的物品拿出来看看。

4 如果宝宝说对了，妈妈要装作惊讶地问宝宝是怎么猜中的，鼓励宝宝简单说出理由。

爱心贴士

1.应该选择宝宝日常接触和熟悉的物品。

2.如果宝宝一时猜不出，妈妈可给予适当提醒，给宝宝几个选项。

智能课堂

要想让宝宝学着自尊和尊重别人，父母首先要尊重宝宝，让宝宝体验一下什么是尊重，怎样是被人尊重，怎样是尊重别人。父母平时应注意以下几点：

1.跟宝宝说话时，要蹲下来，看着宝宝眼睛。

2.学会倾听宝宝说话，不要随便武断地打断。

3.对宝宝提出的问题，要认真思考，认真回答，不知道时要告诉宝宝，可以和宝宝一起去探究。

4.宝宝帮父母做事，爸爸妈妈要说“请”、“谢谢”。

5.爸爸、妈妈做错事要勇于向宝宝道歉，说“对不起”。

6.对宝宝许下承诺一定要兑现，如果有特殊情况不能兑现，一定要向宝宝解释清楚。

7.宝宝做错时，允许宝宝有申辩机会，然后进行说理教育，不要直接斥责，甚至打骂。

8.相信宝宝的交往能力，让他自己去交往，去解决问题。

专家在线

两三岁的宝宝就开始有独立意识了，觉得什么事自己都可以做。在这时父母应控制自己的管理欲，只要可能，就应该放手让他自己去做事，而不要因为怕他做错而阻止他，或帮助他，甚至替代他，这样你阻止的不仅仅是一件小事，说得严重点儿，会扼杀他亲历亲为的信心。

适合2岁2个月的宝宝  关键词：分类、概括

红豆豆、绿豆豆——数豆豆

游戏目的

提高宝宝的分类能力。分类是宝宝学习数学的重要内容，分类能力的发展是逻辑思维发展的一个重要标志，通过游戏强化宝宝的分类意识，可以为其今后的数学学习奠定基础。宝宝按照一定要求进行分类，很好地锻炼了他们的逻辑思维和概括能力，潜移默化之中培养了他们做事的条理性和规律性。

妈妈准备

红豆、黄豆、绿豆、黑豆各7颗，水彩调色盘一个。

1 妈妈先将各种豆子混在一起，装在调色盘中央的格子中。

2 请宝宝将豆子一颗颗拣出来，按照颜色分类摆在调色盘外围的格子里。

3 边拣豆子边念儿歌："红豆豆，绿豆豆，我们一起数豆豆，一二三，三二一，一二三四五六七；黄豆豆，黑豆豆，我们一起数豆豆，一二三，三二一，一二三四五六七。"

4 摆好后，妈妈告诉宝宝每种豆子的名称和日常食用方法，例如，绿豆可以做绿豆汤、红豆可以做豆沙包等。

爱心贴士

1.一定要指导宝宝逐一点数豆子，这样有助于宝宝对数字形成具体认识。

2.叮嘱宝宝不要把豆子放进口鼻中。

智能课堂

数学智慧在人一生的发展中占有极其重要的地位，如果没有数学，很多事实和现象以及物体的种种特性都难以被人感知。学习数学可以最大限度地促进逻辑思维发展。良好的数学教育不仅能够促进幼儿认知的发展，而且对幼儿情绪、情感、意志、社会性以及身体发展有着重大的促进作用。数学智慧能够促进幼儿感知觉、观察力等的发展。“数学乃是概念的链条，掉了一个小环，就无法懂得下面的内容。”作为现代基础学科的数学，对孩子日后的发展有着深远意义。

专家在线

宝宝天生对数量就有一定的感觉，早期的数学理解能力可以为其以后掌握更为复杂难懂的数学概念打下坚实的基础。如果在数学学习的每个阶段都能让宝宝顺利度过的话，就能够使下一个阶段的学习变得容易得多。因此，敏感地发现宝宝的数学潜能，进行适时适当引导，是非常关键的。

适合 2岁3个月 的宝宝  关键词：协调能力、应变能力

两只老虎——边唱边指

游戏目的

训练宝宝的身体协调能力。通过生动有趣的歌曲，既可帮助宝宝学习唱歌，又可以促进其身体各部位的协调，进一步刺激大脑神经系统的发展。幼年时的所有训练都是为将来做准备的，准确、快速的反应能力来自于对身体以及大脑的潜能开发，让宝宝将来更加积极地适应社会需要。

妈妈准备

家中地板或床上。

1 妈妈先带宝宝一起认一认身体各个部位，如鼻子、耳朵、眼睛、胳膊、腿等。

2 和宝宝一起边唱《两只老虎》边做动作，唱到相应的部位时用手指着相应位置。

3 把歌词中的眼睛等换成其他的身体部位名称再唱，边唱边指。

爱心贴士

开始时，宝宝或许不会指得很准确，所以节奏不宜太快，等宝宝熟悉了，妈妈可故意加快速度，增加游戏难度。

智能课堂

宝宝生来就喜欢听各种声音，尤其是自己的声音。歌声是美妙的，自己的歌声更是奇特的，歌唱能给幼儿带来许多喜悦和欢乐。2岁左右，幼儿开始自编一些“歌曲”，渐渐地能唱一些他们经常听的歌曲，3岁时就能跟着韵律唱歌了。1~3岁的幼儿，可以学习唱一些歌曲，但是父母要知道，这个阶段宝宝还不能够精确地唱准高音，所以，父母不要过于强调音准和音乐技巧。而应该引导宝宝如何仔细聆听歌声，如何判断音的高低，这样多多练习，一个小小歌唱家就诞生了。

专家在线

身体运动多的宝宝个子会持续长高，因为运动会帮助分泌成长所需的激素，同时对身体各部位也有拉长的作用，骨骼和肌肉都会得到较好的发育。而要分泌较多的成长激素，最好让宝宝一个星期有三四次每次持续10分钟以上的运动。

适合2岁3个月的宝宝  关键词：协调能力、专注力

套娃——套叠玩具

游戏目的

发展宝宝手眼协调能力。套叠玩具非常适合这个年龄段的宝宝，游戏过程既锻炼了手眼协调能力，又让宝宝学会了大小顺序。聚精会神地尝试过程，既可培养宝宝的专注能力，又可强化宝宝的空间感知能力，为今后发展数学能力打下基础。

妈妈准备

一组能按大小次序拆开或套上的娃娃玩具（或套碗、套桶）。

1 妈妈先将套娃拆开，按大小次序将娃娃摆成一排。

2 再由小到大，将套娃一个个套回原样，成为最初的一个大娃娃。

3 指导宝宝拆开并安装套娃，直到宝宝能独立操作。

4 游戏结束时，要求宝宝将套娃恢复原状，放回原位。

爱心贴士

1.宝宝最初自己套装时可能不会很顺利，妈妈要多给予提示，指导宝宝发现规律，千万不要急于求成，令宝宝产生心理负担。

2.开始时，可以先用两个套娃套在一起，宝宝学会后再逐步加大难度。

智能课堂

有较高自知智慧的人，既能够自我了解，又善于自我调节、自我控制。一般来说，一个能很好地控制自己的人便会在生活中获得成功，而这种自我控制能力只能从小培养。

对于1~3岁宝宝来说，让他们专心做一件事情有些难度，但是这种好的学习品质是要尽早培养的。

自我控制中，对自己情绪的控制也是一个重要的方面。学会疏导自己不良情绪是保证宝宝身心健康发展的一个重要手段。当宝宝有不良情绪时，父母要让宝宝把情绪发泄

出来，比如流泪，但不要允许孩子打自己或者打别人；家长坐在孩子身边，温情地抚慰宝宝，让宝宝渐渐平静下来。等宝宝平静了，可以跟他们谈谈到底是怎么回事，帮宝宝分析一下问题和情绪。引导宝宝正确对待这种不良情绪。

专家在线

独立性表现大约在2~3岁变得明显。发展快的宝宝可以做很多事，随着独立意识的增强，宝宝能够独立做好一些日常生活中力所能及的事情。鼓励宝宝做一些和自己密切相关的事情，也会为他养成良好生活习惯以及生活自理能力的进一步发展奠定基础。

适合2岁3个月的宝宝  关键词：协调能力、学习兴趣

宝宝推球走——按线路走

游戏目的

提高宝宝的运动协调能力。按照指定线路推动小球，不仅能锻炼宝宝的运动协调能力，还能培养宝宝按照指令行事。将认识数字和颜色的学习过程融入游戏中，可以提高宝宝的学习兴趣。

妈妈准备

干净、轻便的扫帚一把，红、黄、绿色的球若干，写有数字的纸片若干。

1 把玩具球放在客厅，用两把椅子摆成一个球门。

2 让宝宝拿着扫帚，把球一个一个推到球门中去。

3 也可以让宝宝根据妈妈的指令把球推到其他房间去。

4 妈妈将写有数字的纸片分别贴在球上，让宝宝根据妈妈的指令按照数字把球推入球门。

爱心贴士

1. 妈妈的指令要清楚，不要给宝宝造成混乱，游戏要一项一项地进行。

2. 游戏时间不要过长，当宝宝开始故意不按照指令行事时，可能是厌烦了，妈妈要及时终止游戏。

智能课堂

怎样训练孩子的语言表达能力：

1.看。在教育孩子过程中，要有计划地带孩子直接观察，给他创造条件，采用直观形象的方法，引起孩子学习的兴趣。如，给孩子讲春天的故事之前，先告诉他："春天到了，大树、天气、人、花、草、小动物呀，都有一些变化，看到这些变化，就知道春天来了。你找一找，看一看，春天到了有些什么变化？"引导孩子根据观察判断和亲身体会，讲出自己的新发现。

2.听。培养孩子注意倾听，这是发展他表达能力的先决条件。孩子学习语言，首先就要会听，听得准确、听得懂，然后才有条件正确地模仿着说。为孩子创造"听"的环境，可以是多种多样的。例如给孩子讲故事，和孩子聊天，互相倾听或交谈；带着孩子听多种声音，如乐器的声音、动物的声音……让孩子听后模仿、想象，并讲出他们听到的声音好像在说什么。

专家在线

不要给宝宝准备过多的玩具，玩具太多，会使宝宝的注意力分散，并容易厌烦。宝宝在玩具不足时，才能自己去找可以玩的东西，这样可以培养宝宝丰富的创造力。

适合2岁3个月的宝宝 

关键词：灵敏、观察力

寻宝队员——找玩具

游戏目的

通过这个游戏，可以培养宝宝动作的灵敏度，提高四肢、眼睛、手等各个器官的配合能力。同时促进宝宝观察力的发展，这对其获取知识、认识世界及形成良好的心理品质有着极其重要的作用。

妈妈准备

宝宝平常的玩具若干、大塑料筐一个。

游戏步骤

1 将家中的桌、椅、橱、柜当做大森林，把宝宝的玩具藏在椅子下面、沙发背后、橱柜里面。

2 宝宝和爸爸、妈妈就是寻宝队员，拿着大筐来找宝藏。

3 宝宝和妈妈在前面找，爸爸跟在后面。找到一个玩具后，就由宝宝把玩具扔到爸爸的筐里去，再去找其他的玩具，直到把玩具都找到。

爱心贴士

1.游戏过程中，爸爸可以将筐放在头顶上、胸前、腰间、肩上、脚边等位置，以训练宝宝投物时身体的灵敏度。

2.如果宝宝够不着，妈妈可以托扶，帮助宝宝。

智能课堂

怎样训练孩子的语言表达能力：

1.说。为了发展孩子的表达能力，不但要发展他听的能力，还要培养他说的能力。要给孩子创造说的环境，在说话中练习说话。家长在日常生活中，应利用与孩子接触的一切时机进行交谈，在交谈中建立感情，使孩子无拘无束，有话愿意讲出来。当孩子用词不当时，家长需及时纠正。

2.练。发展孩子的语言表达能力，主要是培养他正确发音、丰富词汇，并能正确运用，教会他按照汉语语法规则讲话。这些内容，都得在语言实践中学习、掌握。这就要让孩子多练习，重复地练习，逐步掌握。给孩子提供多练习的机会，创造练习环境。孩子发音不准，家长要注意及时纠正。只要孩子肯练，他就能掌握得更快、更好。

专家在线

培养具有领袖气质的宝宝，妈妈的7个好习惯：

1.有自信；

2.计划性强；

3.有责任感；

4.情绪稳定；

5.愉快地谈话；

6.热心助人；

7.任何事都坚定地执行。

适合2岁4个月的宝宝  关键词：抓握力、探索欲

挤海绵——水中游戏

游戏目的

训练宝宝抓握能力。这个时期的宝宝已经可以用手抓握东西了，这个游戏可以提高宝宝的抓握能力、手部力量以及动作的灵活性。生活中的一切对宝宝来说都充满了神秘，宝宝的好奇心就是他探索知识的基础，多样化刺激可以促进宝宝探索欲的增强。

妈妈准备

海绵一块、小塑料碗或桶一个。

游戏步骤

1 宝宝洗澡时，给他一块海绵，浸入水中。

2 待海绵吸足水后，让宝宝用手轻轻抓握海绵提起，移到小碗里，用力把水挤出。

3 反复进行。

4 还可以让宝宝比较干毛巾与湿毛巾在重量上有什么不同，感受水与物体的关系。

爱心贴士

1.这个游戏最好是在夏季进行，既可为宝宝降温，又可让宝宝认识到海绵吸水的特性。

2.无论什么季节，都要控制好室温、水温和游戏时间。

智能课堂

性格的形成与气质有很密切的关系，父母要善于根据孩子的气质类型，结合具体教育条件，逐渐在实际生活中塑造孩子的良好性格。

1.培养自信心。自信心是人发展和成功的心理基础，也是能力和意志的催化剂。对于大多数人来说，正常智力加上高度的自信，就能获得成功。因此，父母要善于鼓励孩子相信自己的能力，鼓励他们克服困难，获得成功。

2.培养应变能力。让孩子学会从不同角度考虑问题，用不同方法解决问题，与不同的人交往。要让孩子学会适应不同的环境，使他们从小就懂得必须克服困难，并了解达到目的的途径有很多，要善于灵活应变。

3.培养积极、乐观的态度。让孩子从小就体会到父母是关心他们的，家庭是温暖的，生活是美好的，一切困难都是可以克服的。

专家在线

宝宝们会在游戏中展露出自己的才能，如画图好、乐感佳、说话得体、有想法、运动神经发达、有领导能力、社交能力强、会照顾别人，等等。每个宝宝都有不同的特性，爸爸妈妈可以从游戏中观察宝宝具有什么样的才能。

适合2岁4个月的宝宝  关键词：时间概念、左脑开发

一个星期有几天——计算天数

游戏目的

时间变化也是数学概念之一，通过一星期有7天的认识，能让宝宝有时间前进的感觉，并可理解星期一至星期五家长要上班，星期六、星期天才能放假，从而锻炼宝宝的左脑。

妈妈准备

家长可以准备一张画好7个格子的纸张。

1 爸爸妈妈在不干胶贴纸上写出星期一至星期日的文字和图注，星期六、星期日可用星星表示。

2 从星期一醒来就给宝宝一张贴纸贴在第一格，并提醒宝宝今天是星期一先贴第一张。

3 星期二贴第二张、星期三贴第三张，以此类推，让宝宝有时间累积的感觉。

爱心贴士

到了星期六、星期天就可以给予宝宝不同颜色或造型的贴纸，让宝宝感觉这两天不太一样。

智能课堂

纠正宝宝口吃。宝宝在两三岁时容易发生口吃。父母不要讥笑宝宝，不能让宝宝模仿口吃的人说话。发现宝宝口吃时，切忌厉声责备，否则宝宝受到刺激后着急，又会张不开口，说话更会结结巴巴。父母应该鼓励宝宝慢慢讲，把话说清楚，或者是换一句话来表达，或想好了再说。也可以加强对宝宝的口语训练，教孩子唱歌、讲故事，采取多种方式锻炼宝宝说话，让宝宝多看、多听、多读、多写，采取科学的方法和态度去培养和训练宝宝的语言能力。

专家在线

人要一直到25岁，大脑的各种功能才发育健全，所以并不是一生下来就不能改变了。所以，当家长发现孩子的智力发育有障碍时，不要失望和放弃，完全可以通过科学的心理训练在很大程度上提高孩子的智力水平。训练方法并不是教孩子认多少字，背多少诗，而是要从多方面来实施训练，如要训练孩子的认知能力，教孩子认识日常用品，掌握它们的名称；并且要多教孩子一些常识，例如，一星期有几天，太阳从哪边出来和落下，一斤有几两；教孩子认识时间、道路和乘车等。

适合2岁4个月的宝宝  关键词：记忆力、社会交往

悄悄话——耳语传话

游戏目的

记忆力训练。这个游戏一方面有助于宝宝听力的训练，另一方面，将听到的指令记住并传递给别人，又是一个强化记忆力的过程，可以提高宝宝有意记忆的能力。将听到的指令用语言传递给别人，是一个较为复杂的思维表达过程，对宝宝语言智慧的发展、与人交往能力的提高都是很好的锻炼。

妈妈准备

家中安静的环境。

1 爸爸、妈妈分别到两个房间，爸爸在宝宝耳边轻轻说："告诉妈妈，爸爸要一本书。"

2 宝宝来到妈妈身边，将爸爸的话小声告诉妈妈，妈妈按照宝宝的要求把所需物品交给宝宝。

3 宝宝拿回的东西如果是正确的，爸爸不要忘了夸奖宝宝，然后换一个要求，重新开始游戏。

4 宝宝拿回的东西如果是错误的，则要告诉宝宝："这不是爸爸刚才要的东西。"然后再将要求小声重复，让宝宝再去告诉妈妈。

爱心贴士

1.游戏要注意由易到难，多给宝宝成功的机会。

2.刚开始时，可以将要求多重复一两遍，让宝宝听明白。

智能课堂

交往智慧主要是指与人相处和交往的能力，表现为觉察、体验他人情绪、情感和意图并据此做出适宜反应的能力。这种智力在教师、律师、推销员、公关人员、节目主持人、管理者和政治家等人身上有比较突出的表现。表现在1~3岁幼儿的身上，就是喜欢与人交往，能理解他人，顺利地与人交流、乐于助人，并有向他人学习和与人合作的能力等。

有较好交往智慧的幼儿很容易与人建立积极的信任关系，从而促进他们向别人学习，发展自己的其他智慧。另外，在交往中幼儿能产生积极愉悦的情绪体验，形成良好的性格，为以后的幸福生活和适应社会奠定良好基础。

专家在线

宝宝到了2岁半左右，有意记忆开始萌芽。这时候，爸爸、妈妈要提出一些要求让他完成，平时让宝宝帮助做一些力所能及的事，让他记住简单的委托、背儿歌，在成人的这种要求下，宝宝会努力地去记住一些东西，促进其有意记忆的发展。

给宝宝讲故事的时候，妈妈可以通过提问，让宝宝回答故事中的小动物说了什么，以增强其记忆和表述能力。

适合2岁4个月的宝宝

关键词：知识积累、思考能力

影子的变化——认识光与影

游戏目的

增长知识。通过游戏，宝宝不仅对光与影的因果关系有了初步思考，还增长了自然知识，提高了语言表达能力。凡事喜欢问问“为什么”，并努力去寻找答案，可以培养较强的逻辑思维能力及严谨的学习态度。

妈妈准备

阳光灿烂的日子带宝宝到户外。

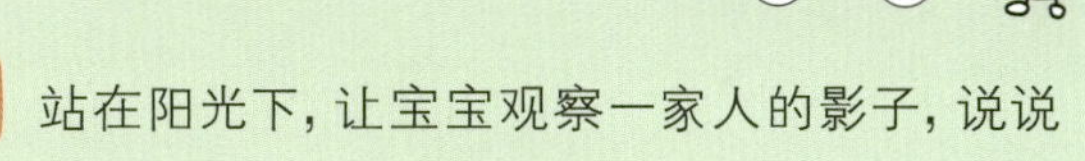

1 站在阳光下，让宝宝观察一家人的影子，说说每个人影子的大小，以及为什么。

2 让宝宝跳一跳，看看自己的影子有什么变化。

3 让宝宝左右晃一晃，看看自己的影子有什么样的变化。

4 找一个阴凉处，问问宝宝影子为什么不见了。

5 引导宝宝说出影子与太阳的关系。

爱心贴士

1.宝宝还小，在阳光下的时间不宜过长，注意适当给宝宝补充水分。

2.可以利用一天里的不同时段做这个游戏，观察影子发生的变化。

智能课堂

不要禁止孩子涂鸦：

1.给孩子安全的绘画工具。刚开始乱涂时孩子的动作比较笨拙，所以要给他安全的工具，如大型的彩色蜡笔就比较合适，硬性、尖头的笔不仅有危险，而且不易使用。

2.让孩子使用大张的白纸，以便手臂能充分活动。

3.一次只应给孩子一种颜色的蜡笔——如果一次给孩子好几种颜色的蜡笔，就会使他们的注意力被颜色吸引，而转移对手部动作的兴趣。

4.这时期的孩子是用对动作的兴趣来画画的，所以不必勉强孩子把绘画和某些形象联系起来，更不能要求孩子反复去画某些成人认为合适的形象，因为这种做法往往与孩子的意愿和能力相违背。虽然有的孩子暂时会成功，看起来画得很像，但对其今后创造能力的发展是极为不利的。一般而言，孩子要到5岁半以后，才能正式开始学画。

专 家 在 线

宝宝最喜欢户外游戏，爸爸妈妈要抓住每一次机会，让宝宝在玩中学到知识。在户外，可以引导宝宝看看建筑物的影子、大树和小树的影子，看看风吹时，地上的影子是不是也在晃动。

适合2岁4个月的宝宝  关键词：语言表达、挑战性

看一看，猜一猜——猜动作

游戏目的

提高宝宝的语言表达能力。随着宝宝年龄的增长，宝宝已经掌握了一些生活常识，这个游戏可以锻炼宝宝的语言表达能力和想象力，促进其语言智能的发展。随着能力的增长，宝宝会开始喜欢各种挑战，并且在挑战中获得自信和对自己能力的判断，提高自身的适应能力。

妈妈准备

一些日常生活用品，如杯子、毛巾等。

1 妈妈做洗脸动作，拿起毛巾假装擦脸。

2 让宝宝猜一猜妈妈在做什么，并且用语言表述出来。

3 如果宝宝猜对了，妈妈可以接着表演“喝水”，把杯子放在桌上，拿起来喝，假装不小心把水洒在桌子上了，用抹布擦桌子，请宝宝猜一猜妈妈在做什么。

4 让宝宝表演动作，妈妈来猜。

爱心贴士

1.妈妈要根据家庭生活的实际情况来设计情节，不要选择宝宝不熟悉的情景。

2.如果宝宝一时猜不出，妈妈可适当增加一些提示，比如表演“开车”时，可以模拟汽车“嘀嘀”的声音，降低游戏难度。

智能课堂

如何培养孩子乐观的性格？

1.让孩子获得友谊。鼓励孩子与同龄人一起玩耍，学会怎样进行愉快融洽的人际交往。

2.给孩子一定决策权。父母应该给孩子提供机会，让他们自己决定选择什么、不选择什么。

3.教会孩子调整心态。当孩子陷入痛苦或忧虑之中时，父母应当帮助他们找到摆脱的方法，尽快恢复愉快心情。

4.限制孩子的物质占有欲。心理学家调查发现，基于物质满足的愉快往往难以持久。

5.培养孩子的广泛兴趣。为孩子提供各种活动和多种兴趣选择，并给予必要引导，以培养其爱好。如果孩子能参加自己感兴趣的活动，可能会感到更加快乐。

专家在线

如果说发现宝宝的才能是第一阶段的话，那么，让他发展自己的才能则是第二阶段。很多父母都忽视了第二阶段的重要性，其实，爸爸、妈妈们与其急躁地模仿他人的教育方式，倒不如根据宝宝的不同特性选择合适的教育方式，让其适性地发展。

适合2岁5个月的宝宝  关键词：配合能力、合作

你拍一，我拍一——拍手歌

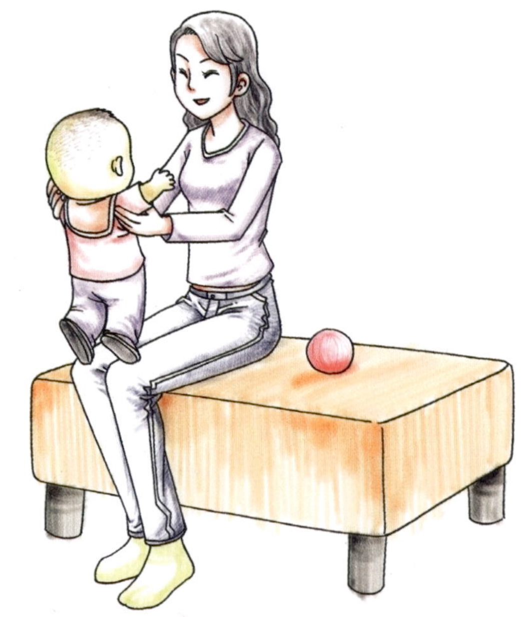

游戏目的

训练宝宝的动作配合能力。这个游戏可以锻炼宝宝与妈妈动作配合的协调能力，也是训练宝宝对他人行为作出积极回应的反应。现代社会的人际交往中，合作已经成为一个重要内容，没有合作意识和能力的人会被社会淘汰。独生子女之间往往不会合作、难以合作，所以合作能力的培养就愈显重要。

妈妈准备

妈妈先熟练掌握儿歌内容。

1 妈妈面对宝宝，伸出双手。

2 边念儿歌边拍手，妈妈先拍一下自己的手，然后伸出右手（左手）拍宝宝的右手（左手）。

3 说到每句的最后一句时，按照儿歌的内容做相应动作。

附：儿歌《拍手歌》

你拍一，我拍一，一个小孩开飞机；

你拍二，我拍二，两个小孩梳小辫；

你拍三，我拍三，三个小孩吃饼干；

你拍四，我拍四，四个小孩写大字；

你拍五，我拍五，五个小孩来跳舞。

爱心贴士

1.妈妈要控制好自己的动作，开始时要轻要慢，再逐渐加重加快力量和速度。

2.妈妈一定要有耐心，必要时可以先主动伸出手去拍宝宝的手，慢慢地引导宝宝按规律出手。

3.儿歌的内容可以随机来编，宝宝熟悉以后，也可以鼓励宝宝自己编儿歌。

智能课堂

讲故事是最古老但又最动人的语言艺术，它可以给儿童创造适宜的语言学习环境，激发他们倾听语言、理解语言的兴趣，培养他们持久的注意力。并且父母在给孩子讲故事的时候传递的不仅仅是故事本身的信息，还有父母对他们的爱，这些都会让宝宝感受到幸福，获得情感上的愉悦和满足，对他们良好性格的养成有很积极的作用。

爸爸、妈妈可以给宝宝选择一些好的传统故事、现代故事，也可以根据宝宝的情况自编故事。

专家在线

妈妈在日常生活中要注意观察宝宝的点滴变化和进步，有意识地培养宝宝的独立行为和与他人配合的能力。妈妈还可以和宝宝一起玩“石头、剪子、布”，同样可以锻炼宝宝的小手和反应能力。

适合2岁5个月的宝宝  关键词：小肌肉、自我认知

大家一起弯弯腰——手指好朋友

游戏目的

训练宝宝的手部小肌肉的灵活性。这个时期，宝宝的语言能力和动作能力都在不断发展中，开始有了节奏感，这种富有节律的游戏可以让宝宝感受节奏、发展小肌肉动作。通过游戏可以同时帮助宝宝认识五个手指和比较它们之间的不同，提高宝宝自我认知能力，增强自信心。

妈妈准备

一些不干胶小贴画。

1 在宝宝的手指上分别贴上小熊维尼、兔子瑞比、跳跳虎、驴子屹耳、小猪皮杰的不干胶贴画。

2 把小手伸出来，跟着儿歌一起活动吧！

3 一边唱歌谣，一边动动手指："维尼维尼弯弯腰，瑞比瑞比弯弯腰，跳跳虎跳跳虎弯弯腰，屹耳屹耳弯弯腰，小猪小猪弯弯腰，一二三四五，大家一起弯弯腰。"

4 每个手指弯曲后都要马上伸直，念到最后一句时，可以让宝宝的手指多弯曲几次。

5 还可以用水彩笔在手指上写上数字，把歌谣改成："老大老大弯弯腰，老二老二弯弯腰，老三老三弯弯腰，老四老四弯弯腰，老五老五弯弯腰，一二三四五，大家一起弯弯腰。"

爱心贴士

1.动作要有节奏，富于表情。

2.游戏后要及时把手洗干净，游戏时也要提醒宝宝不要把手指放进嘴里。

智能课堂

给宝宝讲故事、唱儿歌的目的是让宝宝喜欢上这种说话的形式，家长可采取一些技巧，以达到好的效果。字句要清晰，速度要缓慢，让宝宝能够听清楚，这有助于宝宝学习标准发音；最好能带上表情和动作，这样宝宝能通过表情和动作判断语句意思，也会使宝宝喜欢上听故事和儿歌；觉得宝宝理解不了的词语和句子要给宝宝解释一下，宝宝能够通过故事理解许多词句，对其今后语言的发展是很有帮助的。

专家在线

妈妈的7个坏习惯：

1.给宝宝过度的刺激。

2.过分干涉宝宝。

3.忽视宝宝。

4.认为读书就是全部。

5.行事暧昧模糊。

6.极度重视胜负结果。

7.爱和别人比较。

适合2岁5个月的宝宝

关键词：社交规则、领袖才能

我是热情的小主人——招待客人

游戏目的

掌握基本社交规则。这个时期的宝宝已经具有了初步掌握基本社交规则和礼仪的意识与能力，这个游戏可以帮助宝宝掌握基本社交规则和礼仪，并通过成人的积极反馈得到巩固和加强。有意识地加强宝宝的独立意识，可以挖掘其潜在的领袖才能，有助于宝宝成长为杰出的人才。

妈妈准备

厨房玩具一套或其他的小杯、小碗等。

游戏步骤

1 妈妈和宝宝一起玩“做客”游戏，妈妈扮成客人，到宝宝家做客。

2 妈妈模拟敲门声，对宝宝说：“你好！我到你家来做客。”

3 请宝宝根据情节来招待客人，在游戏中说“你好”、“请喝茶”、“在我家里吃饭吧”、“不客气”、“再见”等礼貌用语。

4 还可以邀请别的小朋友到家里做客，妈妈给宝宝做示范，让宝宝来招待小客人。

爱心贴士

1.妈妈可以根据宝宝熟悉的事情，随机变换游戏内容。

2.游戏中，妈妈可有意识地渗透一些礼貌用语，使游戏更富于教育内涵。

智能课堂

都市生活状态使人与人之间的交往大大减少，对宝宝来说，跟别人接触已经不是那么容易的事了。所以，爸爸、妈妈要给宝宝多多制造一些与人接触的机会，让宝宝在实践中获得交往技能。

做客和在家中招待客人一样，是很好的人际交往机会。宝宝可以了解自己家以外的环境，了解别人的生活方式，知道怎样在新环境中和不熟悉的人打交道，由此可培养宝宝积极交往的态度，增强他们对环境的适应能力。

父母要有意识地培养宝宝与人交往的能力。2岁左右的宝宝认生，怕去陌生人家里，爸爸、妈妈在做客之前可以嘱咐宝宝不要害怕，叔叔、阿姨都喜欢宝宝，还要告诉宝宝怎样向叔叔阿姨问好。到了人家门口，应引导宝宝大胆、大方地走进去，相信宝宝看到热情善良的主人，会放松很多。做客的次数多了，也就习惯与人打交道了。

专家在线

爸爸、妈妈平时要注意为宝宝提供良好的学习榜样，并给宝宝良好的社会行为以积极强化与反馈。随时注意培养宝宝礼貌待人的习惯和品质。

适合2岁5个月的宝宝  关键词：协调性、自信品格

五颜六色的小鱼——钓鱼

游戏目的

提高宝宝的身体协调性。通过让宝宝抓住鱼竿、控制鱼竿的动作，能够发展宝宝的手眼协调能力和上肢控制能力，从而可以锻炼整个身体动作的协调性。具有耐力训练的游戏，不仅增加了宝宝对大小、数量、颜色的感知，发展了宝宝的数学智能和空间智能，更重要的是，树立了宝宝的自信品格。

妈妈准备

积木、彩纸、曲别针、带吸铁石的钓鱼竿。

1 用彩纸剪成大小不同的鱼，在每条鱼身上别上曲别针。

2 把鱼放入盆中，让宝宝用钓鱼竿钓鱼——只有钓鱼竿上的吸铁石碰到鱼身上的曲别针，才能将鱼钓上来。

3 游戏结束时，妈妈可以和宝宝一起数一数，一共钓了几条鱼、每种颜色的鱼有几条。

爱心贴士

1.妈妈先示范怎样钓鱼，必要时，可握住宝宝的手，教宝宝钓鱼的方法。

2.鱼的数量不宜过多，可在颜色和大小上加以区别，防止宝宝疲劳。

智能课堂

自知智慧的特征之一就是自尊自爱，一个人明白自己是世界的一分子，明白自己和别人的关系之后，就会尊重别人，也要求别人尊重自己，形成良好的交往模式。让宝宝在与人交往中学会尊重他人，爸爸妈妈平时应注意多提醒宝宝：

1.见到熟人主动问好；

2.跟人说话时要看着别人的眼睛；

3.在别人说话时，要学着倾听，不要随便打断别人说话；

4.在请求别人帮忙时，要说“请”、“谢谢”；

5.做错事要能认错，要说“对不起”；

6.能渐渐学会和小朋友分享玩具、食物；

7.尊重其他小朋友的意见，尤其是与自己想法不同的意见；

8.渐渐能够体会别人的情绪，而不是只考虑自己，引导宝宝换位思考。

专家在线

如果爸爸、妈妈不能尽兴地和宝宝玩，宝宝的心情也好不起来。和宝宝一起玩时，爸爸、妈妈务必要投入游戏之中。想想看：这个游戏哪里有趣？一定要找回年幼时游戏的记忆，像宝宝一样地玩，那样宝宝才会感受到爸爸、妈妈的爱。

适合2岁6个月的宝宝

关键词：增强体质、乐观

新朋友——堆雪人

游戏目的

增强宝宝体质。雪后空气清新，最适合进行耐寒训练，通过游戏可以提高宝宝免疫力，增强体质，减少宝宝感染疾病的概率。与大自然亲密接触，可以开发宝宝的想象力，提高动手能力，使宝宝的身体和心理潜能都得到较好开发，并培养出乐观积极的品格。

妈妈准备

玩沙玩具、石头、胡萝卜、一些松树枝。

1 下雪的日子带宝宝到户外玩，让宝宝用平时的玩沙工具玩雪，想怎么玩就怎么玩。

2 妈妈滚一个大雪球当雪人的身子，再滚一个小一点的雪球当雪人的头。

3 让宝宝用石头做雪人的眼睛，胡萝卜做雪人的鼻子，再找一些松树枝做雪人的头发。

4 让宝宝自由想象，妈妈帮助宝宝来完成雪人。

爱心贴士

冬季外出玩雪的时间不宜太长，以免宝宝着凉。

智能课堂

广袤的自然界是神奇又瑰丽的，人们只有站到它面前才会感到自己的渺小，才会像个饥渴的少年一样吸取知识养料。的确，自然能够教给我们太多的东西，带给我们太多的快乐。我们的小生灵从降生之日起就感受着自然那特别的欢迎方式，长到现在他们终于能跟自然愉快地嬉戏了。我们应该放开手，让他们融入到自然之中，去感受、去探索。因为，他们已经开始拥有一些理解自然、适应自然和探索自然的能力了。

经常带宝宝到大自然中去，让他亲身感受和探索自然，掌握一些技能和方法，了解掌握自然的知识、经验，培养宝宝对自然的良好情感和态度。

除了认识自然、学习技能外，最应该培养宝宝对自然的感情，并且使宝宝会表达这种感情。唱歌就是一种表达感情的好方式，可以唱唱有关自然的歌曲，来表达对自然的热爱。推荐歌曲如《铃儿响叮当》、《春天在哪里》等。

专 家 在 线

大自然是最好的老师，宝宝在大自然中可以学到很多知识。在玩的过程中可以引导宝宝观察雪花的形状，了解雪花的由来，增长知识，收获乐趣。下雪的时候，一家三口在户外打雪仗，让宝宝在雪地里自由奔跑，感受自然与亲情。

适合2岁6个月的宝宝

关键词：方位概念、理解能力

上下分得清——说方位

游戏目的

学习和理解方位概念。在上、下、左、右等基本方位中，宝宝对上和下的方位理解相对比较容易，这个游戏，通过让宝宝摆放物品，并结合语言和动作来理解上和下的概念。准确理解他人是宝宝语言智能发展到一定水平的体现，理解能力的提高也有助于与他人的配合与协作。

妈妈准备

各种颜色和形状的积木。

游戏步骤

1 让宝宝随意搭积木。妈妈可以指着积木问宝宝哪种颜色和形状的积木在哪个位置，如“黄色三角形积木在红色长方形积木上面还是下面”、“绿色方形积木下面是什么”，等等。

2 妈妈让宝宝按照指令把积木搭起来。如“把红色长方形积木放在黄色三角形积木下面”、“把两个方形积木放在半圆形积木下面”，等等。

3 把宝宝的玩具按照上下左右摆开，让宝宝说说谁在谁的上面，谁在谁的下面，谁在谁的左边，谁在谁的右边。

爱心贴士

开始的时候宝宝观察到的和表达出来的可能不一致，即使他真说错了或做错了，妈妈也不要着急，而是要给予充分肯定，让宝宝能够准确地掌握方位概念。

智能课堂

形状知觉是学习数学的重要方面。对形状的敏感性会为幼儿发展数学智慧奠定良好基础。1~3岁是宝宝形状知觉发展的关键时期，因此，适时适当地教宝宝认识一些图形，对宝宝今后数学智慧和空间智慧的发展都是极其有益的。

尽管好几年以后宝宝才有可能学习计算体积，但是他从小就需要对体积有一个概念。这对宝宝以后空间知觉和守恒能力的发展有很重要的作用。

专家在线

宝宝认知能力的高低，有时候不一定通过宝宝的语言来体现，当宝宝行为正确了，也说明他理解和掌握了事物的规律。爸爸妈妈不要总是急于让宝宝用语言来表达，同时也应注意观察宝宝的行为表现，以便正确掌握宝宝的认知发展水平。

适合2岁6个月的宝宝  关键词：体能、人格

摸摸大树跑回来——来回跑

游戏目的

提高宝宝体能。有目的地奔跑，可以锻炼宝宝的奔跑技能和水平，提高宝宝的运动兴趣，锻炼身体，提高体能。喜欢大自然的宝宝往往具有乐观向上的精神状态、热情开朗的性格，能够适应集体生活，为其未来的成长奠定良好的心理基础。

妈妈准备

爸爸、妈妈带上宝宝去郊游。

1. 选择林中空地，让宝宝自由地滚爬、奔跑、追逐。
2. 让宝宝选择一棵大树，以此为终点，跑过去，摸一下大树，再跑回来。
3. 妈妈和宝宝比赛，一起跑过去，看谁先跑回来。
4. 以大树为终点，还可以玩龟兔赛跑游戏，宝宝和爸爸分饰角色，扮成小白兔的跑到半路睡觉了，乌龟坚持爬，一直爬到大树下，成为优胜者。

爱心贴士

爸爸妈妈要经常带宝宝去接触大自然，可使宝宝视野开阔、心情舒畅、身体健康。花、草、树、虫、鸟是宝宝喜爱的观察对象，树叶、树枝以及泥、沙、石、水是宝宝永远玩不厌的天然玩具。

智能课堂

培养宝宝的逻辑思维和注意力：

1. 多给孩子念图画书和说话。父母必须注意在日常生活中尽量多地对孩子讲话，就像对大人一样，用正确且条理清晰的语言对他们说话，使他们能够由此产生逻辑性思维。除了对孩子说话，父母还应多给他念图画书。要提高孩子的语言能力，培养他对文字的兴趣，使他自发地产生想读书的愿望，念图画书是最好的。

2. 单纯玩耍不利于孩子的成长。因为婴幼儿时期是大脑发育的第二个高峰期，如果外界给予发育中的大脑以各种刺激，一方面，可使大脑发育更快更好；另一方面，大脑优秀的组织结构和功能也会反过来作为其智能发育的基础，表现为孩子的高智能。如果孩子只是单纯玩耍，将会错过大脑发育的这个高峰时期，由此导致孩子将来的智能达不到应有的程度。

专家在线

有些爸爸妈妈因工作繁忙，没时间引导宝宝去接触鲜活的景物，而是过多地让宝宝看电视，或扔下一堆僵硬的学习材料让宝宝自己翻看，这种做法实不可取。

第六章

2岁半～3岁宝宝的亲子游戏

这个阶段，宝宝的发育水平又有了明显提高。走、跑、跳等基本动作更加协调，身体控制能力进一步提高，适合宝宝的游戏也越来越多。

宝宝在这个时期，全身运动神经逐渐发育更好，手的精细动作发展有了很大进步，对事物的一些微小细节也能注意到，并能发现事物之间的一些差异。

宝宝的记忆时间有所延长，同时出现了较多的延迟模仿行为，记忆的内容也有所增加。宝宝的想象力发展处于初级阶段，其想象活动主要表现在游戏中，会玩一些假想的游戏。

这个时期是宝宝语言发展的关键期，语言进步很大，具有学习语言的积极性。

宝宝的独立能力越来越明显，开始出现初步的社交行为，开始懂得遵守规则，初步出现同情心和自尊心。

这个时期父母应多准备能开发宝宝脑力的玩具。做区别颜色和大小的分类游戏，也可以鼓励宝宝自己做玩具。准备能剪和贴的纸、木制积木、拼图，让宝宝自己剪，然后用双面胶粘起来。

平均发育指数：

男孩体重（千克）
13.95
男孩身高（厘米）
95.1

女孩体重（千克）
13.44
女孩身高（厘米）
94.2

早教一点通

婴幼儿有强烈的情感需要。情感上受到冷落的婴幼儿，不但动作欠佳，智力发育也表现迟缓；反之，在父母的慈爱和热情关心下生活的婴幼儿，都能健康快乐地成长。

一般来说，父母给予宝宝全方位的爱，他们为宝宝一点一滴的进步而高兴。提供适宜宝宝成长发育的玩具，耐心回答宝宝的问题，给宝宝讲故事，悉心照顾宝宝的饮食起居，这些都可以促进宝宝丰富情感和敏锐思维能力的健康发展。

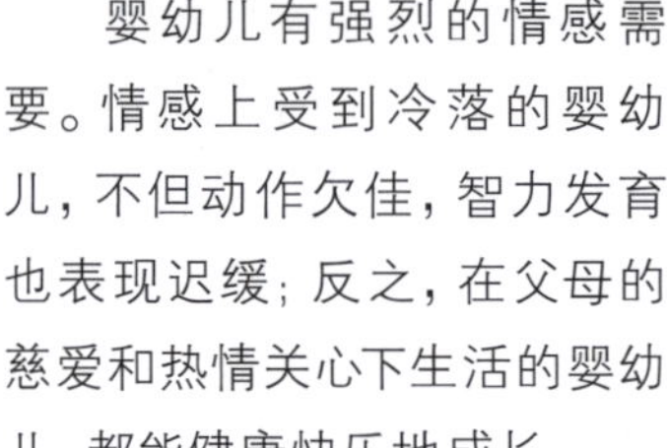

适合2岁7个月的宝宝  关键词：补钙、钻研

采集石头——日光浴

游戏目的

强身健体。佝偻病是一种常见的营养缺乏性疾病，仅仅给宝宝补钙是不够的，充足的光照是肌体自身产生维生素D的重要条件，可以促进钙质吸收。这个游戏可以让宝宝在玩的同时，充分享受日光浴，避免缺钙。在观察自然界事物的同时，培养敏锐的观察力和好奇心，在产生问题和思考问题的过程中，培养宝宝的钻研精神。

妈妈准备

一个塑料袋或小桶。

1 选一个晴朗的日子带宝宝去户外：小区的花园或公园。

2 提醒宝宝找某一种石头："让咱们找些小石块"，"让咱们找些光滑的石块"。

3 可以找各种各样的石头，大的、小的、粗糙的、光滑的、有棱角的、白色的、褐色的，等等。告诉宝宝这些石块的特征。

4 仔细观察它们，说说它们可能来自哪里。

5 让宝宝把这些石头分类，也可以把采来的石头带回家，洗干净后在上面作画。

爱心贴士

在户外活动一定要特别注意周围环境，不要到空旷无人之处或建筑工地附近玩耍。

智能课堂

培养宝宝的自然智慧时，掌握一些自然知识、获得一些经验，是非常必要的。认识自然就要认识植物、动物还有自然现象。可以让宝宝认识一些常见的植物，知道植物是能不断生长的，知道植物能给人带来许多好处。

有空可以带宝宝参观植物园，那里的植物很多，可以让宝宝认一认，给宝宝讲讲每种植物的特点、习性，能给人们带来什么好处。这个时期的宝宝还不能很好地理解这些，他们只能掌握二级概念，如树、花、草等，而不能掌握很多的一级概念，比如树可以分为杨树、柳树、桃树等。

专家在线

爸爸、妈妈和看护者与宝宝之间相互依恋以及对宝宝积极、恰当的鼓励，对宝宝的身心发展起着重要推动作用。

适合 2岁7个月 的宝宝  关键词：表达方式、创造力

今天真快乐——自编儿歌

游戏目的

提高宝宝的语言表达能力。自编儿歌的游戏可以增强宝宝的概括能力和表达水平，掌握一种新的语言表达方式。多样化训练可以提升宝宝参与创作的乐趣，从而培养其自信心，提高自身创造力。

妈妈准备

家中、户外均可。

1 请妈妈带宝宝一起唱这首儿歌："今天真快乐，大家一起唱歌，大家一起跳舞。小熊维尼有好多朋友，有小猪皮杰和跳跳虎，还有兔子瑞比和驴子屹耳。"

2 和宝宝一起讨论："儿歌里面都有谁？他们在一起做什么？"帮助宝宝了解儿歌大意。

3 待宝宝熟悉儿歌以后，可以引导他自己改编儿歌。如"大家一起做操，大家一起喝水。宝宝有很多好朋友，有扬扬和乐乐"等。

4 带宝宝买水果的时候，和宝宝叨念"今年的枣大丰收"，让宝宝顺着思路说下去，"今年的橘子大丰收"、"今年的苹果大丰收"，等等。

爱心贴士

妈妈可以在任何时候，自编一些儿歌和宝宝交流，让宝宝熟悉这种游戏方式。宝宝自编的儿歌不会完全符合妈妈的要求，妈妈千万不要打断、指责。

智能课堂

这个时期的宝宝经常想要拿起笔来"写写画画"，家长不妨就让他们写写画画，这样可以增加他们对笔、对写字的兴趣。这个时期，孩子笔下的东西可能只是一些凌乱交错的线条，但是家长要对他们的行为表示赞赏和肯定，因为这是宝宝在展示自己的能力，积极的反馈会让他们信心大增，愿意进行这样的活动。

专家在线

爸爸、妈妈不要急于让宝宝学习过多的学校知识，在家里应多对宝宝进行人格教育和生活常规培养。这个时期不应将宝宝束缚在知识教育的框架里，而应让宝宝尽情地蹦蹦跳跳，才能培育出身心健康的宝宝。

适合2岁7个月的宝宝  关键词：感知、表达

奇妙的口袋——找找看

游戏目的

通过训练，让宝宝在活动中学说主谓语完整的句子，锻炼宝宝的语言表达能力，从而开发宝宝的大脑。

妈妈准备

一个小布口袋或盒子一类的容器，几个布娃娃、小汽车、皮球、摇铃、喇叭等玩具。

1 家长把玩具都装在小布口袋里，然后向宝宝念儿歌："奇妙的口袋东西多，让我先来摸一摸，摸一摸，摸出来看看是什么？"

2 家长摸出皮球，问宝宝："这是什么？"

3 待宝宝回答之后，家长再拍拍皮球，问宝宝："我在做什么？"启发孩子说出："你在拍皮球。"

4 家长给宝宝做出示范以后，让宝宝接着来摸，对摸出来的玩具，要求宝宝说出是什么，然后再玩这个玩具；接着家长再问"宝宝在做什么"等问题，锻炼宝宝学会说主谓语完整的句子。此训练可以反复进行。

爱心贴士

通过从口袋里往外拿玩具，能提高宝宝对物体形状的感知。

智能课堂

这个阶段的宝宝与前一阶段相比，语言理解能力进一步加强，语速加快，词汇量增多，出现复合句；已具有一定概括能力；特别爱说话，不断地提问。因语言发育跟不上思维活动，有时无法用确切的言语来表达思维内容，常常发生口吃现象。语言能力的加强使宝宝学会联想，看到鸟类联想到飞机，看到鱼联想到船。所以妈妈在给宝宝讲故事时，应注意锻炼宝宝的联想能力。平日里也可让宝宝接听一些家中的来电，慢慢地他就能记住电话内容，并学会正确传话。

专家在线

口袋里的玩具可以变换。随着宝宝年龄的增长，还可以逐渐加深问话的难度，可以涉及实物的形状、用途、性质等。

适合 2岁7个月 的宝宝  关键词：脸部肌肉、思维能力

喜、怒、哀、乐——做鬼脸

游戏目的

训练宝宝脸部肌肉的灵活性。模仿五官游戏，对宝宝面部肌肉控制能力有很大帮助，并能增加宝宝对于面部表情的认识。通过游戏，帮助宝宝从面部表情辨别他人的情绪。

妈妈准备

一些不同表情的图片（张大嘴、吐舌头、闭眼睛、瞪大眼、哈哈大笑等）。

1 妈妈平日收集一些不同表情的图片，或者在白纸上画出一些人物表情。

2 妈妈摆出一种表情时要用简单的语句告诉宝宝这种表情的名称，并引导宝宝注意这种表情的五官特征。

3 拿出一张表情图片，请宝宝按照图片作出相应表情。

爱心贴士

1.首先应让宝宝知道不能对着人做鬼脸，那样做是不礼貌的。

2.在宝宝做表情的时候，不要只是动动嘴、动动眼睛，要让脸部器官充分活动起来。

智能课堂

家庭是孩子成长的重要环境。良好的家庭环境，父母与孩子之间建立安全积极的依恋关系，父母对孩子的教养态度和方式都比较民主、开放，那么生活在其中的孩子就比较容易养成乐观、开朗、自信以及能够与人和谐交往的个性品质。如果家庭氛围不和谐、父母之间经常吵架、父母对孩子的要求和态度不一致，那么极容易使孩子情绪低落，使孩子感到缺乏信任与安全感以及变得性格内向、缺乏自信等，这些都不利于孩子交往智慧的培养。

因此，日常生活中，家长应积极为孩子营造安全、温暖的家庭环境，使孩子养成乐观、积极的品质，发展与人交往的良好社会技能。

专家在线

游戏时让宝宝自己做一做，比较一下各种表情的差异，父母在旁边指导。如果宝宝对一个表情感兴趣，就不要急着换下一个。

适合 2岁7个月 的宝宝  关键词：行走、均衡发展

走楼梯——学数数

游戏目的

训练宝宝行走能力。这个年龄段的宝宝已经能够左右脚交替着灵活地走楼梯了。上下楼梯时，让宝宝数数，可以提高宝宝独立行走的兴趣，同时练习口与脚的动作一致性。一一对应地数数，可培养宝宝对数字的感知能力，同时还能完善身体运动协调能力，让宝宝全面均衡地发展。

妈妈准备

带宝宝到楼梯多的建筑物走楼梯。

1 牵着宝宝的手，边走楼梯边数台阶。

2 在迈一只脚时数“1”，迈另一只脚时数“2”，交替进行。

3 也可以引导宝宝在上楼梯时从“1”数到“10”，下楼梯时，引导宝宝从“10”数到“1”。

4 带宝宝去爬山，也可以一边爬一边数台阶，增加爬山的乐趣。

爱心贴士

1.开始可以选择比较矮的台阶进行训练。

2.视宝宝的体力进行锻炼，一次不要让宝宝走太多层台阶，中间可以让宝宝适时休息一下，喝点水。

智能课堂

单纯教宝宝数数是一件枯燥的事，要想让宝宝乖乖地学习数数，就要想办法让他感兴趣，在快乐中学习。设计一些有趣的游戏，调动起宝宝的积极性，他自然就会喜欢数数了。

婴幼儿在学习数学的不同内容时都有其相对的关键期。婴儿在1岁时已能正确区分“多”、“少”，在这一时期，让婴儿感受“大小”、“多少”、“顺序”，让他们开始感知1~10数字的发音，都是有益的。爸爸、妈妈可以在生活中让宝宝接触不同事物，尽管宝宝

还不能完全明白这些词汇的含义，但是这种感知的早期经验会为宝宝以后的学习奠定良好基础。此外，1岁10个月是婴儿掌握初级数概念的关键期，2岁半左右是幼儿计数能力发展的关键期。在关键期内，选择适当的教育内容和方法，创造良好的发展环境和机会，对促进宝宝数学智慧的进一步发展是非常重要的。

专家在线

宝宝从爸爸妈妈那里获得的关于情感的经验，是他们生命中最初的情感体验。情感关怀滋润着宝宝性格的成长，激发积极情感潜能的发展。

适合2岁8个月的宝宝 

关键词：反应、表现力

欢乐的森林——模仿秀

游戏目的

训练宝宝的反应能力。这个游戏需要调动宝宝的想象力和肢体协调运动能力，根据妈妈的指令准确地做出动作，可以提高宝宝的快速反应能力。善于表现自己的人更容易被别人接受和了解，具有良好表现力的人更具有感染力和亲和力，长大后能积极适应社会，生存能力强。

妈妈准备

户外。

游戏步骤

1 妈妈说：“今天天气真好，森林里的小动物都出来晒太阳了，你能学学这些小动物走路的样子吗？”

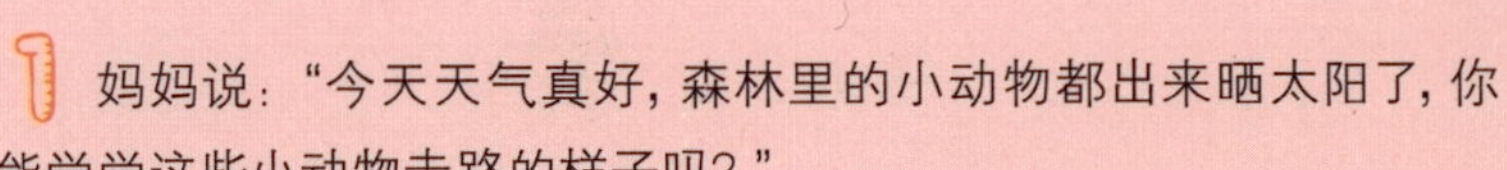

2 妈妈分别说出小乌龟、小兔子、鸭子、青蛙、小鸟等小动物的名字，让宝宝根据妈妈的指令模仿小动物走路的样子。

爱心贴士

要选择宝宝熟悉的动物，以免宝宝丧失兴趣。

智能课堂

对幼儿的好行为，一般都要给予积极的肯定，但是想让表扬起到促进宝宝发展的效果，也是有技巧的，家长应注意以下几点：

1.不要滥用表扬。如果经常滥用表扬，频频使用“你真棒”、“你真好”这样的词，宝宝听多了就会不以为然，以后表扬对他们就没有什么效用了。

2.表扬要及时。宝宝做得好就立即表扬，达到最好的强化效果。

3.表扬要切合实际，避免过分夸张。这样宝宝才会有一个清晰正确的认识。

4.表扬要具体。笼统地表扬，不能强化宝宝的好行为，也不能让宝宝自己明白什么是好的，什么是不好的。所以要针对某件具体事情中宝宝表现出的行为或优点来表扬，这样宝宝会很高兴，对以后的行为也有利，还能促进宝宝的自知能力发展。

5.表扬的方式多种多样。可以用语言表扬（如“真棒”、“好样的”等），可以用动作表扬（如拍拍肩膀、吻一下、举高高等），还可以适当地给予物质表扬（如小红花、小贴纸、实现一个愿望等）。

专家在线

生活在爱和关怀环境中的宝宝，对生活满意度比较高，对成人和周围环境感到安全，情绪积极愉快，很容易与人沟通，能顺从地与成人配合，安全积极地从事各种学习和探索活动。

适合2岁8个月的宝宝  关键词：手部控制力、独立性

倒来倒去——来回倒水

游戏目的

训练宝宝的手部肌肉控制力。精细动作的发展必须依靠对上肢肌肉的控制，视觉、眼球的控制以及头部躯干直立姿势的维持。来回倒水这样一项比较简单的操作能力的锻炼，是宝宝精细动作发展的一个阶段。宝宝的独立性需要挖掘和促进，不断地让他了解自己的能力，是非常重要的，意识到自己的能力有助于宝宝今后的成长。

妈妈准备

两个无手柄的塑料杯。

1 妈妈在一个杯子里注入1/3的凉水，然后倒入另一个杯子里，来回倒一次。

2 让宝宝模仿妈妈的做法，来回倒水。

3 也可以在杯子里装入一些米，然后倒入另一个空杯子里，来回倒。

爱心贴士

1.可以慢慢将杯中的水加多，提高游戏难度。

2.妈妈可以适当创设情境，让宝宝有练习的机会，逐步发展手部肌肉力量以及精确性。

智能课堂

怎样培养宝宝自我管理的习惯:

1.学着自己穿衣。主要是一种自我管理意识的培养，2岁左右的孩子已有自己穿脱衣服的独立意识，虽然费时较长，也穿不好，但还是要不厌其烦地鼓励孩子慢慢实践，同时教给孩子正确穿脱衣服的方法。否则依赖性一旦形成，孩子连会做的事也不愿自己动手了。

2.自己整理玩具物品。可以为孩子的玩具和物品专门准备一个地方放置，让孩子知道这些东西各有各的位置，每次玩完都要送回原地。

3.自己安排和自己负责。这主要也是一种意识的培养，让孩子知道自己要安排自己的一切。

专家在线

缺乏爱的宝宝，往往表现出胆小、恐惧、退缩、暴怒、逆反等消极情绪。如果在3岁前没有解决好这一问题，以后又得不到重视，长大后也会在性格中存留很多消极情绪的痕迹，以致影响到他们的人际关系和事业、家庭的成功。

适合2岁8个月的宝宝  关键词：身体平衡、肢体配合

和爸爸踢球——射进球门

游戏目的

通过踢球，发展宝宝的腿部肌肉、身体平衡能力，从而发展宝宝右脑的肢体平衡能力。

妈妈准备

彩色皮球。

1 爸爸将两个木杆立起，当做球门。

2 爸爸先拿着球，告诉宝宝训练规则，鼓励宝宝把球踢进球门。

3 让宝宝站在离球门1米处，启发宝宝将球踢进球门。

4 当宝宝的球进入了球门时，爸爸要欢呼庆祝，激发宝宝的游戏兴趣。

爱心贴士

爸爸应该有耐心地教宝宝如何踢球，让宝宝产生兴趣。

智能课堂

2~3岁的宝宝虽已会走路，但走路时仍常常出现头重脚轻、动作不协调、速度不均匀等现象。这是因为这个阶段的宝宝腿部力量仍较差，为了保持身体平衡常以身体重心前移来带动位置移动，往往以类似跑的动作代替走。因此，这个阶段需要父母的帮助和指导，并提供练习的机会。比如，采用音乐伴奏、拍手等方式让宝宝有节奏地做快走、慢走的练习。这样既可提高宝宝练习走路的兴趣，也不会导致宝宝很快感到疲劳和乏味，同时也训练了宝宝走路的协调性和稳定性。随着宝宝脑神经系统的发育及动作的不断成熟，走的动作就会比较协调，也比较稳了。

专家在线

1.如果宝宝一开始不明白，爸爸可以先做个示范。或者和宝宝一起踢球，和宝宝配合完成。

2.即使宝宝采用推、滚等方法将球送入球门，也应鼓励。

适合2岁8个月的宝宝  关键词：锻炼、积极情感

回答山的回声——爬山

游戏目的

强身健体。爬山并不是目的，带宝宝走进自然，欣赏大自然之美，呼吸新鲜空气，锻炼身体才是真正的目的。与大自然的亲密接触，有助于培养宝宝的积极情感，使他们思维更加开阔，心胸更加宽广。

妈妈准备

周末或假日带宝宝去爬近郊的山。

1 拉着宝宝的小手让他和爸爸、妈妈一起爬山。

2 爬到山上空旷处，和宝宝一起大声喊："啊呀！"试试看，宝宝一定会很开心。

3 让宝宝听一听从山里传出来的回声，然后再回应它。

爱心贴士

1.鼓励宝宝多听、多看、多发现自然的不同面貌。

2.带宝宝到郊外走走，去牧场看看也很好。让他试试自己去挤牛奶、摘水果、捡新鲜鸡蛋、摸小绵羊，这些都会在他心中种下热爱自然的种子。

智能课堂

把孩子带到大自然中，去感受大自然的博大、神奇、变幻和美丽，是让孩子增长知识、开阔心胸、陶冶性情，并进行环保教育及生命教育的好机会。

但是，欣赏大自然与欣赏美术作品是不一样的，因为自然景色中的各种视觉要素是相互融洽，并且随着人的位置变化而不断变化的，所以，如果没有一定的知识和理解能力，就不容易感受到。再加

上孩子在大自然中极度兴奋，常常欢蹦乱跳，而顾不得欣赏大自然，所以往往一趟游览回来，孩子依然是一无所获。

因此，当父母带孩子外出欣赏自然风光时，一定要加以指点，用语言引导孩子如何观看和欣赏，让他充分体会自然景色的美。必要时，可以一边和孩子观景，一边拍一些照片，照片可以加深孩子观赏以后的感受。此外，突兀的山峰、瞬息万变的云朵，是让孩子展开想象的好源头，而湍急的山泉、啾啾的鸟鸣，又是训练孩子听觉的好材料。

专家在线

著名教育学家马卡连柯说过："教育的基础主要是在5岁前奠定的，它占整个教育过程的90%。在这之后，教育还要继续进行，人进一步成长、开花、结果，而您精心培植的花朵在5岁以前就已绽蕾。"

适合2岁8个月的宝宝  关键词：习惯、自理

讲卫生——环境保护

游戏目的

让宝宝从小养成良好的卫生习惯，讲究公共卫生。

妈妈准备

家长带宝宝上街，告诉他街道两边的卫生设施，引导宝宝观察它们的功用。

家长带着宝宝在街上走时，边走边提出问题让宝宝回答，如：街道两旁的垃圾桶是用来做什么的呢？为什么垃圾桶上会标明"可回收"和"不可回收"的字样呢？在路上吃香蕉，应该把香蕉皮扔到哪里呢？如果别人把果皮和纸屑扔到地上，他做得对吗？他应该怎么做？

爱心贴士

家长要随时对宝宝进行讲卫生的教育。

智能课堂

宝宝很热衷于搞清楚周围人之间的关系，特别喜欢谈论奶奶是爸爸的妈妈、姥姥是妈妈的妈妈等话题。宝宝还特别关注周围人的情绪变化。家庭狭小的空间现在已经很难满足宝宝学习的欲望，他迫不及待地想走出家门，去外面的世界探险。宝宝会很喜欢去公园、广场等地方。在那里，他可以接触各种各样的事物，看见其他小朋友，他尤其乐意从大孩子那里学习玩耍的方式。宝宝心里也会意识到与小朋友的交往需要付出爱心，有了好吃或好玩的东西开始懂得与人分享。

专家在线

良好的卫生习惯能促成一个人一生的健康平安。养成良好的卫生习惯，有益于孩子身心的健康成长。要从小让宝宝养成讲卫生的习惯，并用例子教育他。比如说，当宝宝开始学爬时，他的两手会脏，应教导他一定要养成饭前洗手的习惯。如果你开始和宝宝一起洗手(意思是跟他一起洗)、一起涂上肥皂，并且你跟宝宝互相洗手，互相涂抹，这可能会更有效。当你教宝宝如何洗手时，可以做些游戏：用食指或拇指围成一个小圆圈，涂上肥皂后可吹些漂亮的肥皂泡。之后让宝宝观察你洗手的过程，同时你也看看宝宝如何洗手。

适合2岁8个月的宝宝  关键词：听觉、积极态度

会唱歌的瓶子——敲一敲，听一听

游戏目的

让宝宝感知声音的高低。听觉训练不仅是听力水平训练，宝宝通过敲击，可以提高辨别声音高低的能力，从而发展宝宝的音乐智能。适当的听觉刺激会促进宝宝在情感上与人沟通及语言方面的发展，并培养宝宝积极、乐于接受外界事物的态度。

妈妈准备

两个相同大小的玻璃水瓶。

1 一个水瓶装满水，另一个装1/3的水。

2 让宝宝用筷子敲一敲，哪个瓶子发出的声音高，哪个瓶子发出的声音低。

3 也可以多找一些瓶子，分别装不同分量的水，让宝宝用筷子敲击，听听声音的高低。

4 还可以找出家里的锅、碗、盘子、盆等，用筷子敲击它们，使之发出不同的声响，感受用力敲和轻轻敲的区别。

爱心贴士

1.宝宝的听觉器官发育还不成熟，注意敲击的声音不要过大。

2.有条件可以使用真正的乐器，效果会更好。

智能课堂

音乐智能的开发宜早不宜迟：

0～2岁：主要是培养宝宝对音乐的感知力和领悟力。尤其是让孩子多听，听一切优美的音乐，并可借机观察他是不是有音乐方面的天赋，或他对音乐有没有兴趣。

2～3岁：宝宝听到音乐可能会不由自主地随着音乐手舞足蹈，这时要特别培养孩子的节奏感，给他听的音乐可以是节奏性比较强的，同时，还要注意宝宝是不是可以准确地跟着音乐节奏翩翩起舞。

3～4岁：这段时间可以让孩子从单纯节奏练习向旋律、音准方面过渡，并可以让他配合乐曲接触乐谱。学习电子琴是这一时期不错的选择。

4～6岁：这段时间是开发孩子音乐智能最关键的一个契机，现在可以让宝宝学习一些实际的音乐技能了，比如钢琴、小提琴、扬琴、古筝、二胡等乐器的演奏。

专家在线

宝宝的年龄越小，发展越不稳定，波动性越大。家长不能在发育正常的宝宝之间简单地做横向比较，对宝宝的发展下简单结论。家长应细心了解评价宝宝各个方面的发展细节，有针对性地促进宝宝发展。

适合2岁9个月的宝宝  关键词：记忆力、自信

妈妈迷路了——带妈妈回家

游戏目的

记忆力训练。2岁多的宝宝记忆力明显增强，已经可以记住一些近期发生的事情。通过游戏，可以强化宝宝的记忆能力，使无意记忆成为有意记忆，从而增强宝宝的生活能力。自信是自我认知智能发展到一定高度的重要表现，只有了解自己才会有自信，自信的人清楚自己的身体、能力和性格，在生活中更易获得良好人际关系和成功。

妈妈准备

户外。

1 妈妈和宝宝在家附近玩耍，回家时，妈妈装作迷路了，说："我不知道回家的路怎么走，宝宝，你记得吗？"

2 宝宝说："记得。"

3 妈妈说："那你能带我回家吗？"

4 宝宝说："妈妈跟我走吧。"妈妈跟着宝宝一起走。

爱心贴士

平时和宝宝外出时，有意识地引导宝宝记住路上的一些标志性建筑或特殊性标志，既可以加深记忆，又可以认识一些简单的字。

智能课堂

一些研究表明，宝宝与母亲分离时的痛苦强度部分取决于母婴之间的交往和依恋关系。也就是说，当宝宝与母亲分离时，宝宝和母亲之间的母婴依恋关系越密切，宝宝的分离焦虑反应就越强烈。克服分离焦虑的办法之一就是母亲不要过分溺爱孩子，不能时刻都不离孩子身边。母亲应该和孩子之间保持适度距离，同时给予孩子独立

探索的空间，多让孩子自己动手操作，积极培养孩子独立勇敢的个性品质，从而使孩子不过分依赖母亲。

此外，成人要经常给予孩子鼓励和肯定，多对孩子说一些肯定的话语，如“宝宝真能干”、“宝宝能行”、“宝宝真勇敢”、“宝宝自己来”等，通过鼓励，增强孩子的自信心和独立做事的勇气。

专家在线

宝宝是否具有照顾自己生活的能力，有其重要意义。从发展角度而言，这代表着身心成熟到某一程度，可主动掌握自己的行为。这种行为，使他逐渐脱离依赖或被动的互动，进而能在自己意志中主动行事。在生理需求方面，不再只是依赖爸爸、妈妈；在心理层次方面，它更是宝宝建立自信心与安全感的重要基础。

适合2岁9个月的宝宝  关键词：记忆力、观察力

记得准，找得快——找图片

游戏目的

记忆力训练。2岁左右的宝宝，再现（回忆）的能力有很大发展，能用行动表现出初步的回忆能力。这个游戏可以进一步发展宝宝的记忆和对应能力。宝宝的知识经验来自于观察，良好观察力是获得知识经验的前提条件。从小有意识地训练，可以让宝宝养成善于观察、善于学习的好品格。

妈妈准备

小熊、小狗、小兔的图片各一张。

游戏步骤

1 妈妈把三张图片放在地板上，要求宝宝记住这几张动物图片。

2 宝宝闭上眼睛，妈妈悄悄拿走一张，再让宝宝睁开眼睛看看少了哪一张。

3 将三张图片倒扣在地板上，让宝宝记住它们对应的位置。

4 妈妈问：“小熊在哪儿？”让宝宝凭记忆找出小熊藏在哪儿。

5 小狗、小兔图片的游戏玩法以此类推。

6 互换角色，让宝宝藏，妈妈猜。

爱心贴士

1.动物图片可以根据家里情况来选择。

2.图片数量可以根据宝宝的实际能力增加或减少。

智能课堂

怎样培养宝宝的忍耐性:

1.通过有规则运动锻炼身心。有了健康的身体才会有健康的心理，运动有无与伦比的功效。确立可行的目标，每天进行一定量的运动锻炼，宝宝会逐步具备进行自我调整的能力。

2.玩益智玩具。最好让宝宝玩一些具有开发智力功能的玩具，例如积木类。把一个个小木块堆积在一起组成不同形状，这个过程可以锻炼宝宝的耐性。此外剪纸同样也是一种培养宝宝忍耐性的好方法，沿着画好的线小心地裁剪，自然而然地锻炼了宝宝的忍耐性。

3.多玩团体游戏。与单独玩相比，玩团体游戏可以使宝宝养成遵守规则的习惯，在游戏等待的过程中，锻炼宝宝的忍耐性和团结协作精神。

专家在线

经常带宝宝到户外去，鼓励他观察空中云朵的变化、行人的千姿百态、植物的不同形态、小动物的活动，以及车辆、建筑、商品等，有益于发展宝宝的观察力。

适合2岁9个月的宝宝  关键词：关心别人、情商

小熊生病了——看望朋友

游戏目的

学会关心别人。这个游戏可以通过妈妈和宝宝的互动，让宝宝初步了解看望他人的方式，学习相关的礼仪和规则。情商是衡量个人非智力因素发展的一个重要指标。能够敏锐知觉他人情绪、善于控制自己的情绪，以及能与他人和睦相处、进行良好合作的人更有可能取得成功。

妈妈准备

家中。

1 妈妈把小熊维尼的毛绒玩具放在宝宝的小床上，说："维尼生病了，宝宝去看望它吧。"

2 妈妈可以先示意宝宝："去看望病人，我们给它带些什么东西呢？"

3 到了宝宝的小床前，看看宝宝对维尼说些什么，妈妈可以代替小熊和宝宝互动、交谈。

爱心贴士

1.如果宝宝不会说，妈妈要教宝宝说一些问候的话语。

2.把宝宝说的话记录下来，同时和宝宝讨论一下，要是爷爷、奶奶、爸爸、妈妈生病了，应该怎样做。

智能课堂

研究发现，交往智慧是人类智慧的重要组成部分，人类社会的维系有赖于人际交往智慧。人际交往智慧高的人能够考虑到自己的行为后果，预期他人的行为，确定潜在的利益和损失，并能成功地处理各种人际交往问题。后天的教养对人际交往智慧的形成有很大的影响作用，因此，在孩子幼小的时候就应该培养。

1~3岁宝宝社会交往智慧的发展特点：

1.在看护人在的情况下，宝宝开始探索周围环境。

2.主动与人交往，接纳一些除家人以外的熟悉的人，如保姆、邻居。

3.逐渐学会分享，能与别的孩子玩，会给别人玩具。

4.开始关注社交准则，如知道自己应该怎么做。

5.出现亲社会行为，在他人感到难过时，会做出一些安抚行为。

6.开始表现出同情心和善良的一面。

专家在线

游戏是宝宝获得知识、开拓智慧的最佳途径。杰出教育家马卡连柯说："游戏在婴幼儿生活中具有极其重要的意义，具有与成人活动、工作和服务同样重要的意义。"因此，培养智能超常的宝宝，首先应从游戏开始。

适合2岁9个月的宝宝  关键词：交往、协作

大家一起做游戏——团队活动

游戏目的

通过安排宝宝和同龄的孩子一起玩团体游戏，培养宝宝的合作交往能力，提升宝宝的右脑人际交往能力。

妈妈准备

球、玩具等。

1. 安排宝宝和同龄的孩子玩团体游戏。
2. 鼓励团体活动，并提供足够的玩具。
3. 安排需要两个人合作的活动，如互相滚球、过家家等。
4. 将一块硬纸板架在书上制造一个斜面，指导宝宝从高处轻推玩具卡车，使它滚到下面，让一个宝宝推车，另一个宝宝去接，然后交换位置。
5. 让两个宝宝彼此相距1米左右坐着，要他们一来一往地推球或是推玩具车，若他们做得好，要予以称赞。

爱心贴士

与大家一起玩游戏可以培养宝宝的团队意识。

智能课堂

了解不同阶段宝宝的兴趣点。每天看着宝宝成长，很难明确地觉察出宝宝究竟长大了多少，在哪些方面有什么样的进步。但当你回头看前几个月宝宝的照片时，你会发现宝宝的成长速度之快，是我们难以想象的。宝宝的身心每时每刻都在发生变化，合格的父母要随时了解不同阶段宝宝的需要，以及这个年龄段宝宝的兴趣点，并为宝宝创造适当的教育环境。

专家在线

宝宝要与外界沟通的兴趣很大。如果一个人独处或玩玩具，他就会感到无聊，还常常发生“么么”、“吧吧”、“嗒嗒”等各种声音，或以假咳嗽和咂舌声来吸引人。他会摸着妈妈的脸表示问好，而且总是黏着妈妈或让妈妈抱紧他。宝宝见到熟悉的人会报以微笑，但见到陌生人就转过脸表示害羞，甚至害怕地大哭。此时的宝宝特别需要朋友，从其他小朋友那里宝宝可以得到许多生活经验，因此父母平时应多带宝宝走出家门，为孤单的宝宝找几个好伙伴。

适合 2岁9个月 的宝宝  关键词：运动、创造性

公平的竞赛——和爸爸妈妈赛跑

游戏目的

这个训练除了能让宝宝积极地、创造性地制定训练规则外，还能让宝宝了解玩游戏最重要的是每个人都有赢的机会，每个人都能享受游戏的乐趣。

妈妈准备

较宽敞的场地、书本、乒乓球，爸爸妈妈要鼓励宝宝和自己一起比赛跑步。

1 爸爸妈妈对宝宝说，要和宝宝一起比赛跑步。

2 一开始，当然是爸爸妈妈会赢了。这时家长再启发宝宝可以制定规则，怎样给爸爸妈妈设置难关。

3 爸爸妈妈可以用书本、乒乓球提示宝宝，譬如让爸爸顶书本、妈妈双膝夹住乒乓球等，再跟宝宝赛跑。

4 如果还是水平悬殊，还可以让宝宝给爸爸妈妈提出新的规则。

爱心贴士

如果爸爸妈妈能全身心地投入游戏，就能为宝宝树立最好的行为榜样，也最能让宝宝获得成功的满足感。

智能课堂

这个阶段的宝宝充满探险精神，他经常从台阶上往下跳，而且落地也更平稳；骑三轮脚踏车时已经能自如地转弯；手指也更加协调，可以轮换倒两个杯子里的水，而且水很少被泼洒出来。手指灵活的宝宝还能用剪刀剪出有形状的图形。大多数宝宝大小便前都知道叫人，有些宝宝已经能自己独立上厕所，但是还需要家长帮助擦屁股、冲厕所、提裤子。有时你把宝宝独自关在房间里，他能独自转动门把手拉开门跑出来。

专家在线

此阶段宝宝的认识活动主要以右脑观察事物和分析事物为主，即思维特点是以形象思维为主。父母若在此时持之以恒地进行宝宝的右脑开发训练，可以收到事半功倍的效果。

适合2岁9个月的宝宝  关键词：运动、学习

滚皮球——滚一滚，认一认

游戏目的

提高宝宝的运动能力。滚球可以锻炼宝宝的手部力量和敏捷性，还可以锻炼手眼协调能力。在游戏中学习汉字和数字，可以让宝宝感到轻松和快乐，提高自主学习能力，更好地适应今后的学校生活。

妈妈准备

纯净水空瓶若干，彩纸、水彩笔、皮球、空纸盒各一个。

1 妈妈在彩纸上写一些汉字或数字，放进瓶子里，每个瓶子放一张。

2 将瓶子按一定距离并排放好，让宝宝在瓶子前方1米左右处蹲下，滚动皮球将瓶子撞倒。

3 每撞倒一个瓶子，让宝宝将彩纸取出并打开，认一认相应的汉字或数字。

爱心贴士

1.开始时可以少放几个瓶子，当宝宝撞倒瓶子的准确率较高时，再逐渐增加瓶子数量或调远距离。

2.彩纸上汉字或数字的难易程度视宝宝的能力而定。

智能课堂

1岁~1岁半是理解语言阶段，这个阶段宝宝能够懂得成人说出的某个词，自己也能够说出一些词，语言交际能力由此开始。1岁半~3岁是儿童积极的语言活动发展阶段，这个阶段儿童语言的发展有了质的飞跃，这就是儿童语言智慧发展的一般规律。

语言学习不能孤立进行，必须与动作、情绪情感以及其他方面结合起来，让宝宝有比较清楚的体验，宝宝就能将某个特定的音跟相应的物体对应起来。生活中有很多教育机会，父母只要做个有心人，与宝宝一起听听、说说、看看，宝宝的语言智慧就会发展得很好。

专家在线

情绪智力包括认识自身情绪的能力、妥善管理情绪的能力、自我激励的能力、认识他人情绪的能力、人际关系的管理能力。这5个方面的能力，偏重于自知、自控、热情、坚持、社交能力等所谓非智力因素方面的一些心理品质，这些品质构成了我们通常所说的生活智慧。

适合 2岁10个月 的宝宝

关键词：跳跃、性格培养

我们一起跳跳跳——跳跃

游戏目的

锻炼宝宝的跳跃技巧。这个时期的宝宝对前后左右的概念还不是很清晰，通过游戏一方面可以锻炼宝宝的跳跃技巧，同时还能促进宝宝对空间方位的认识。动作可以表达思想感情，每个宝宝的气质类型不同、生活环境和接触的人群也不同，会形成不同的性格，欢快的情绪体验可以让宝宝感知自己的幸福，表现自己的情绪，逐渐养成良好的性格。

妈妈准备

家中或户外。

让宝宝先学会儿歌，再做动作，按照节奏来跳。

附：儿歌

跳跳跳，跳跳跳，我学小兔双脚跳。向前跳，向后跳，向左跳，向右跳。

跳跳跳，跳跳跳，我学小鹿双脚跳。向前跳，向后跳，向左跳，向右跳。

跳跳跳，跳跳跳，我学小马双脚跳。向前跳，向后跳，向左跳，向右跳。

爱心贴士

可以根据宝宝的特点续编这首儿歌。

智能课堂

如何纠正宝宝动作慢的问题：

1.制定时间表。根据宝宝的个性，结合妈妈上班时间，给宝宝制定一个严格的时间表，让宝宝按照时间表活动。

2.教会宝宝生活技巧。宝宝“偷懒”常是因为不会，妈妈应耐心教宝宝一些生活技巧，如怎样刷牙、怎样穿衣，再规定他做完的时间。

3.让宝宝学会看时间。让宝宝学会看表，并在闹钟响时起床。

4.进行一些比赛。妈妈可以和宝宝比穿衣，看谁快，并故意让孩子赢几次，让他有成就感。

5.多鼓励。一些夸奖性的话语，如“宝宝穿衣服又快又好”，“宝宝真能干，做事真麻利”，会让孩子很开心，并激发他的自信。

6.制定惩罚措施。如果孩子没在规定时间完成任务，就不能拿他最心爱的玩具玩。制定这样一些惩罚措施也是有效的，但惩罚不能过重，要求不要太高，以免给孩子留下心理创伤。

专家在线

这个阶段的宝宝走、跑、跳等基本动作更加协调，身体控制能力进一步提高。

适合2岁10个月的宝宝

关键词：适应力、协调能力

玩“保龄球”——全身运动

游戏目的

帮助宝宝练习滚球，手眼协调能打中目标，进而提升宝宝的右脑肢体协调能力。

妈妈准备

几个喝饮料剩下的塑料瓶、小球一个、较空旷的场地。

1 在离宝宝1~2米的地方，放些空的饮料瓶。

2 家长教宝宝蹲下使球向饮料瓶滚去。

爱心贴士

1.该训练要在宝宝会用手把球滚动的前提下进行。

2.若宝宝击中目标，家长要表扬宝宝，若击不中目标，就鼓励宝宝把球拾回重来。

智能课堂

此时宝宝的基本动作已经非常敏捷，他不需要集中过多精力在走路、站立、跑步或跳跃上，走路时已可以像大人一样摆动双臂。由于宝宝运动能力非常强，运动量大，宝宝的肌肉变得结实而有弹性。现在，宝宝已经具备了良好的平衡能力，并会拍球、抓球和滚球，但是仍难以接住球。宝宝还能摆弄一些大纽扣、按钮和拉链。宝宝的空间感提高很快，能成功地把水（米）从一个杯中倒入另一个杯中，而且很少洒(撒)出来。在精细动作方面，部分宝宝现在开始学习用剪刀剪开纸张了。宝宝还能把馒头或面包一分为二。有些宝宝已经能自己洗脸洗脚，会自己穿衬衫，双手已经能合作系扣子，并可以分清左右。

专家在线

陪宝宝一起玩游戏是最快乐的，一边能自己玩，一边还能开发宝宝的潜能。

适合2岁10个月的宝宝  关键词：手指动作、艺术感受

漂亮的纸花——做手工

游戏目的

锻炼宝宝手指的灵活性和准确性。活动手指可以刺激大脑的广大区域，而通过思维和观察又可以不断纠正、改善手指动作的精细化程度。眼、手、脑的配合协调能极大地促进宝宝智力的发展。通过不同颜色和形状搭配，可以引导宝宝对色彩和形状的认识和喜爱，提高宝宝的审美能力和艺术感受力。

妈妈准备

彩色卡纸、胶棒、剪刀、胶条、吸管、铅笔。

1. 妈妈在彩色卡纸上画出不同大小、不同形状的图案。
2. 让宝宝把它们剪下来。
3. 把大小、颜色不同的图形分别粘在一起，做成花朵。
4. 用胶条把吸管固定在花朵的背面。翻过来，一朵漂亮的纸花就完成了。
5. 把彩纸剪成圆形，再通过两次对折找到圆心，沿一条折痕把圆剪开，剪到圆心后把两边粘起来呈漏斗形，再将长短合适的吸管粘在下面，做成小雨伞。

爱心贴士

如果没有彩纸，可以在白纸上画出花朵的形状，再用彩笔涂上颜色。

智能课堂

超常儿童一般具备以下特点：

1.生理构造优异，说话、走路早，耐力及一般健康指数均超过正常值；

2.注意范围较广，能察觉一般儿童不能察觉的事情；

3.学习迅速，少重复，喜欢接受挑战；

4.能成熟地运用各种说话技巧，以表现自己的能力；

5.能提出较多问题，想探索深层次的原因，并以学习为乐趣；

6.对有兴趣的事物，都不惜耗时而求之；

7.适应能力强，能熟练地分析自己的能力、限度及问题；

8.具有高度独创性，并能使用优良而不平常的方法与观念；

9.具有一种或更多特殊才能；

10.不容易因失败而灰心丧气；

11.情绪较稳定，并能判断别人的能力。

专家在线

婴儿时期是宝宝社会性萌动和迅猛发展阶段，其社会性能力突出表现在亲子交往、初步独立能力的形成以及与小伙伴和其他成年人进行积极交往等方面。

适合2岁10个月的宝宝

关键词：操作能力、空间智能

小猫咪——折纸

游戏目的

提高宝宝操作能力。手的精细动作发展有助于宝宝智力发展，操作能力发展是日后学习任何技能的前提条件。拥有发达空间智能的宝宝更加倾向于从整体上来认识周围环境，空间智能的发展有助于发展观察能力，促进宝宝视觉敏感性和准确性。

妈妈准备

各种颜色的正方形纸。

1 将正方形的纸对角折成三角形。

2 再将两边的锐角向下折成猫耳朵。

3 把下面的角往上折。

4 把折好的纸翻过来，用笔画上眼睛、鼻子、嘴巴，就是一只可爱的猫咪了。

爱心贴士

1.折小猫前让宝宝练习将纸对折，折的时候要提醒宝宝把角对齐、线压平。

2.新纸的边缘很锋利，注意不要划伤宝宝。

智能课堂

宝宝长高的四大要素：

1.不能挑食。长高过程有两个高峰期：一个是婴幼儿时期，另一个是青春期。这个时期营养是基础，要给孩子多吃些富含各类营养的食物，如豆类制品、蛋、鱼虾、奶类、瘦肉等动物性食物，富含维生素C和维生素A以及钙等无机盐的蔬菜、水果等，尤其是钙，给幼儿和学龄儿童补充适量的钙质和鱼肝油对长个子是很有益处的。

2.保证睡眠充足。科学家们发现，生长激素的分泌高峰是在孩子睡眠时，即在晚上10点以后，而且会持续较长时间。希望孩子长个子，一定要让他在晚上10点以前就寝。睡眠充足是促进宝宝长高的重要保证。

3.多选有利于长个儿的运动。孩子的活动应当选择轻松活泼、自由伸展和开放性的项目，比如游泳、舞蹈等。

4.保持心情愉快。影响孩子成长的重要生长激素，在情绪低落的时候分泌较少。

专家在线

人们经常认为宝宝3岁之前没有记忆，其实这是一种误解。虽然宝宝长大以后不能清晰地回忆起3岁之前的经历，但是，妈妈或照顾者对待宝宝的态度以及经历的特殊事件会以隐性记忆储存在宝宝的脑海中。谁带大的宝宝，宝宝就亲谁，就是这个道理。

适合2岁10个月的宝宝  **关键词：协调能力、空间智能**

抛接球——抛接物体

游戏目的

训练宝宝抛接物体的技能。锻炼宝宝的手眼协调性，促进其空间知觉发展，增强宝宝的感受性。空间智能影响着宝宝认知能力的发展，及早地识别和培养宝宝的空间智能，对其今后各方面智能发展都有着重要意义。

妈妈准备

一个小皮球。

1 爸爸、妈妈和宝宝围成圈站好，保持70~80厘米的距离。

2 妈妈手拿球，宝宝伸出双手，准备接球。

3 妈妈将球抛给宝宝，宝宝接住球，再抛给爸爸。

4 反复进行。

爱心贴士

1.皮球大小要适中，不要太大或太小，否则宝宝接不住。

2.开始时，爸爸、妈妈和宝宝应站得近一些，待宝宝熟练后，可逐渐拉大接球距离。

智能课堂

美国心理学家布鲁纳说："一个孩子到4岁时，其智力发展了50%，另外30%到8岁时发育完成，其余20%到17岁完成。"

教育家马卡连柯说："教育基础主要是5岁以前奠定的，它占整个教育过程的90%。"

教育家蒙台梭利说："儿童出生后三年的发展，在其程度和重要性上超过儿童一生的任何阶段。"

如果婴儿失去早期教育，任其自然生长，浪费了幼年时期的宝贵时间，就会使脑细胞发育废止，树突生成少而短，细胞与细胞间联系不紧密。这是因为在婴幼儿成长过程中，一旦错过了开发机会，脑组织结构就会趋于定型，潜能就会受到限制，即使有超人的天赋，也无法获得良好发展。如学音乐、美术、外语、游泳、滑冰等，都提倡早期训练才能有所成效，起步迟了就难以成才。据说中国和日本的围棋高手，几乎都是在5岁左右学会下棋的，而实际上他们接触围棋并饶有兴趣地看成年人对弈，时间还要早得多。

专家在线

爸爸、妈妈要和宝宝建立起稳定、一致的合作关系。这需要爸爸、妈妈对宝宝发出的各种信号（包括言语和非言语信息）能够及时感应并准确做出回应，不要喜怒无常，并应始终让宝宝感受到爸爸、妈妈总会在他需要的时候出现。

适合 2岁11个月 的宝宝  关键词：性别、自知能力

我是男孩（女孩）——认识性别

游戏目的

辨识性别。认识自己的性别能够让宝宝更好地了解自己，更好地控制自己的行为。自我智能发展良好的宝宝能够对自己充满信心，对世界充满好奇，在参与数学、空间、音乐等方面的活动时就会表现出积极的行为，从而得到全面发展。

妈妈准备

一些画册或图片，上面画有男孩、女孩、穿衣、吃饭、上学、运动等画面。

1 请宝宝辨认图中谁是男孩、谁是女孩，谁是哥哥、谁是弟弟，谁是姐姐、谁是妹妹，注意性别的区分。

2 让宝宝尝试说一说男孩和女孩在头发、衣着、身体特征等方面的不同。

3 让宝宝说说自己和图中的哥哥或姐姐有哪些方面是一样的，说说自己是男孩还是女孩。

爱心贴士

注意平时不要给宝宝异性装扮，这样会对宝宝的心理造成不良影响，很可能导致不正常的性取向。

智能课堂

研究显示，父母用正确的名称向儿童说明身体各器官，是颇为重要的。使用暧昧或胡诌的话语解释生殖器，容易让儿童误解生殖器“不对劲”和“不能说”。更有趣的是，一项关于学龄前儿童的研究结果发现，生殖器常被孩子形容成不是身体的一部分，因为它们不像“鼻子”与“耳朵”那样，拥有确切的名称。想想看，这种结果是谁造成的？

不知道“正确”的名称，也会使沟通发生困难，例如，一项以700个儿童对于“阳具”的定义所做的实验结果，居然出现了65种不同的说法。这表示我们的父母习惯用神来之

笔对孩子进行性教育。假如小孩子用不正确的叙述，例如“下面那儿”或“我的下部”，去描述一桩性伤害或者性虐待案，相信法官很难据此判定嫌疑犯的罪行，对受害者而言，这无疑又是另一种伤害。

专家在线

自知智能是八项智能中比较“神秘”却又具有重要作用的一个。它能让宝宝了解自己，更好地控制自己的行为，同时还能促进其他智能发展。最为直接的就是交往智能，因为自知智能发展好的宝宝，能够较好地理解他人，体察他人情绪，这对他们有效交往是非常有帮助的。

适合2岁11个月的宝宝

关键词：发现问题、求知欲

飞机尾部的白烟——小实验

游戏目的

锻炼宝宝发现问题的能力。引导宝宝观察自然界和社会中的事物，多问几个“为什么”，培养宝宝善于发现问题的能力，从而引发其进一步探究事物真谛的兴趣。这个时期的宝宝对一切都充满了好奇，有意识地引导可以激发宝宝的求知欲，提高他探索科学奥秘的兴趣。

游戏步骤

1 引导宝宝观察飞机尾部在天空中留下的一道白烟。

2 在空杯子里倒入半杯温水，观察杯子上部就会发现有许多水蒸气。

3 拿冰棍儿靠近杯口，这时杯口上就出现了白烟。

妈妈准备

一个空杯子、一根冰棍儿。

爱心贴士

和宝宝一起查一下资料，找一找这是为什么。

智能课堂

如何激发孩子对科学的兴趣：

1.学会倾听。当孩子问到诸如“为什么我不能像蝗虫那样把草当做食物”、“眼泪是从哪儿来的”、“蜘蛛怎么会吐出这么多丝”等问题时，要是你能马上作答，那当然好。但要是你缺乏这方面的知识，那么最好直率地承认你不知道，然后再和孩子一起，通过请教专家、查阅图书得到解释。不少孩子还会以自己独有的方式，寻找问题的答案。有位母亲曾看见她3岁的女儿向厨房的地板掷鸡蛋。“这些蛋为什么不能像乒乓球那样弹起来呢？”她天真地发问道。在大人们听来，这似乎十分荒唐。但家长要是耐心地予以引导，她便一定会对生活中遇到的无数“为什么”产生浓厚兴趣，从而自然而然地步入科学殿堂。

2.经常去博物馆。博物馆是引导孩子走进科学世界的最好课堂。不妨启发孩子在参观时多问几个“为什么”、“怎么”之类的问题。

专家在线

在问完孩子问题后，家长不要急于让孩子作答。不妨等待3分钟以上——这样，孩子们才有可能较完整、较逻辑、较有创造性地作出反应。对一些难度较大的问题，家长还可给孩子更多时间思考，并提出几个问题作启发。即使孩子答错了，也要多作鼓励，并指明错处。

适合 2岁11个月 的宝宝  关键词：自护、自救

遇到危险怎么办——紧急电话

游戏目的

认识紧急电话。生活能力培养需要从点滴入手，这个游戏需要在平日教育的基础上进行，要让宝宝不仅认识，还要能够区分三个电话的不同用途。现代社会存在太多安全隐患以及各种各样可能造成的伤害，有意识地培养宝宝树立安全防范意识，可以减少灾难的发生，将伤害程度降到最低。

妈妈准备

救护车、消防车、警车图片或玩具。

1 妈妈制作“119”、“110”、“120”三个卡片。

2 妈妈拿出救护车图片或玩具说：“我生病了，要去医院，宝宝快打电话吧！”鼓励宝宝拿出相应的电话号码卡片。

3 接着妈妈再设计相应的情节鼓励宝宝拿出相对应的图片和电话号码卡片。

4 指导宝宝认识电话机上的数字及拨打电话的方法。

爱心贴士

要提醒宝宝，只有真正遇到危险时才能打救援电话，不可无故拨打这三个电话。

智能课堂

发现孩子潜能，提高智力：

1.注意力。实验表明，在教育环境良好的情况下，3岁幼儿的注意力可以连续集中3～5分钟，4岁幼儿可以集中10分钟左右，五六岁幼儿可以集中15分钟左右。注意力是孩子认识事物的开始。注意力稳定、持续的孩子，掌握知识的速度也就更快，而且记得非常牢固。

2.观察力。观察力可以帮助孩子得到周围世界的有关知识和信息，是认识世界的基础。人的大脑所获得的信息，有80%～90%是通过视觉、听觉输入到大脑的。因此，训练孩子的观察力，要从基本的感知觉能力培养入手。

3.思维力。思维的发展分为直观动作思维、具体形象思维和抽象逻辑思维3个阶段。0～3岁的孩子，直观动作思维占主导地位；3～6岁的孩子，具体形象思维占主导地位，与此同时，已经具备了初步的抽象逻辑思维。

专家在线

爸爸、妈妈要和宝宝进行积极的情感交流，要关注宝宝每天的变化，及时表达对他的肯定和鼓励。否定、怀疑、训斥、打骂宝宝应该成为爸爸、妈妈的禁忌，快乐的宝宝必然会同爸爸、妈妈建立安全型依恋。

适合2岁11个月的宝宝  关键词：手部动作、成就感

动力小火车——自制玩具

游戏目的

锻炼宝宝的手部动作。鼓励宝宝自己动手制作玩具，可以极大地调动宝宝的积极性和参与感，在动手的过程中可以发展手部精细动作能力，促进智力的提高。成功的喜悦将会有助于宝宝积极情感的培养，以造就他们积极进取的优秀品质。

妈妈准备

几个长方形药盒，一些乐百氏瓶盖，一个小药瓶，一些羊角螺丝、曲别针、锥子，以及彩色卡纸和双面胶。

1 剪掉药盒的一面做火车车厢。

2 在车厢两边用锥子各扎两个孔，把乐百氏瓶盖塞进去，瓶盖就成了轱辘。

3 用羊角螺丝和曲别针把车厢连起来。

4 在每个车厢上面用双面胶贴上几个剪成不同形状的彩色卡纸。

5 用一个最大的药盒当火车头。分别用彩色卡纸剪一扇门和一扇窗，贴在火车头上。

6 在火车头上剪一个小洞，把小药瓶倒着插进去，一个火车烟囱就做好了。

爱心贴士

不要让宝宝使用锥子，有难度的工作还是需要妈妈来动手。

智能课堂

一般来讲，高EQ的孩子都具有如下特点：

1.自信心强。不论在什么时候、目标是什么，都相信通过自己的努力有能力和决心去实现自己的愿望。

2.好奇心强。对许多事物都感兴趣，想弄个明白。

3.自制力强。善于控制和支配自己的行动能力。有时是善于迫使自己去完成应当完成的任务，有时是善于抑制自己，避免不当行为的发生。

4.人际关系良好。能与别人友好相处，在与其他孩子相处时，积极态度和体验（如关心、喜悦、爱护等）占主导地位，而消极态度和体验（如厌恶、破坏等）很少。

5.具有良好的情绪。活泼开朗，对人热情、诚恳，经常保持愉快的心情。

6.同情心强。能与别人在情感上发生共鸣。这是培养孩子爱人、爱物的基础。

专家在线

对一个成长中的宝宝来说，由于自我意识较强，往往无法与他人分享玩具等。所以爸爸、妈妈必须了解宝宝以自我为中心的心理，采取适当的方法使宝宝感受分享的乐趣；当宝宝不愿将玩具与同伴分享，而有争吵行为发生时，别急着介入他们的争执中，应给予宝宝自主的空间，让他学习去解决问题。

适合 3岁 的宝宝  关键词：小肌肉、自理能力

小能手——练习用筷子

游戏目的

锻炼宝宝小手肌肉的灵活性和控制能力。小肌肉动作发展对宝宝今后的学习非常重要。用筷子夹食物是非常精细的动作，能够很好地发展宝宝的小肌肉动作能力，使用筷子对宝宝来说是一种挑战。随着独立意识的增强，宝宝能够独立做好一些日常生活中力所能及的事情，鼓励宝宝做一些和自己密切相关的事情，也为他养成良好生活习惯以及生活自理能力的提高奠定基础。

妈妈准备

一双适合宝宝用的筷子、两个小碗、海绵、棉花、沙包、小玩具等。

1 妈妈示范拿筷子，教宝宝正确使用筷子的方法，让宝宝模仿。

2 把海绵、玩具等放入一个碗中，另一个碗并排挨着，让宝宝把碗中的物体夹到另一个碗中。

3 拉大两碗的距离，或者换一些比较难夹的物体让宝宝夹。

4 让宝宝反复练习，吃饭的时候鼓励宝宝使用筷子。

爱心贴士

1.选择让宝宝夹的物体大小要适中，不要选择表面太光滑的物体。

2.可以不断变换给宝宝夹的物品，由易到难。

3.每次练习时间不宜过长，以免宝宝手部肌肉疲劳。

智能课堂

及早进行手的活动功能训练，不仅可以促进手部骨骼和肌肉发育，还可以促进脑发育，使孩子不仅“心灵”，而且“手巧”，还能让

幼儿享受用筷子进餐的乐趣。所以说，幼儿应从2~3岁时就学习使用筷子，尽量避免用勺子。

使用筷子时，大脑和手进行着一系列的精细协调动作。用筷子夹食物时，不仅是5个手指要同时活动，腕、肩及肘关节也要一起参与。从大脑各区分工情况来看，控制手和面部肌肉活动的区域要比其他肌肉运动区域大得多，肌肉活动时刺激了脑细胞，有助于大脑的发育。

专家在线

宝宝学习使用筷子，开始会很不熟练，姿势也不一定正确，吃饭的时候宝宝可以借助筷子把饭拨到嘴里，但是要宝宝用筷子夹食物就有一定的难度。妈妈不要心急，要让宝宝自然喜欢上使用筷子，如果强迫其练习，效果会适得其反。

适合3岁的宝宝

关键词：运动、协调

小皮球——单手拍球

游戏目的

锻炼宝宝手眼的协调性，提高宝宝的右脑肢体协调能力。

妈妈准备

2个小球，较空旷的场地。

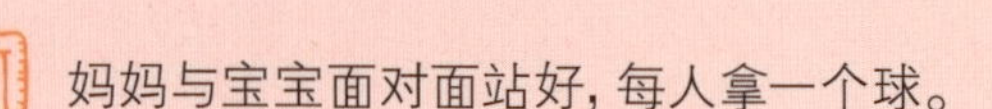

游戏步骤

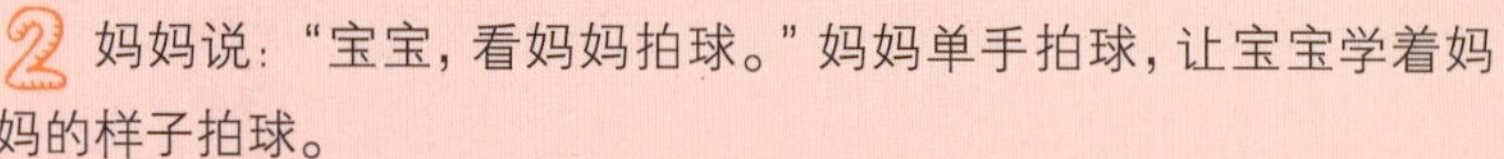

1 妈妈与宝宝面对面站好，每人拿一个球。

2 妈妈说："宝宝，看妈妈拍球。"妈妈单手拍球，让宝宝学着妈妈的样子拍球。

3 妈妈换手拍球，说："宝宝，换手拍喽。"让宝宝也用另一只手拍球。

爱心贴士

要指导宝宝双手交替拍球，不要光用右手拍。

智能课堂

正确把握吃零食的尺度。现在的宝宝非常好动，整天活动会消耗大量热能。因此，每天在正餐之外恰当补充一些零食，能更好地满足身体新陈代谢的需求。研究表明，宝宝恰当地吃一些零食，营养会更均衡。这也是摄取多种营养的一条重要途径。爱吃零食并不是坏习惯，关键在于要把握一个科学的尺度。首先，吃零食的时间要恰当，最好安排在两餐之间，不要在餐前半小时至1小时吃，以免影响正餐食量。其次，零食要适量。另外，要选择清淡、易消化、有营养、不损害牙齿的小食品，如新鲜水果、坚果、牛奶、纯果汁、奶制品等，不要太甜、太油腻。

专家在线

这里为家长们提供一个建议，带宝宝去爬山吧！这真是一项很不错的冬季运动，尝试通过比赛、背诗歌、猜谜语、讲故事等有趣的途径使得爬山不那么枯燥乏味，从而吸引和鼓励宝宝坚持下去。爬山的成功和喜悦对于他的身体和心理情感发展都会产生积极的影响。一个皮球、一根绳子，都可能成为宝宝游戏、运动的材料。宝宝利用各种器械做运动，可以锻炼宝宝手部、肩臂的力量，还可以增强宝宝上下肢及身体的协调性。

适合3岁的宝宝  关键词：综合认知、思维、记忆力

选工具——了解用途

游戏目的

开发宝宝的想象力，从而训练宝宝右脑的创造性思维能力。

妈妈准备

一些家庭常用工具，如小钳子、剪刀、小锤子、螺丝刀、小尺子等。

1 家长先拿起每件东西，告诉宝宝它的名称和用途。比如：这是小钳子，可以用来夹紧东西；这是小尺子，可以用来量长度；这是剪刀，可以用来剪东西等。

2 当宝宝记住这些工具的名称和用途后，家长可以问宝宝："我要在墙上钉个钉子，应该用什么工具呢？"

3 等宝宝说对后，再让宝宝把那个工具找出来。家长再问："我有一块木板，想把它分成两块，应该用什么工具呢？"或："这里有一个螺丝钉，我想把它取出来，可以用什么工具呢？"就像这样玩下去。

爱心贴士

宝宝在使用工具时一定要注意安全。

智能课堂

宝宝已经能将各种用途不同的物品分类，但还局限在按物品的用途来分，比如吃、穿、用、玩等，这说明宝宝已经初步具备了分析能力和综合能力。将近3岁的宝宝思维能力有了很大提高，他常能触类旁通。比如说到熊猫，宝宝会联想到熊猫爱吃竹子，在动物园里能看到等；又如说到蓝色，宝宝知道天和海是蓝色的，家里的日用品中也包含着许多蓝色的等。经常与宝宝做一些联想训练可以开发他的想象力，锻炼宝宝思维的活跃性。宝宝也能画一些简单的图形，如画四方形，并能封上口，但四个角都比较钝；还可以完整地画人的身体结构，虽然比例不协调，但基本的位置宝宝已经能找准了。

专家在线

等宝宝学会玩以后，也可不用实物进行训练。

适合 3岁 的宝宝  关键词：生活技能、自立

小小牙刷手中拿——刷牙歌

游戏目的

学会刷牙。3岁的宝宝具有强烈的独立意识，这个时期是培养宝宝良好生活习惯的最佳时期，在游戏中融入生活技能训练，让宝宝在玩中学到刷牙的方法。对于独生子女来说，自立精神将会影响其今后一生的发展，在竞争激烈的未来社会，一个勇敢、独立的人才会被社会所接纳。

妈妈准备

儿童牙刷、牙膏、水杯。

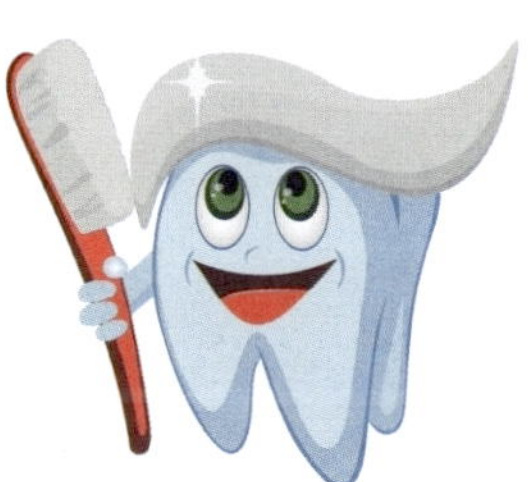

1. 妈妈先熟悉歌谣。
2. 给宝宝示范接水、挤牙膏、刷牙的动作。
3. 按照歌谣顺序指导宝宝学会刷牙。

附：儿歌《刷牙歌》

水杯接水半杯满，牙刷入杯要浸湿，
挤出牙膏黄豆大，再给牙膏戴帽子。
喝口水来漱漱口，小小牙刷手中拿。
上牙从上向下刷，下牙从下向上刷，
咬合面来回刷，内侧里面也要刷。
刷完牙，漱漱口，牙膏沫沫吐出来。
牙刷牙杯洗一洗，轻轻摆来放整齐。
刷完牙，擦擦嘴，牙齿白净人人夸。

爱心贴士

1.每次用完牙刷后要彻底洗涤，并将水分尽量甩去，将牙刷头朝上放在漱口杯里，或者放在通风有日光的地方，使它干燥而杀菌。

2.刷毛已散开或卷曲、失去弹性的旧牙刷，必须及时更换，否则对牙齿和牙龈不利。

智能课堂

怎样教孩子刷牙：

初学时，父母先作示范，让宝宝模仿成人刷牙的样子，还可以照着镜子练习刷牙的动作。正确的刷牙方法是竖刷法。上牙从上往下刷，下牙从下往上刷；咬合面来回刷。上上下下，里里外外都要刷到。每次刷2~3分钟，每天早晚各刷1次。切忌横着刷。

专家在线

乳牙龋病重在预防，应定期检查宝宝的口腔。乳牙长出以后就要开始刷牙，可在手指上缠软布或用专用牙刷刷擦牙齿。宝宝吃完食物后要立即漱口，晚上睡觉前要刷牙，少吃和喝含糖量高的食物和饮料。不要让宝宝含着奶嘴睡觉，1岁后停止使用奶瓶。一旦发现乳牙问题，要及早去医院治疗，尽可能保留乳牙以利于换恒牙。

适合3岁的宝宝  关键词：自理、综合认知、自我服务

小模特——自己穿衣服

游戏目的

训练宝宝的生活自理能力。宝宝乐意模仿成人，希望做一些能够得到成人认可的事，这是一种得到社会赞许的需要，爸爸、妈妈可在宝宝2岁左右时就在宝宝的日常教育中慢慢渗透这种习惯。在年幼时播下良好习惯的种子，日后才能结出良好行为的果子。

妈妈准备

宝宝的衣服、鞋子若干。

1 让宝宝自己挑选服装，配上鞋子。

2 让宝宝依次穿上这些衣服和鞋子，再给妈妈展示一下。

3 可以播放轻松欢快的音乐，让宝宝随着节奏走来走去。

爱心贴士

1.妈妈要耐心鼓励宝宝，切忌包办代替。

2.采取适当的激励措施，让宝宝体验到自己穿脱衣服和鞋子的乐趣。

智能课堂

3岁的孩子处于行为敏感期，家长要抓住这个重要时机根据孩子的发展阶段，多让孩子动手做事。让孩子多动手可以锻炼孩子的大动作和精细动作，促进孩子运动能力和智力的发展。

1.让孩子在日常生活中学会自我服务，自己的事情自己做。孩子此时手、脚协调能力还不完善，做起事来常常“笨手笨脚”，但家长千万别因嫌孩子麻烦或碍手碍脚而剥夺孩子学习劳动的机会。

2.让孩子在日常生活中学会为他人服务。家庭是一个集体，孩子是家庭的一员，家长要引导孩子为家庭服务，为家庭做些事情。如，扫地、擦桌子、洗碗筷、收拾书房等。

3.及时称赞。当孩子努力去做了，或做得很好时，家长要立即予以称赞和鼓励，以调动孩子的积极性，强化孩子的这种行为，但家长的赞赏应着重控制在言语和态度上，尽量少用买玩具、买东西吃等方式鼓励。

专家在线

自知智能的特征之一就是自尊自爱，因为一个人明白自己是社会的一分子，明白自己和别人的关系之后，就会尊重别人，也会要求别人尊重自己，形成良好的交往模式。对于1~3岁的宝宝来说，他们已经开始了人际交往，学习自尊对他们的人际交往是绝对有好处的。

适合 3岁 的宝宝 

关键词：灵活性、合作

你藏我找——捉迷藏

游戏目的

锻炼宝宝的身体灵活性。在藏和找的过程中，锻炼了宝宝身体的灵活性和反应的敏锐性，对宝宝身体以及智力的发展都有着重要意义。角色轮流的特性让宝宝学会等待和换位思考，发展其分享与合作的能力。

妈妈准备

家中或室外。

1 妈妈担当"找"的角色，宝宝来藏。

2 妈妈数"一、二、三"开始找。

3 妈妈要多找几个地方再"发现"宝宝，增加一些曲折性，宝宝会觉得更好玩。

4 宝宝担当"找"的角色，妈妈来藏。

5 找一些同龄的小朋友一起玩捉迷藏的游戏，大家轮流担当"找"和"藏"的角色，让宝宝逐渐适应和同龄人相处，一起分享游戏的快乐。

爱心贴士

妈妈藏的地方不要过于隐蔽，应该能让宝宝很容易找到，如果长时间找不到妈妈，会给宝宝造成恐惧。

智能课堂

发展幼儿数学思维：

儿童在4岁前后会出现一个"数学敏感期"。他们会对数字概念，如数、数字、数量关系、排列顺序、数运算、形体特征等突然产生极大兴趣，对它们的种种变化有着强烈的求知欲，这标志着孩子的数学敏感期到来了。

错过了数学敏感期，有的人一生都害怕数学，一提数学就头疼。心理学家发现，孩子对数学是喜欢、厌恶还是恐惧，取决于其在幼儿时期父母的引导正确与否。

幼儿数学的主要内容应包括帮助孩子理解数的概念，了解简单的几何形体，学习事物的空间关系和时间关系，有一些简单的数学操作技术（如自然测量）等多方面。这几个方面不分轻重，缺一不可。而且在发展孩子逻辑思维的同时，还应注意发展孩子的观察力、注意力、记忆力、空间想象能力等。

专家在线

宝宝拥有积极的分享行为是与他人有效交往的必备条件之一。鉴于宝宝各种心理能力发展的限制，并不能真正理解分享的含义。因而，妈妈在日常生活中要为宝宝树立良好榜样，让宝宝在观察学习中、在与成人交往中受到潜移默化的影响。

适合3岁的宝宝

关键词：感受力、好奇心

科学小实验——可以吃的冰

游戏目的

感受力培养。通过游戏可以帮助宝宝认识水和冰的关系和变化，增强他对事物的感受能力，激发他探索科学奥秘的兴趣。这个时期宝宝大脑中的连接急切地等待着各种新的体验，为理性思考、解决问题能力的发展做准备。

妈妈准备

食用色素、水、制冰盒。

1. 在水中掺进无毒的食用色素。
2. 把水注入制冰盒，放进冰箱做成冰块。
3. 将冰块放在盆里玩，在对话中运用颜色名称：“请给我一块蓝色的冰块”或“请给我一块红色的冰块”。
4. 还可以把果汁注入冰盒或冰棍儿器中，让宝宝体验自己制作食物的乐趣。

爱心贴士

鼓励宝宝大胆动手，不要担心弄脏弄乱家里的环境。

智能课堂

如何激发孩子对科学的兴趣：

1.评语不要绝对化。不少家长喜欢动辄对孩子作出“很好”或“完全错了”等绝对化的评语，这意味着关闭了讨论的大门。不妨说“这样的回答很有意思”、“以前我也没有这么思考过”等，以使讨论继续下去；或在孩子错误的回答中发现某些合理成分，鼓励其从不同角度出发，进行探索。要让孩子明白：科学探索是无止境的。绝对完美、绝对准确的答案实际上并不存在。

2.寓教于乐。放风筝可以帮助孩子学到许多科学知识。他们会通过手中紧握的牵引线，具体又真切地感受到在不同空间高度风向和风力的变化，还会在实践中不断改进技艺，把风筝放飞得越来越高。搭积木时，家长可诱导孩子发现，什么样的造型盖起的房子最为稳固。要是能有一些让孩子自行拆装的玩具，就更有利于培养他们独立思考的能力和动手能力了。

专家在线

这个年龄段是宝宝心理发展的第一个独立期，宝宝的独立意识增强。妈妈要善于把握时机，为其创造锻炼独立自理能力的机会。

附录1

智能教育百宝箱

多和孩子讲话有助于培养孩子的思维能力

语言是人类互动的工具，尤其是促进抽象逻辑思维的工具，也是思维能力的表现。因此，要培养孩子的思维能力，就必须培养孩子准确、流利地使用语言，心理学称之为“言语能力”。

我们知道，婴儿很早就表现出对语音的敏感性，尤其是对高频率的女声语音特别敏感。最新研究指出，2个月大的婴儿就能分辨一些常用词，如“爸爸”、“妈妈”，尽管他们还不会讲话，但所有语言刺激对他们都是有效的，可以刺激他们脑中的“语言获得装置”的活动。“语言获得装置”在接受语言刺激后，会形成一些基本语法，并累积词汇，创造出人类特有的语句来，这样孩子便获得了语言。

孩子出生后，父母就可以尽情地和他们“交谈”，让他们感受人类语言的奥妙，体会交流的愉快，这对于孩子掌握语言和发展思维是绝对必要的。

有些细心的父母还会对孩子的语言发展作观察记录，这是一件十分有趣的工作，父母可以从记录中看出孩子在言语能力上的天赋与进步，是很令人欣慰的。

怎样利用各种刺激去促进宝宝的感觉发育

婴幼儿主要通过感觉器官学习，包括视、听、嗅、味、触、本体六种感觉器官。积极地利用各种感觉发育敏感期进行感觉刺激，是开发婴儿智慧潜能的最佳途径。

1.视觉刺激。宝宝一出生就有视觉功能，他喜欢追视光亮及母亲慈祥的面孔，还有色彩艳丽、对比明显的玩具、图案等。在哺乳时，妈妈要注视宝宝的双眼，使宝宝能尽早地认识妈妈。

2.听觉刺激。在宝宝吃饱睡足后，妈妈要常和宝宝对话，亲切地呼唤其名或放首轻柔流畅的音乐，这时宝宝会手舞足蹈，咿呀学语。反复地对话，可促进宝宝早日说话。

3.嗅觉刺激。宝宝的第一个嗅觉判断是能嗅出母亲身上特有的体味而寻找乳房，遇有冷空气刺激会打喷嚏。经常让宝宝适当地闻一闻酸味（食醋）、白酒味、香水味等，可刺激其嗅觉发育，增强其嗅觉判断能力。

4.味觉刺激。宝宝出生后的第一个味觉刺激是母乳或代乳品。如果不及时给予其他的味觉刺激，将会引起宝宝偏食、拒食。所以应当在宝宝3个半月时适当地喂些橘子汁；可以用筷子蘸各种菜汤给宝宝尝尝味儿。

5.触觉刺激。宝宝每天都应洗澡。其意义除了清洁外，也是最早的触觉刺激。触觉刺激不良的孩子，长大后可能会出现人际关系淡漠、心理障碍等。在给宝宝洗澡时，妈妈要对宝宝进行全身抚摸，按摩手、脚心。平时要注意手部的触觉刺激，如让宝宝触摸不同质地（如木质、塑料、布）、不同形状（如圆形、长形）、不同温度（如凉水、温水）的物品。

6.平衡感训练。及时将婴儿竖抱起来或将宝宝由仰卧转到俯卧，让他感受不同体位的地球引力，对宝宝将来的大运动及立体感辨别有重要意义。可在宝宝高兴时轻轻地用双手托起他在空中做“荡秋千”的游戏，训练其运动平衡能力；也可将宝宝平放在床上，拉住双手，使其坐起、躺下，配以儿歌反复训练。

六种感觉的学习对宝宝的整体发育，包括智力、心理及学习生活能力等，都有重要意义。如果能从婴幼儿期就注意全面均衡地进行六种感觉训练，将使您的宝宝受益终生。

为什么爬行能促进宝宝的智能发育

多数宝宝喜爱爬，即使到了已经可以直立走路时，仍钟情于爬行。爬，看来是一种很简单的活动，但对宝宝来说并不简单，要经一番努力才能完成。爬行对宝宝各种能力的发展非常重要，绝不能越过爬行直接学走。

爬行是一种极好的全身运动，它能促进宝宝生长发育。宝宝在爬行过程中，头颈抬起，胸腹离地，用四肢支撑身体，这就锻炼了胸、腹、背与四肢的肌肉，并可促进其骨骼生长，为日后站立与行走打下良好基础。此外，爬行对宝宝来说是一项较剧烈的活动，消耗能量较大。据测定，爬行时要比坐着多消耗一倍能量，比躺着多消耗两倍能量，这样就有助于宝宝吃得多、睡得好，从而促进身体的生长发育。

爬行对宝宝的心理发展与智力潜能的开发也有较大促进作用。宝宝在爬行时，空间位置发生了变化，能够正面面对世界。爬行扩大了宝宝的认识范围，这有利于宝宝听觉、视觉、平衡器官以及神经系统的发育，同时，为宝宝建立、扩大和深化对外部世界的初步认识创造了条件。

爬行是预防儿童成长期感觉统合失调的重要手段。感觉统合就是指机体利用身体各个感觉通道有效地获取信息，大脑对信息进行解释、分析、统合等加工处理，从而做出适应性的反应。感觉统合能力是大脑高级功能（如思维、语言、推理等）发展的基础，也是智慧活动得以充分实现的基础。爬行训练对控制眼、手、脚的协调有极大的益处，能够促进宝宝平衡能力和触觉能力的发展。

所以，家长应利用多种条件让宝宝练习爬行。

听力也是一种洞察能力

用耳朵倾听，也是重要的和有效的观察。儿童天生具有聆听声音的兴趣和分辨声音的能力。出生不久的婴儿就能区别人的声音与其他物体发出的声音，而且对女性的声音特别敏感。

让孩子倾听各种物体发出的声响，让他们想象某种声音听起来像什么，让他们分辨各种声音是高还是低、是远还是近。通过这些活动，让孩子认识周围的声音。如风声、雨声、涛声、鸟鸣声、说话声、汽车喇叭声等，都可以让孩子倾听。

另外，乐器也是训练孩子听觉能力的良好工具。

要鼓励孩子倾听声音和发出声音。例如在游戏中可以让孩子模仿各种动物的叫声和各种汽车的喇叭声；要多为孩子朗读诗歌、故事，多播放悦耳的音乐给孩子听，同时还要教会孩子在讲话、唱歌时如何控制自己的音量，避免扯着嗓子喊。

同样，父母要密切关注孩子的听力。如果孩子在倾听时表现出神情迷惘或心不在焉，或者对来自身后的声音刺激无动于衷，就很可能有听觉障碍，父母应及时请医生诊断。

保护孩子的听力，必须做好预防和治疗工作，防止孩子因为感冒等引起中耳炎而影响听力。此外，不要让孩子置身于太嘈杂的环境，告诉孩子不要挖耳朵，不要随便将异物塞入耳道内等。

“见多识广”能够培养孩子的思维能力

婴儿很早就表现出一定的知觉辨别能力。据研究显示，3个月大的婴儿能从其他图形中区分出母亲的照片。还有人对6个月大的婴儿进行实验，证明婴儿能将未见过的新玩具毛绒猫与已见过的毛绒熊归为一类，并作出恰当的反应。为了培养孩子良好的思维能力，父母应充分利用孩子具有的初步知觉辨别能力，为他们提供具有代表性的物体，让他们观察、抚摸，他们便会在实际活动中认识这一类物体的典型代表（称为“类别原型”）。有研究指出，让孩子认识、熟悉麻雀、知更鸟、鸽子等，孩子可以形成关于鸟类的类别原型的概念，因为这几种鸟具有鸟类的主要特征。如果是火鸡、鸵鸟和鸡，则难以形成孩子对鸟类的类别原型的概念。

孩子在自己的活动中所掌握的类别原型越丰富，对环境的认识也就越扩大，思维积极性也就会随之增加，日益丰富的类别原型是日后形成概念的基础。孩子对这些类别原型的相同点和不同点的知觉辨别能力愈细致、愈灵活，将来思维活动中的分析和综合能力就愈强，所以，让孩子“见多识广”的确是件有益的事。

怎样不使孩子过分撒娇

在家庭生活中，孩子对父母撒娇是难免的，这是亲子情感交流的一种形式，是可以理解的。然而做父母的不能百般迁就，百依百顺，否则孩子的挫折容忍度会很低，所以父母要把握一定的尺度，不要让孩子过分撒娇。

首先，要学会区分孩子的撒娇哪些是合乎情理的，哪些是不合乎情理的。例如孩子生病、身体不舒服时，就比较容易撒娇；婴幼儿在午后和晚上要睡觉时也会撒娇。另外，外界扰乱了孩子的生活习惯也可能导致孩子吵闹、撒娇，如家里来了客人，孩子容易“人来疯”；孩子到了陌生环境，因为不熟悉环境而产生心理不愉快也会撒娇。专家们认为，孩子也有生理节律的周期变化，当孩子情绪低落、心情不舒畅时也易撒娇……这些父母都应予以理解、原谅。

但对那些因不顺心、不讲道理而故意发脾气撒娇的，父母要与其沟通，不能放任听之，任其发展，至少要让孩子知道自己错在哪里，应该如何改正。

总之，对孩子撒娇的处理方式不能千篇一律，要依当时发生的状况，把握孩子撒娇的尺度，这样才有利于孩子健康成长。

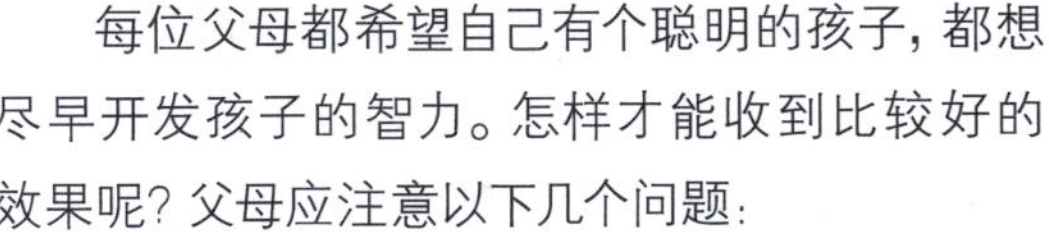

如何培养孩子的早期智力

每位父母都希望自己有个聪明的孩子，都想尽早开发孩子的智力。怎样才能收到比较好的效果呢？父母应注意以下几个问题：

1. 始于胎教。胎教的重要性已经被越来越多的人认识到，孕妇可以经常听听旋律优美的音乐，经常和胎儿说说话。另外，保持愉快心情、良好情绪对胎儿也很有好处。

2. 抓紧培养的最佳年龄。孩子的智力发展有几个关键期，抓住了关键期，就能得到事半功倍的效果：1岁以内是训练运动功能的关键期；1~2岁是训练视、听、味、嗅觉及皮肤触觉的关键期；1岁半~3岁是训练口语的最佳期；4~5岁是训练阅读（看故事书）的最佳期；5岁是掌握数学概念的最佳期；3~5岁对于具有音乐才能的孩子来说，是学习音乐的最佳期；6岁是掌握大小、方向等概念的最佳期；3~8岁是学习外语的最佳期。

另外，孩子智力发展以3岁前发展最快，也最重要。3岁以内的孩子最好与父母一起生活，不要与父母分开，否则也会影响孩子的智力发展。

3.循序渐进。开发孩子的早期智力要根据孩子的年龄和心理特点，要从孩子实际展现出来的情况出发，要循序渐进而不能揠苗助长。父母应尽可能为孩子创造一个良好的学习环境，鼓励孩子多提问、多动手、多思考、多创造。

4.不可忽视非智力因素。有些父母只注意开发孩子的智力，却忽视了对孩子非智力因素的培养。其实，非智力因素对孩子智力发展有很大的影响。非智力因素包括性格、兴趣、情感、意识、意志、品德、精神状态等。例如，学龄前是儿童性格开始形成的时期，这一时期儿童可塑性强，所以抓紧这一时期培养孩子良好性格是非常重要的。

训练孩子的手指可以促进其智力发展

有位哲人说过："手是人类外在的大脑。"训练孩子的双手，可以促进其智力发展。

在大脑皮层下，有一大块区域专门管理手的运动。在双手运动中，抓握动作具有特殊重要性。抓握动作能形成视觉与动作的协调，是各种复杂活动的起点，因此，训练孩子的手指能促进其大脑皮层的发育。

那么，该如何训练孩子的手指呢？

父母应该每天按摩孩子的手，从指尖到手腕轻轻地按摩，帮助孩子伸屈手指，并为孩子提供玩具，诱导他们用手去触摸、抓握和拉扯。对7~8个月大的婴儿，可以训练他们伸手、挥手、拍手、把物体从一手递交到另一手等动作。到了9~10个月，可训练孩子伸出食指戳、拨、撬动、抚

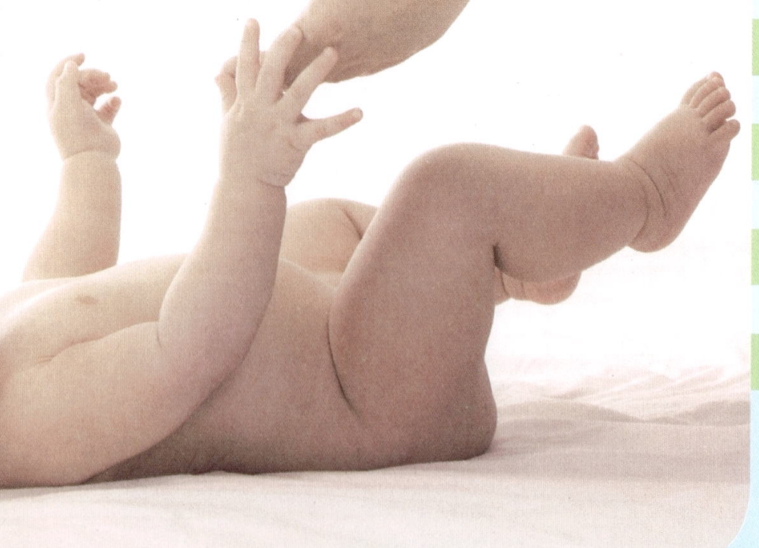

摸等动作，并训练他们抓到东西后再松开手指，把东西放开。孩子会一度很热衷于捡起一样东西，丢下，再拣起的重复动作，这是他们在重复练习并探究动作的因果关系。0~2岁是孩子的感觉动作期，孩子借助感觉动作来认识外在的世界，也是发展孩子能力的最佳时期。

3岁则是孩子早期动作发展的巅峰期，在训练时，父母可以为孩子提供合适的玩具，如积木、蜡笔、小球等。

孩子的动作发展，包括双手动作发展，在医学上具有诊断意义，所以，父母如果发现孩子动作异常，应该及早找医生检查和治疗，千万不要掉以轻心。

怎样培养孩子的动手能力

俗话说，“心灵手巧”。灵巧的手是一个人大脑发育良好的标志之一。在大脑中，支配手部动作的神经细胞有20万个，而负责躯干的神经细胞却只有5万个，可见大脑发育对手灵巧的重要性，而手动作的灵敏性又会反过来促进大脑各个区域的发育。这就是人们常说的“眼过百遍，不如手做一遍”。

指导孩子做手工，如折纸、剪贴。 2岁半的孩子可从简单的第一步折纸学起；到3岁时可学2~3步折纸；3岁开始学拿剪刀，先学剪纸条，后学剪图形，可以用纸条贴成链条或用方纸贴成花篮等；4~5岁可以剪更复杂的剪贴和图案。男孩子喜欢做车、船、大炮、飞机等。

家长可帮助孩子做多种手工以发展手的技巧。

锻炼孩子的自理能力，如整理玩具、打扫房间、洗小物品。在日常生活中，父母要刻意培养孩子自己倒水喝、用筷子吃饭、学习擦桌子或扫地、自己整理玩具、洗手绢等。既培养了手的技巧，也锻炼了孩子的自理能力。

提供各种结构材料，让孩子玩结构游戏，如积木、插塑、拼装玩具、橡皮泥、沙石、冰雪等。聪明的父母这时会顺应孩子喜欢动手的规律，拿来一些废纸让他撕，给他一些木头和棍子让他敲，买来蜡笔教他学画画，找一些不用的小瓶小盒让他配盖，为他准备一些积木和自制拼图、橡皮泥、七巧板等玩具，使他动手又动脑。孩子在动手时学会了技巧和专心去解决问题的能力；拼七巧板、穿珠子、套盒则延长了他的专注时间，培养了独立工作能力。

如何培养孩子的观察力

什么是聪明？聪明就是耳聪目明，也就是善于观察各种环境变化，及时做出恰如其分的反应。

从心理发展的角度说，观察是智力活动的基础，观察力就是人观察事物的能力，它是智力发展的必要条件，也是人们生活中所必需的能力。

孩子的观察力是在具体的观察活动中、在成人的引导鼓励下逐步发展起来的，家长可从如下几方面入手，培养孩子的观察力：

1.从兴趣入手。激发孩子的观察欲望，才能使他进一步进行观察活动。在家里，可让他看看、说说家人喜欢的事情，比如衣服、食物、动作特点等；家中如有动植物，鼓励孩子观察它们的生长变化和它们生存的条件；做游戏，如家庭成员扮演、互相模仿，或者比赛走迷宫图等。在户外，鼓励他观察空中云朵的瞬息变化、行人的千姿百态、植物的争奇斗艳、昆虫的蜕变活动，以及车辆、建筑、商品和商店等，到处都有可供观察的内容。

2.变化的环境。丰富多彩、经常变化的环境能激发孩子的好奇心，更有益于孩子发展观察力。活动的物体比静止的更易引起孩子的观察兴趣，观察持续时间也比较长，这也是为什么孩子喜欢看汽车、看动物的重要原因。因此，家长应注意给孩子提供良好的观察环境，即环境内容丰富多彩而不杂乱、色彩鲜明而不互相干扰，经常富于变化；与人交往的机会较多却不过于频繁；定期、定时进行郊游或做其他户外活动等。引导孩子观察的对象最好是生动活泼、形象鲜明的具体事物，即好看、好玩、好听的物体。

3.丰富的知识。孩子的知识经验来自于观察，良好的观察力是获得丰富的知识经验的前提条件；反过来，丰富的知识经验又能促进观察能力发展，提高观察力水平。比如孩子观察了金鱼，遇到机会他会去主动观察其他鱼类的身体特点和生活习性，相应地，他了解了越来越多的水中生物知识，就想进一步了解更多的相关知识。可以说，知识经验越丰富，孩子的观察欲望越强烈，观察也越细致、越有效，观察能力才能得以迅速提高。

怎样给孩子选择图书

0~3岁宝宝看的图书，应该有所选择，这对从小培养宝宝的兴趣爱好、开阔眼界、增长知识是有帮助的。因而，给孩子选择图书时，不可盲目，要根据孩子的年龄和认知能力，选择他能理解、感兴趣的书籍，内容及范围可以随着孩子年龄的增长而有所变化。

9个月~1岁：要选择以彩色图画为主的书，如简单物体图画吸引他们注意，认识不同的事物。让他们认识一些眼前看不到的东西。在看画片或书时，父母可同时说出画上的物体名称、画片上动物的叫声，让孩子模仿，练习发音。

1~2岁：应选择有大幅图画的书，内容能反映他们比较熟悉的事物，如房屋、日常用品、动物、玩具等，画面应简单，色彩要鲜艳，并逐渐增加画片中的物品和景色，如树、花等。

2~3岁：应选择包含简单内容的图画书，反映了他们所熟悉的事物或描述了简单有趣的童话故事，或有一些押韵的短句教他们跟着念，锻炼他们的语言能力。注意：这个年龄的孩子可能会把书撕破，而且此时他们对纸、图画书也最感兴趣，甚至可以把撕过的书拼起来继续看，并像看新书一样感兴趣。

如何培养具有创造能力的宝宝

在日常生活中，我们可以利用一些活动，培养宝宝的创造力，促进他们的心智成长。

出生前：0岁教育的秘诀，就是在决定怀孕时，必须注意父母的营养、身心健康；母亲怀孕后，要多接触一些美好的事物，让心灵更充实，心情更舒畅、愉快，因为这些会直接影响宝宝的智力和成长。

出生后：根据许多学者的研究发现，妈妈和宝宝之间情感的亲近与否，和宝宝潜能的发挥有关。平时除了与宝宝做身体上的接触外，对其心智方面的发展也要特别留心观察，适时提供最好的协助与辅导。

出生至3个月：当宝宝以哭来表示不愉快时，妈妈要注意他哭的原因，但有时候哭也是宝宝的运动。因此，应尽量在短时间内建立起亲子间互相期许的信号。平时，可改变屋内小床的位置，训练宝宝适应环境的能力，或在床边悬挂小东西，给予他视觉上的刺激。此外，也可给宝宝不同的玩具，提供他自我创造的活动机会。

4~10个月：这时期宝宝的语言能力慢慢增

强，可以让他利用眼睛和语言，玩玩较有创意的游戏，而阅读正是一种结合眼睛和语言的视觉语言。目前已有统计资料表明，阅读早是资优儿童的特征，也是增强宝宝创意的泉源。

10个月~2岁：家庭环境在宝宝成长过程中扮演着极其重要的角色。视觉上，可为宝宝布置各种不同的东西。同时，小宝宝已能与你初步沟通，听觉上可以为他提供各种声音，例如动物的、车子的声音。但是有一点必须特别留意，尽量不要让宝宝看太多电视——由于他们偏好寻求声音刺激，因此对广告会产生浓厚兴趣，千万不要让他们成为“电视宝宝”。触觉方面可提供给他们软的、硬的、粗的、细的等各种不同的感受。嗅觉方面则可多利用日常生活中的东西。

同时，在这段时间可以增加一些思考的活动，并提供一些线索，让宝宝自己找寻答案， 另外也可加一些分类、模仿的游戏，让他们认识周围环境，以扩充生活领域。

2~4岁：此时的环境应该更富变化，可以逐渐地在生活中加入认知的指导。同时，也可以陆续加强一些自然科学、数学等基本概念。除此之外，2岁宝宝也可以让他开始涂鸦了。而这时候你也会发现，宝宝有很多学习习惯都渐渐养成了。但是，在这里我们要强调：我们提供给宝宝的是学习技巧和过程，而非内容，因为，我们希望培养他的是一些兴趣，以及解决问题的方法。

同时，我们也要多多利用社会资源，提供给他人与人之间如何相处的知识。

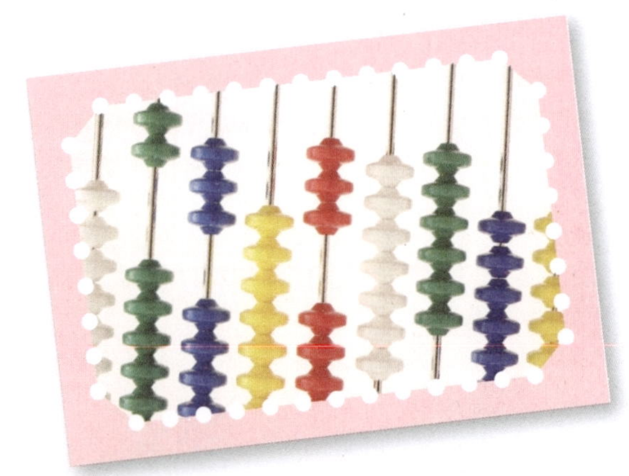

认字多的孩子就一定聪明吗

如果光从认字来说，孩子能够多认识些字，并不是一件坏事，但是看一个孩子是否聪明，不能仅仅以识字的多少作为标准。现在有些父母拼命将小学一年级的教材灌输给学龄前儿童，这种做法无异于揠苗助长，对于孩子日后主动学习和良好学习习惯的培养都是不利的。

现在的中小学正在实施九年义务教育，提倡全面提高学生的能力。学前教育是基础教育的一个环节，必须遵循儿童生理、心理发展的特点，采用科学教育方法，寓教于乐，使孩子身心得以健康发展。开发智力只是学前教育的一部分，识字教学也仅是其中的一小部分而已。为使孩子健康成长，父母和教师要互相配合，达成共识，针对每个孩子的实际情况采取有效的科学教育方法，而不应该违反教育原理，盲目地对孩子进行识字教学。

需要刻意教孩子学算术吗

现在的父母都是爱子心切，望子成龙，绝大多数父母都希望自己的孩子具有一个思维敏捷、反应灵活的“数学头脑”，这种愿望是好的，但不能揠苗助长。如果想让孩子学习一些数学知识，可以在生活中慢慢灌输，而不必刻意去教。以下一些办法不妨试试：

让孩子在游戏中学习。例如：一边上楼梯一边教孩子数数；吃饭时，让孩子数数看有几个人、几双筷子、几个碗，还可以请孩子来分水果、分糖果；到公园、动物园玩时，可以让孩子数一数动物、花朵的数量，并学习辨识花儿的颜色；也可以翻开日历让孩子认识数字、日期等，这样积少成多。

引入大小概念。如，让孩子比较不同的杯子、衣服、碗的大小；或让孩子将几件玩具按大小顺序排列；也可以把几个大小不等的瓶子放在桌子上，让孩子为它们“找帽子”，并盖上盖子。3岁孩子一般可数到20，有的还可以数到30、40。

引入“相等”概念。孩子可能不知道“相等”这两个字，但懂得“一样”的意思。父母可以在很多瓶子中让孩子找出相同的两个瓶子，或者在很多袜子中让他找出相同的两只袜子。

孩子多大可以学写字

写字是孩子多种能力的综合表现。孩子学写字也是有个过程的，应该说绘画是孩子学习写字的基础。3岁以下的孩子，是以涂鸦代表写字的；3~4岁的孩子，能尝试以点或线写文字或数字；4~5岁的孩子进入了直线曲线期，能尝试模仿写自己的名字；5岁以后，孩子已能尝试模仿写简单的字，并乐于学写自己的名字。这个过程清楚地告诉我们，孩子学写字是需要条件的。

认识能力的发展。辨别异同是写字的重要条件之一。找出两张图片或两个物体之间相同与不同的部分，这一类游戏都是很有价值的。父母可以由简到繁训练孩子辨别异同的能力，将来在认字与写字时，孩子就能精确地区别出字与字之间的细微差异，如田和由、太和大等。

大小肌肉发育是否成熟。写字需要控制好手指、手腕肌肉的运动和力量，还需要一些大肌肉的协调。此外，坐姿是否端正也会影响写字的耐力与能力。

空间概念的发展。空间概念是指了解上下、左右、前后等相关位置。只有当孩子的空间概念发展到一定程度，才能把字写得端正、比例正确、结构完整。

除了上述三个条件外，记忆力、理解力与注意力的发展对学习写字也很重要。在你的孩子刚开始提笔写字时，父母就要注意孩子握笔和写字的姿势，要让他们了解各种基本的笔画，按正确的笔顺书写。父母一定要有耐心，多鼓励孩子，不要一开始就对孩子要求过高。

孩子学外语越早越好吗

婴幼儿记忆力好，模仿力强，不但胆大、敢说，而且不怕说错，所以这一时期是学习外语的最好时机。外语孩子可以学，也应该学，但不能一味赶时髦，也并非越早越好。

孩子学外语还有一个内动力问题，如果孩子性格较内向，不愿多说话，对学外语毫无兴趣，那就千万不能勉强他。有的父母送孩子去学外语，自己花时间陪孩子，但是孩子却在教室里东看看、西望望，根本学不进去。

对孩子来说，首先要学好的是母语，如果母语学不好，孩子就无法很好地与别人沟通。母语随时随地都可以学，而学外语是需要有语言环境的；学习母语是在一个自然环境里，学习外语则是在一个人为的环境里，离开这个环境，孩子就不再有机会接触外语了。而语言是在使用中学会的，光学不用，事倍功半，时间长了，等于白学，这是很可惜的。

孩子究竟几岁学外语比较好，学术界还没有定论。目前，在欧洲发达国家，一般是让孩子从8~10岁开始学外语，如果有些孩子确实有语言天赋，又有内动力，当然早学也未尝不可，只是不能勉强，顺其自然最好。

为什么要让孩子多拍球

应该让孩子多拍球，也许拍皮球比弹钢琴还要重要。拍皮球是孩子非常喜欢的一项游戏，你的孩子也不例外。拍皮球不受季节和场地的限制，一年四季、室内或室外都能玩。拍球不仅能训练手眼协调能力，而且也是全身活动的一种，值得鼓励。它的好处在于——能培养孩子手、眼动作的协调能力，以及动作的敏捷性，促进节奏感的发展；拍皮球时，皮球反弹的高低、远近、前后、左右能促进孩子空间知觉的发展和时间观念的形成；孩子用左、右两手轮流拍球，可以促使左、右脑的平衡发展，为今后的逻辑思考、抽象思考的发展打下基础。

所以，请家长把皮球还给孩子，让他多拍拍皮球吧！

如何知道自己的孩子聪明不聪明

人的潜能是很大的，对孩子来说就更是这样。虽然一般用智力测验可以测得孩子的智商，但父母的兴趣不应放在判断孩子是否聪明上面，而应该尽量提供孩子多元化的学习环境，发掘孩子的潜能，帮助孩子发展得更好。但是可以从孩子各方面的发展来判断孩子聪明不聪明。

走路早的孩子动作发展较好。走路本身对孩子大脑发育就是一种良好刺激，所以孩子小的时候应该让他多走路，不要整天抱着、背着。

说话早的孩子反应比较敏捷。说话说得早，说明孩子大脑中掌握语言的区域发育早。这样的孩子大都口齿伶俐、语言流畅、反应快、思维敏捷、理解能力强。所以父母应该多和孩子说话，多讲故事给孩子听，并鼓励孩子多说话，注意发展他们的语言表达能力。

对某种事物表现出高度注意力的孩子比较聪明。具体表现为对外界事物表现出强烈的好奇心，喜欢追根究底，并很早就表现出旺盛的求知欲和对学习的兴趣。

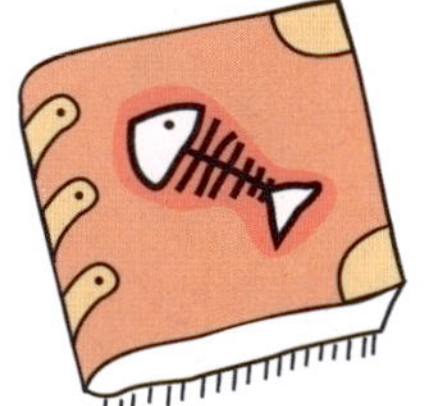

所以，父母平时要注意观察，多和孩子交流，了解孩子的想法，要相信孩子、鼓励孩子。因为孩子聪明不聪明，大部分取决于父母为孩子做了些什么。

如何培养宝宝的阅读兴趣

每一个孩子都是天生的语言学家。孩子到2岁的时候，已经掌握了大量词汇和语法，能够交流。学习阅读是一个自然的、长期的过程。宝宝热切地倾听一切声音，他们越多接触到成年人的语言模式和词汇，就越容易掌握语言。一个孩子以后掌握的词汇量的多少，部分取决于他在生命的头几年学到的词汇的多少。

因此，从现在开始就多多和宝宝谈话吧！告诉你的宝宝，天空是蓝色的，毛毯是柔软的，浴盆里的水是温暖的……给他唱歌，讲故事。

当你的宝宝开始学说话的时候，认真听他想说什么，和他对话："是的，小狗在摇尾巴。它很高兴，我想那是因为它喜欢你。你想抱抱它吗？它舔你了？很痒吧？"

让书成为孩子世界的重要部分。和宝宝一起看书，不仅分享故事，也一起看文字。读书的时候，用手指着字，宝宝会开始理解故事和书面语言的关系。

拿一根小棍儿在土地上写字，把看图识字卡片贴在冰箱上。如果他们学着写自己的名字和发音，很好；如果他们不学，熟悉这些字的形状也是值得的。

通过对周围环境中事物的命名，谈论这些事物，增加孩子的词汇量，提高他的理解力，如邻居的狗、附近的儿童娱乐场、他最喜欢的食物、街上的汽车和窗外的小树林。和他一起享受语言——读书，学习绕口令，讲故事。

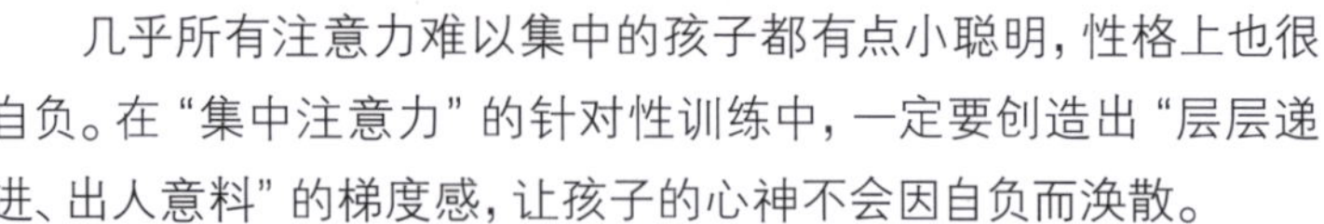

怎样提高孩子的注意力

几乎所有注意力难以集中的孩子都有点小聪明，性格上也很自负。在"集中注意力"的针对性训练中，一定要创造出"层层递进、出人意料"的梯度感，让孩子的心神不会因自负而涣散。

复述性练习。让孩子看15分钟图画书，或一集动画片，立即合上书或关上电视，要求孩子按要求复述故事。为预防孩子摸准你的要求后，只看个梗概就走神，可灵活安排"复述"内容：可以提几个主要问题，可以要求孩子把刚看过的动画形象画下来，可以一家人分饰其中的几个角色。如果孩子只能完成全部任务的一半以下，可让他重看图画书或录下的动画片——渐渐地，孩子就会逐步理解集中注意力的必要性了。

拼图及七巧板练习。这是二维空间中最有效的集中注意力的练习项目，要求孩子在相当长的一段时间内，保持连续不断的判断力、想象力和分析能力。而这种游戏的挑战性，又会给孩子带来成就感。事实上，成就感是这个年龄段的孩子能将注意力集中到底的一个巨大推动力。

多米诺骨牌练习。多米诺骨牌训练其实是考验孩子能将单一动作坚持多久的一个训练。将来，我们不能指望孩子所面临的所有学习科目都是多变、有趣、富有挑战性的，遇到重复训练会不会使孩子犯“老毛病”？骨牌训练无论对心神的专一、心神集中的持续时间，都是一个极好的练习。而把几百块骨牌瞬间推倒的快感，也能促使孩子对训练的“单调”产生耐受性。是的，只要最终有快乐和成就感，孩子就可以逾越集中注意力所产生的单调感。

韵律操练习。对特别好动的孩子而言，学会较复杂的韵律操可以带来成就感。对好动的孩子，让他三天之内学会一套韵律操，会使他的注意力和接受能力成倍上升。

抗干扰练习。等孩子在无干扰环境中的注意力已大大集中，可以考虑在他的“注意力训练”空间中放上“干扰源”。比如他在做拼图游戏时，父母可以在一旁看电视；比如他在看成语故事书时，可以稍稍地打个“岔”。孩子在这个过程中会出现注意力涣散的现象，会有反复，但最终他的抗干扰能力会渐次上升。

如何进行语音训练

6岁以前是孩子的口语发展期，出生后不久，孩子就能用不同声音来表达自己的意愿，有经验的父母能从孩子的哭声中听懂孩子是要喝奶还是尿布湿了。到了7~8个月，孩子能把某样东西和成人所说的词的声音联系起来，听懂语音。孩子学语言，首先是听懂语音，要到10~11个月才能在听懂语音的基础上逐步听懂词义。因此，父母应先重视对孩子进行语音训练。

首先，要与不会说话的孩子多说话，让他们多听语音，同时还要让他们多看成人的口形，增强孩子的视觉判断能力，尽早建立语音听觉和语言视觉之间的联结或联系。

当孩子开始学说话时，父母要多作示范，鼓励孩子把音发准、发足，在孩子发音不准的情况下，不要轻易满足他们的要求，当孩子用手势、表情代替语音提出要求时，也不要迁就他们。孩子发音不准时，父母要耐心示范，帮助他们矫正发音；要多鼓励孩子，千万不要急躁，也不要训斥或嘲笑孩子，更不要模仿孩子的不正确发音，使他们不知所措。此外，父母要了解儿童语音发展的规律，不要把语音训练和语法、句法混淆。刚开始学说话的孩子，只能用一个词、两个词（心理学上称单词句、双词句）来表达意思，你不可能要求他们说出结构完整的语句来。所以，第一步——先教孩子把语音发准确吧。

怎样培养孩子的良好性格

我们可以通过孩子的活动、言语和表情，观察孩子的性格特点。如外向的孩子比较开朗、热情、活跃，善于交际；内向的孩子则比较孤僻、害羞、寡言，情感不太外露，不喜欢交际。

无论个性外向或内向，都可以养成良好的性格特征，以适应社会生活的要求。请父母从以下几方面着手：

培养自信心。对大多数人来说，正常的智力加上高度的自信，就能获得成功。因此，父母要善于鼓励孩子相信自己的能力，鼓励他们克服困难，获得成功。而溺爱孩子或蔑视孩子的创造性，则会扼杀孩子的自信心。

培养应变能力。让孩子学会以不同的观点考虑问题，用不同的方法解决问题，与不同的人来往。要让孩子学会适应不同的环境，使他们从小就懂得必须克服困难，并了解达到目的的途径有很多，要善于灵活应变。

培养积极、乐观的态度。让孩子从小就体会到父母是关心他们的，家庭是温暖的，生活是美好的，即使遇到困难，也是可以克服的。

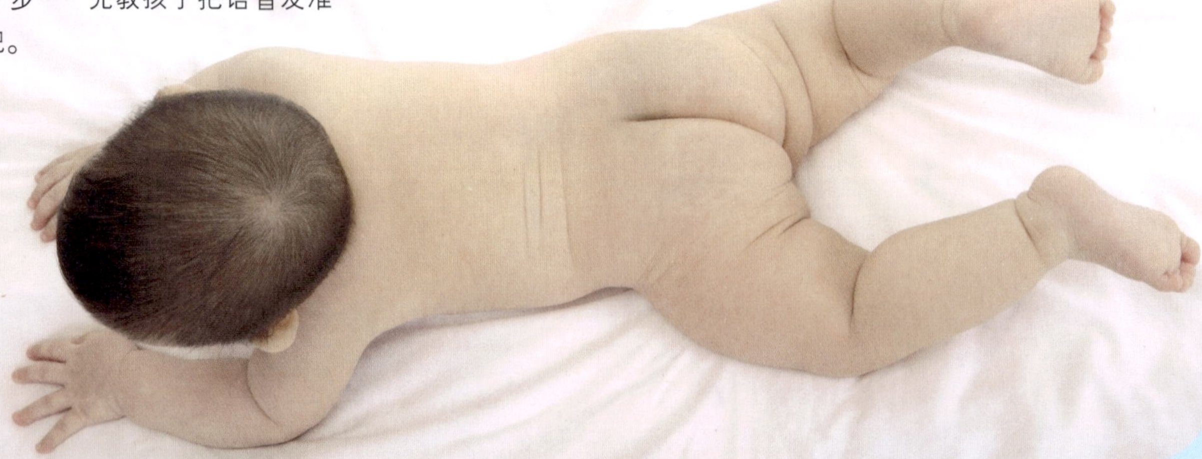

如何带孩子逛动物园

通常孩子都喜欢动物，尤其是小动物，这是回归自然、认识自然的最初反应。动物园可让孩子大开眼界，学到许多有关动物的知识，关键是去动物园之前要做些准备，回来后还要做些“消化” 工作。

首先，你自己要对动物园的动物概况及路线有清楚的了解。如果2~3岁的孩子对小动物（如鸟类）不感兴趣，那么可以先看大动物，如大象、狮子、老虎、河马、猩猩等。若有多余时间，孩子也不感到疲倦的话，还可以去看其他小动物。去动物园前，让孩子先接触一些动物图片、毛绒玩具等，使孩子对动物有一个较深的印象，再说些有关动物的故事，这样能提高孩子的兴趣。

在游览过程中，可以结合现场说些动物知识，例如：象的鼻子有什么功用，它可以帮助人类做什么；长颈鹿会讲话吗；猩猩与猴子有什么不同；狮子和老虎有什么相似的地方；孔雀为什么会开屏……让孩子了解，还可以告诉孩子如何保护动物。

回来后，再拿出动物图片强化印象，让孩子自己说说看见了什么、最喜欢哪类动物、它们的家在哪里，等等。对年龄再大点的孩子还可讲得深入一些，例如什么是草食动物、什么是肉食动物、什么叫灵长类动物、什么叫猫科动物、什么是两栖类动物，等等。

孩子从6个月开始就可以去动物园，以后每年可去一次。随着年龄增长，使孩子每年都有不同的收获。

附录2

3岁幼儿智能发展评价表

3岁幼儿智能发展评价表

智能	优势特征	表现特点	适合的职业	通过标准
语言智能 指能有效地运用口头语言表达自己的思想并理解他人，灵活掌握语音、语义、语法，具备用语言思维、用语言表达和欣赏语言深层内涵的能力。	善于倾听，能准确理解他人；叙述有条理而且明白易懂；善于用语言说服、激励、鼓舞，让他人感到快乐；善于用书面语言形式记录自己的思想，与他人共同分享自己的想法和情感。	喜欢听故事、儿歌；善于模仿他人的声音和语言；喜欢讲话，词汇很丰富；喜欢阅读，能独立翻阅图画书；擅长记忆名字、地点、日期和琐事；能很容易地完整复述故事；喜欢玩文字游戏，善于理解谜语、笑话；喜欢涂涂写写；很容易掌握新的语言。	政治活动家 作家 记者 主持人 教师	喜欢听故事、讲故事，并能初步有创意地编故事；能够用完整的语言描述事物，对所描述的事物有兴趣；能够掌握简单的形容词、动词，并能正确运用；喜欢与他人讲话，语言表达流畅。

续表

智能	优势特征	表现特点	适合的职业	通过标准
数学智能 指能够有效地计算、测量、归纳、推理，并进行复杂数学运算的能力。数学智能的核心就是能够提出问题并解决问题。	喜欢数学，擅长测量，喜欢推理，凡事喜欢问“为什么”并努力去寻找答案；具有较强的逻辑思维能力，严谨的工作态度，喜欢也善于发现一切事物中暗藏的规律。	喜欢数数；喜欢玩算术游戏；喜欢问“为什么”；对于如何做事，会问许多问题，思维更有条理；喜欢下棋；喜欢把事物分类或分等；喜欢进行简单的推理；思考问题比同龄人更抽象，更有逻辑性。	科学家 会计师 工程师 电脑程序设计师	能够正确地认知数字，了解数量所表达的含义；认识简单的图形，能运用想象力进行图形变化；能够对简单的事物进行推理，得出正确的结论；能对物体进行一维的分类，找出相同事物的特征。
运动智能 指擅长运用整个身体表达思想和情感、灵巧地运用双手制作或操作物体的能力。	具有高度发展的协调性、平衡性、灵活性、柔韧性、力度和速度，具有灵敏的触觉，对于自己身体在空间的位置比较敏感，非常善于控制自己的身体和双手。	喜欢从高处跳下、立定跳远；喜欢攀登，喜欢走狭窄的地方；喜欢跑、跳、踢球等身体运动；喜欢模仿别人的动作；喜欢触摸、摆弄、拆装物品；喜欢手工制作、绘画等活动；动作学习既快又准确，动作灵活、协调，平衡能力强。	运动员 舞蹈家 哑剧演员 机械师 宝石匠 外科医生	能够模仿他人有意识地做运动，并能够自己创编简单动作；愿意用自己的肢体进行表现，通过各种身体姿势抒发情感；愿意参加身体运动游戏，身体有一定协调能力；能初步用手来进行细小的操作活动。

续表

智能	优势特征	表现特点	适合的职业	通过标准
空间智能 是指倾向于形象思维的智能，能准确感知视觉空间（周围的一切事物），并且能把所知觉到的形象以图画形式表现出来的能力，包括人对空间范围的感知能力、视觉辨别能力和形象思维能力。	对色彩、线条、形状、形式、空间关系很敏感，善于辨识方向、方位，善于发现环境中出现的细小变化。与文字相比，更喜欢看图画，并且富于想象力。	喜欢看图，喜欢涂涂画画，喜欢玩积木、泥塑等塑形游戏；喜欢玩拼图、走迷宫等视觉游戏，喜欢阅读地图；喜欢艺术活动；比同龄的宝宝更喜欢想入非非。	画家 建筑师 飞行员 雕塑家 设计师	能够利用绘画的形式表达事物的特征；正确了解自身前、后、上、下方位，有初步的空间概念；初步熟悉各种线条，能够用线条进行填画活动；初步认识颜色，喜欢涂色活动和颜色游戏；手眼有初步的协调能力。
自我认知智能 是指认识自我和善于自我反省的能力。	自我认知智能强的人，能正确认识自己的长处和短处，善于反省自己内在的情绪、思想、动机、脾气和欲望，具有较高的自律性，喜欢独立思考问题。	有良好的自我意识；较强的独立意识；强烈的自尊心；善于安排自己的事情；能比较恰当地评价自己；做事有条理；生活有秩序；有较强的自律性，能控制自己的情绪和行为。	哲学家 思想家 政治家 心理学家	认识自己的外形特征，能够初步知道自己的喜好；能够了解自己的情绪变化，愿意向别人表达自我；了解自己的需要。

续表

智能	优势特征	表现特点	适合的职业	通过标准
音乐智能 是指能敏锐地感知音调、旋律、节奏、音色等的能力。	具有音乐智能优势的人，具有较高的表演、欣赏、创作及思考音乐的能力。	喜欢聆听、模仿各种声音；喜欢哼唱歌谣；能很快学唱一首歌曲；喜欢欣赏音乐；能随着音乐节奏起舞；能较快地掌握一种乐器的演奏方法；喜欢即兴哼唱曲子；对节奏、旋律、音色的变化非常敏感。	歌唱家 演奏家 作曲家 音乐评论家 调琴师	能初步感知节奏的快慢、音调的高低；喜欢参与各种音乐游戏活动；能有表情地演唱歌曲。

续表

智能	优势特征	表现特点	适合的职业	通过标准
人际交往智能 指能很好地理解别人和与人交往的能力。	具有人际交往智能优势的人，善于察觉他人的情绪情感，体会他人的感觉感受，理解他人的动机和意图，并能够运用各种方式：语言、动作、眼神、表情等与他人交流信息、沟通情感。他们表现得更乐于关心、帮助他人，善于向他人学习，善于与人合作，具有较高的组织能力和协调能力。	能理解他人的表情和肢体语言；能熟练地运用语言、表情来表达自己的想法和情感；可以从不同角度来看待事物；喜欢和同伴在一起；能倾听同伴的想法和建议；喜欢帮助别人，能和同伴分享；可以组织他人来完成游戏；出现矛盾时会和其他人来讨论协商。	推销员 政治家 领导者 外交家 公关人员 心理咨询师	能够初步关心他人，简单了解自己的家人和同伴；愿意尝试帮助别人，并帮助他人解决简单的问题；喜欢参与集体活动，能够与同伴友好相处；有礼貌待人的意识，能够主动与熟悉的人打招呼；能够与他人分享自己和他人的物品。

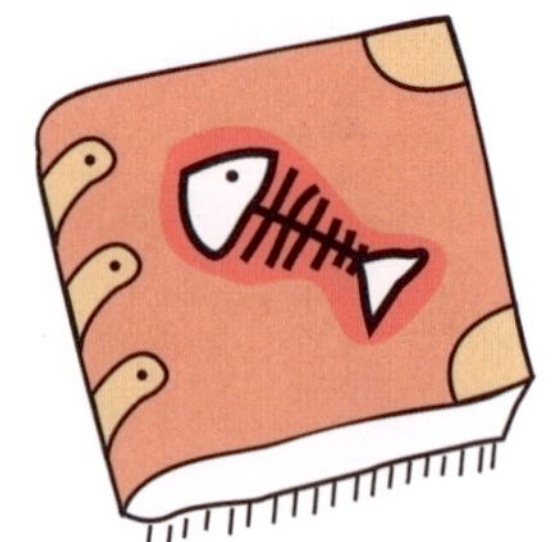

续表

智能	优势特征	表现特点	适合的职业	通过标准
自然观察智能 指观察自然界中的各种事物，对物体进行辨认和分类的能力。	对各种自然现象、动物、植物表现出浓厚的兴趣和爱好，喜欢观察、收集、收养各种自然物，有着强烈的好奇心和探究欲，有着敏锐的观察能力，能洞悉各种物种的细微差别，他们是天生的环保主义者，对大自然怀有强烈的人文关怀精神。	喜欢大自然，喜欢户外活动；对动物、植物有特别的兴趣和关怀；希望了解动植物的生长过程；善于观察事物；喜欢对物体进行分类，辨认其形态；喜欢提问题探究自然现象；喜欢动手做一些小实验。	生物学家 地质学家 天文学家 兽医 庭院设计师	通过眼睛了解物体，能够找出2~3点主要特征；初步学会用绘画的方式进行观察记录；通过观察能够比较出简单事物的异同；能根据物体的外形特征进行分类；喜欢自然事物，热爱大自然。

附录3

分阶段为0～3岁宝宝选玩具

初为父母的朋友们，你知道吗？孩子脑部发展的50%是在4岁以前建立的。宝宝充满创意、好奇心和想象力，他们是天生的学习者。0～3岁这个阶段，声音、颜色及触觉对孩子身体及心智成长有着重要的影响，所以在这一时期，阶段性地为宝宝选一款既安全又富启智性的玩具是必不可少的。

一件好的玩具，它的功能不仅仅可以启发孩子的智力，训练其触觉、视觉、嗅觉等各种感官功能，还能激发孩子的创造力。但如果父母毫无目标地为孩子添购各式各样的玩具，不仅无法达到教育意义，反而会养成孩子的不良习惯。

不同年龄段孩子的智力发育的敏感期是不一样的，因此父母在选购玩具时，应该选择适合孩子生理和心理特点的产品。为孩子提供设计有趣、优质、多元化的玩具，让他们拥有更多的想象空间。

适合刚出生宝宝——感知世界

刚刚出生的宝宝用自己的独特方式来认识周围的世界：诸如摇铃、床铃；各种声光并茂的健身架也非常适合在这个阶段开始给宝宝玩耍；这个时候还要为宝宝置备一张舒适的摇椅，它在接下来的各阶段都能继续使用。

适合3~6个月宝宝——活泼好动

这个阶段的宝宝更加活泼，手眼协调动作发生了，可以做出一些简单而有效的动作，会摇动和敲打玩具，并记住不同的玩具有不同的玩法和功能。此时，可以为宝宝挑选一些软性玩具，如布制积木、毛绒公仔，还有不倒翁。洗澡的时候也是要玩耍的，戏水、玩水、浮水玩具都非常适合这个阶段的宝宝。另外，让宝宝阅读一些颜色鲜艳、图片可爱的布书也是不错的选择。

适合6~9个月宝宝——爬来爬去

宝宝的各种动作开始出现有意性，能够独立地坐、自如地爬。身体的移动扩大了宝宝探索的范围，拖拉玩具、鼓等都大大地满足了宝宝的好奇心。此时可以为宝宝选择的玩具包括：各种拖拉玩具、音乐拉绳拉铃、锤鼓、积木等，布书依然是相当好的选择，可以在这个阶段启发宝宝的认知能力。

适合9~12个月宝宝——蹒跚学步

快1岁的宝宝能牵着大人的一只手行走，偶尔也能踉踉跄跄地独自走几步；会对感兴趣的事物长时间地观察；喜欢扔东西，等大人刚把捡起来的球、玩具等递到宝宝手中，宝宝立刻再把它扔掉；喜欢摆弄玩具，特别是像套塔、串珠架等。这时候的宝宝，还要增加一些运动类的玩具，如小球。另外，这个阶段宝宝的自我表现欲也激增，选择玩具琴、套叠玩具可以非常好地满足这个阶段宝宝的玩耍需求。

天使宝宝，我们的模特宝宝：尤雅、方天爱、孙家霖、吕章煌、朱泓宇、李淏峥、李乃雅、刘缪希、刘美溪、沈焕彬、张子钰、张博函、张景溪、张乔恺、张笑语、张蓉可、金梓滢、武悠然、武姝含、郑皓公、徐杨米多、管文博（排名不分先后），你们灿烂的笑容、天真的表情、淘气的动作甚至是哭泣时张着小嘴，都给我们带来了无限的感动和欣喜，祝愿所有宝宝健康成长！

适合1~2岁宝宝——活动自如

这时宝宝的运动和感觉能力提高，会模仿做操，和着节拍活动手脚和身体。多数宝宝已经学会了走路，活动能力大大加强。此时可为宝宝置备一些玩具电话、皮球、画板、写字板等；稍接近2岁的宝宝，适合玩智力积木、小动物、交通工具、图书等可以提高认知能力和语言能力的玩具。

适合2~3岁宝宝——智力增长

宝宝已经走得很稳了，热衷于"搬家"的游戏，一些心急的家长也开始关心宝宝的智力发育。这时候的宝宝开始有兴趣玩一些智力玩具。此时，拼接、拼搭类的玩具非常适合宝宝；字母、单词、写字板同样适用；逻辑推理类的玩具也开始令宝宝感兴趣。总之，这个阶段的宝宝需要一个学习的环境。

本书参考书目：

《中国儿童游戏方程（0~1岁亲子益智游戏）》：区慕洁主编，中国妇女出版社，2007年11月出版。

《中国儿童游戏方程（1~3岁亲子益智游戏）》：区慕洁主编，中国妇女出版社，2007年11月出版。

《0~3岁亲子游戏》：戴淑凤编著，北京出版社，2007年4月出版。

《百万智测：1~3岁多元智能训练与测评》：区慕洁主编，上海第二军医大学出版社，2007年1月出版。

《让宝宝更聪明　0~3岁：提高婴幼儿大脑潜能的660个亲子游戏》：罗路晗主编，吉林科学技术出版社，2006年4月出版。

《多元智慧培养亲子游戏100例（1~2岁）》：北京红黄蓝教学研究中心编著，中国宇航出版社，2005年6月出版。

图书在版编目（CIP）数据

专家推荐的宝宝亲子游戏方案 / 童笑梅编著. -- 北京 : 中国人口出版社, 2015.2
ISBN 978-7-5101-1075-7

Ⅰ. ①专… Ⅱ. ①童… Ⅲ. ①智力游戏－学前教育－教学参考资料 Ⅳ. ①G613.7

中国版本图书馆CIP数据核字(2014)第232678号

专家推荐的宝宝亲子游戏方案

童笑梅 编著

出版发行	中国人口出版社
印　　刷	北京市雅迪彩色印刷有限公司
开　　本	889毫米×640毫米 1/24
印　　张	11.5
字　　数	260千字
版　　次	2015年2月第1版
印　　次	2015年2月第1次印刷
书　　号	ISBN 978-7-5101-1075-7
定　　价	32.80元
社　　长	张晓林
网　　址	www.rkcbs.net
电子信箱	rkcbs@126.com
总编室电话	(010)83519392
发行部电话	(010)83534662
传　　真	(010)83515922
地　　址	北京市西城区广安门南街80号中加大厦
邮　　编	100054

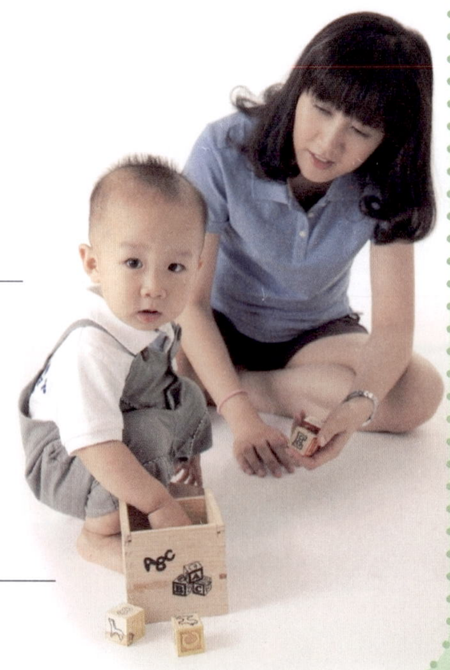